결혼을

허하노니

마오쩌둥을

외워라

결혼을 허하노니 마오쩌둥을 외워라

생활문서로 보는 중국백년

초판 1쇄 발행 2014년 3월 5일

지은이 | 쉬산빈
옮긴이 | 이영수
펴낸곳 | 정은문고
펴낸이 | 이정화
편   집 | 진용주, 안은미
디자인 | 당나귀점프

등록번호 | 제2009-00047호 2005년 12월 27일
주소 | 서울시 마포구 서교동 473-10 502호
전화 | 02-392-0224
팩스 | 02-3147-0221
이메일 | jungeunbooks@naver.com
홈페이지 | www.shillaad.co.kr
블로그 | blog.naver.com/jungeunbooks

*책값은 뒤표지에 쓰여 있습니다.
*이 도서의 국립중앙도서관 출판시도서목록(CIP)은 서지정보유통지원시스템 홈페이지(http://seoji.nl.go.kr)와
국가자료공동목록시스템(http://www.nl.go.kr/kolisnet)에서 이용하실 수 있습니다.
(CIP제어번호: CIP2014004690)

ISBN 979-11-85153-01-8 03900

결혼을
허하노니
마오쩌둥을
외워라

생활문서로 보는 중국백년

쉬산빈 지음

이영수 옮김

일러두기

1. 인명·지명 등 고유명사는 국립국어원 외래어표기법에 근거해 표기하되, 20세기 이전 인명·지명·좀더 친숙하고 뜻을 잘 드러내는 일부 용어는 우리말 한자 독음으로 읽었다.
2. 고유명사와 일반명사가 결합된 경우 고유명사는 중국어 발음으로, 일반명사는 우리말로 표기했다.
3. 한자는 정자체로 병기했으며, 문서 제목 및 내용은 한자음 그대로 옮기지 않고 내용을 참작해 풀어서 번역했다.
4. 1949년 이전까지는 서기와 중국 연호를 병기했다.
5. 옮긴이 주는 줄표(─) 안에 넣어 본문에 삽입했으며, 주요 사건 연표 및 설명은 독서를 돕기 위해 편집자가 임의로 붙인 것이다.
6. 같은 번호에 그림이 두 개 이상 있는 경우, 앞면 또는 겉면을 먼저 배치했다.

차례

★ 1부 | 근대라는 시련과 실험 1880-1948

★ 2부 | 붉은 별, 인민공화국 1949-1980

각설하고, 읽어보시라!

2009년, 나는 베이징北京에 있는 중앙민족대학에서 1년 동안 연구년을 보냈다. 늦은 나이에 처음으로 겪어보는 해외생활이라 매일매일 좌충우돌이었다. 한번은 이런 일도 있었다. 한국학중앙연구원 동료들이 베이징에 답사차 왔다는 소식을 전해 듣고 '베이징 오리구이'로 유명한 취안쥐더全聚德란 음식점에서 만나기로 약속했다. 나는 따로 확인도 하지 않고 지레 왕푸징王府井에 있는 취안쥐더로 가서 동료들을 하염없이 기다렸다. 그때까지 취안쥐더가 베이징에만 다섯 곳에 가게가 있다는 사실을 알지 못했다. 한국에서 온 동료들은 내 무지와 상관없이 복잡한 왕푸징을 피해 다른 곳의 취안쥐더에 가 있었다. 약속할 때 분명히 장소를 일러주었을 텐데, 왕푸징의 취안쥐더만 머릿속에 있던 터라 다른 곳이 있으리라고는 아예 생각하지 못한 내 실수였다.

그날은 연거푸 실수를 했다. 베이징까지 온 동료들을 꼭 만나야겠다는 일념에 마침 연락이 닿은 여행 가이드에게 동료들이 머무는 숙소를 물어봤다. 가이드가 베이징역 근처라고 대답하자마자 나는 자신 있게 그곳으로 찾아가겠다고 말하고 서둘러 길을 나섰다. 베이징역에 도착해 주변 호텔을 탐문했지만 동료들이 머무는 숙소는 나오지 않았다. 그도 그럴 것이 베이징역 근처에만 호텔이 수십 개에 달한 데다, 실제 동료들이 묵던 호텔은 말이 좋아 역 근처지 무려 수 킬로미터나 떨어져 있었다. 나의 연구년 생활은 서울과 베이징의 크기, 한국인과 중국인의 공간 개념, 문화와 표현의 차이 등을 고려하지 못한 채 매일 벌어지는 크고 작은 사건과 실수 속에 지나가버렸다.

그래도 베이징 생활은 나에게 많은 즐거움을 주었다. 그중 하나가 수많은 도서관과 박물관 소풍이었다. 당시 머물던 중앙민족대학 인근에는 베이징대학, 칭화清華대학 등이 위치한 덕분에 그곳 도서관들을 이용할 수 있었다. 또 바로 곁에는 중국국가도서관이 있었다. 중국국가도서관은 국립도서관답게 주요 국가 유물급 고서들로 가득했고, 종종 전시회가 열리면 도록에서나 보던 고서들을 직접 살펴볼 수 있어 무척 좋았다.

당시 수리 중이던 고궁박물관을 보지 못해 섭섭했지만, 숙소 가까이 있던 수도박물관은 시간 날 때마다 둘러봤다. 수도박물관은 전시 유물들이 자주 교체되는 편이라 그만큼 새로운 유물들을 접할 기회가 많았다. 도서관과 박물관 소풍은 다채로운 중국 문화와 역사를 직접 확인할 수 있어서 여러모로 유익했다.

하루 종일 둘러봐도 다 보지 못하고 관람을 마쳐야 했기에 언제나 아쉬움이 남긴 했지만 말이다.

내가 고서와 고문서에 관심이 많다는 사실을 알고, 한 중국인 교수가 판자위안潘家園을 소개해줬다. 그는 판자위안에 대한 기본 정보를 알려주며 지방에서 올라온 골동품상들이 아침 일찍부터 좌판을 여는 탓에 좋은 물건을 보려면 서둘러야 한다고 조언했다. 처음 판자위안에 가던 날, 나는 꼭두새벽에 일어나 지하철을 몇 번이나 갈아타며 기대에 차 달려갔다. 지하철에서 내려 지나가는 사람들을 붙들고 판자위안 가는 길을 물어봤으나, 사람들이 저마다 달리 소개해줘서 헤매고 헤매다가 날이 밝았던 기억이 새롭다.

아무튼 나는 판자위안에서 '사서삼경' 같은 중국본 고서들은 간혹 봤지만, 명·청시대 고문서나 옛 증서 등은 구경도 하지 못했다. 아마 이 책 저자인 쉬산빈許善斌 선생과 같은 선구자들이 옛 증서와 고문서를 모두 수집한 이후라서 그랬던 듯싶다.

수집과 연구를 위해 가산까지 탕진하다니

올해 초 정은문고에서 쉬산빈 선생의 《증조백년證照百年》을 《결혼을 허하노니 마오쩌둥을 외워라》라는 이름으로 바꿔 출판할 예정인데 추천사를 받고 싶다는 연락이 왔다. 쉬산빈 선생이 수십 년 동안 수집한 생활문서(증서와 문서)로 청나라 말부터 문화대혁명까지, 중국사를 생동감 있게 엮은 역사책이라는 소개를 보고 일단 내용을 살펴보기로 했다. 얼마 후 이메일로 전달된 피디에프파일을 여는 순간 첫머리에 있는 리전성李振盛 작가의 글부터 흥미로워서 도통 원고에서 눈을 떼지 못했다. 얼마나 재미있었는지 읽는 동안 연구실에 들랑거리는 학생과 동료 선생들로부터 방해받기 싫어 아예 문을 걸어 잠그고 이틀에 걸쳐 다 읽었다. 그냥 읽은 것이 아니라 책에 실린 문서 하나하나를 번역문과 대조하고 문서에 나오는 작은 글자 내용까지 모두 파악해가면서 꼼꼼하게 읽었다.

책을 다 읽고 나니 저자 쉬산빈 선생에 대해 매우 궁금해졌다. 자신이 직접 수집한 증서나 문서를 소개하는 것에 그치지 않고 사회적 필요나 경제적 배경에 대해 상세히 설명한 후 그로 인한 사회 변화나 제도 변천 등을 유려하게 풀어내는 방식이 예사롭지 않았다. 특히 자신의 경험을 바탕으로 당시 사회상과 생활상을 함께 엮어 이야기하는 덕에 더 설득력이 있고 감동적이었다. 고문서 연구자들이라면 누구나 한 번쯤 이러한 책을 쓰고 싶어 한다. 그러나 이런 작업은 아무나 흉내 낼 수 있는 일이 아니다. 몸과 마음의 수고야 말할 것도 없고 재력과 정신력 등을 모두 쏟아야 겨우 가능한 작업이기 때문이다. 쉬산빈 선생은 가산을 탕진했다고까지 말하지 않았던가.

저자만이 아니라 번역자에 대해서도 궁금증이 일었다. 한국에 번역되어 나온 책 가운데는 부실한 것도 제법 있어 종종 10페이지도 넘기지 못하고 한숨과 함께 읽기를 포기하는 경우가 많았다. 우리말에 맞지 않는 어법들로 가득해서 도무지 읽기에 집중할 수 없었다. 그런데 이 책은 까다롭기 짝이 없는 문서나 증서로 가득함에도 번역된 글이 물 흐르듯 자연스러웠다. 편집자에게 이메일을 보내 조심스럽게 저자와 번역자가 궁금하다고 이야기했다. 애석하게도 저자인 쉬산빈 선생은 몇 년 전에 돌아가셨단다. 대신 번역자인 이영수 작가와 직접 만나 대화를 나누었다. 단지 텍스트를 번역하는 것에만 그치지 않고 문서들이 다루고 있거나 배경으로 삼고 있는 사건과 시대상황을 조사해 생생한 역사의 결을 놓치지 않으려 애쓴 그의 노력이 얼마나 대단했는지 알 수 있었다.

쉬산빈 선생이 증서와 문서를 수집하거나 저술하는 과정에서 어떠한 수고를 했는지는 저자의 친구인 리전성 작가가 쓴 추천사에 충분히 소개돼 있다. 내가 또 말을 보탠다면 그저 중언부언일 뿐이다. 이러한 증서나 문서가 중국 근현대사를 밝히는 데 얼마나 중요한 자료인지 다시금 강조하는 말도 쓸데없다. 또 번역자나 편집자의 노고도 굳이 언급할 필요가 없다. 몇 페이지라도 이 책을 읽다 보면 곧바로 알 수 있다. 굳이 추천사를 보탠다면 딱 두 문장으로 이야기하고 싶다.

"각설하고, 읽어보시라! 재미있다 그리고 유익하다."

최근 역사학 흐름은 정치사나 사회사로부터 생활사나 일상사로 옮겨가고 있다. 이는 독자나 일반인의 관심이 국가나 사회에서 개인으로 바뀌고 있는 것과 관련이 깊다. 일반인 입장에서 국가나 사회와 같은 커다란 주제는 자신과 무관한 것처럼 보인다. 반면 자기 주위에서 늘 일어나는 소소한 일상은 내 일이라 여겨지니, 관심이 더 클 수밖에 없다.

이 책에 소개된 증서나 문서는 근현대를 살아낸 중국인이 일상에서 자연스레 접했던 것들이다. 그중 어떤 것들은 우리에게도 익숙하기 그지없다. 따라서 책을 읽으면 중국의 증서나 문서는 말할 것도 없고 중국과 한국의 근현대사에 관한 상당한 지식을 습득할 수 있다. 뿐만 아니라 생활사나 일상사를 엮는 저자의 독특한 시각과 예리한 관찰력에 감탄하게 된다. 유장하게 흐르는 인간의 삶에 대한 쉬산빈 선생의 성찰이 오랫동안 가슴에 남을 것이다.

2014년 2월 청계산 아래에서

전경목

한국학중앙연구원 고문헌관리학과 교수이자 《고문서, 조선의 역사를 말하다》 저자

생활문서로 역사를 기록하다

나의 친구, 쉬산빈 선생의 유작《증조백년》이 한국에서 출판된다는 소식에 기쁨을 감출 수가 없다. 우리는 둘 다 산둥山東성 출신으로 동향인데다, 그와 내 아내는 오랜 시간 같은 직장에서 함께 근무했으며 베이징시 남쪽에 위치한 팡좡方莊에서 이웃해 살았다. 그래서 명함에 적힌 직함 그대로 '옛 종이를 모으는 영감'인 그의 수집활동을 직접 목도할 수 있었다.

쉬산빈 선생은 모든 일을 매우 조용히 준비하고 진행하는 스타일로 일이 잘 진척되어 때가 무르익기 전에는 일절 공개하지 않았다. 그런 까닭에 나는 3천여 점에 달하는 그의 수집품을 보고 적잖이 놀랐다. 정성 들여 수집한 생활문서들이 청나라 말에서 문화대혁명 사이에 일어난 크고 작은 역사적 사건을 물샐틈없이 아울렀다. 특히나 중화인민공화국 건국 이후 벌어진 사회주의 정치운동과 관련된 수집품은 완벽에 가까운 경지였다. 이를테면 《마오쩌둥어록毛澤東語錄》이 적힌 혼인증서는 결혼식조차 선전도구로 삼던 문화대혁명 때의 암울했던 사회상을 고스란히 떠오르게 했다. 혼인증서와 이혼증서, 졸업증서와 교원증서, 초대장과 입장권, 복권과 마권 등 쉬산빈 선생의 수집품을 시간 순서대로 나열한다면 중국의 근현대 풍경이 생생하게 펼쳐지리라.

역사 부스러기 수집광

쉬산빈 선생은 증서와 문서를 이용하여 역사 쓰기를 시도한 첫 번째 인물이다. "10만 위안元으로 역사의 부스러기를 구매하다!" 〈베이징청년보北京青年報〉에 실린 그의 인터뷰 기사 제목이다. 작은 것을 통해 큰 것을 본다以小見大고, 역사 부스러기 중에는 때론 보배롭고 특별한 것들이 적지 않아 역사의 진면목을 뚜렷이 보여줄 때가 있다. 쉬산빈 선생은 역사 부스러기를 한데 모음으로써 중국 생활사와 정치사가 기록된 《증조백년》이란 그림책 한 권을 세상에 내놓았다. 수집품을 철저히 해석하고 새로 써 내려가면서 단순 수집가에서 역사 연구자로 변신한 셈이다. 혹시라도 중국 10대 수집가를 선발한다면, 나는 이 최초 수집가이자 연구자가 마땅히 '최고'가 되어야 한다고 생각한다.

그는 정말 지독한 수집광이었다. 한번은 수집은 마약과 비슷하나 그 중독성은 마약보다 더 지독하다며 "골동품시장에 들어서는 순간 마치 모르핀 주사를 맞은 듯, 신선처럼 허공을 떠다니는 듯한 기분을 느낀다"고 토로했다.

판자위안은 베이징에 있는 중국 최대 골동품시장이다. 쉬산빈 선생은 판자위안을 수집 애호가의 황푸黃埔군관학교—중국에서 가장 유명한 군사학교로 역사에 많은 영향을 끼쳤다—라고 불렀고, 자신을 첫 기수로 소개하며 1994년부터 2006년까지 12년간 지각이나 결석을 거의 하지 않았다고 자랑했다. 판자위안이 개장하는 전날 밤이 되면 설레서 잠을 이루지 못하는 중독 증세에 시달렸다고 고백할 정도였다.

하루는 한 친구가 왜 그렇게 증서와 문서를 좋아하는지 묻자, 쉬산빈 선생은 이렇게 대답했다.

"이 종잇조각은 자네 눈에 보일 때와 내 눈에 보일 때가 다르다네. 예전 자네의 첫사랑이 사랑의 증표로 건넨 손수건을 떠올려 보게나. 다른 사람 눈에는 단지 낡은 헝겊 쪼가리에 불과할 테지만, 자네에겐 낭만 가득한 그 시절로 다시 데려가는 기억의 녹화 테이프잖아? 훗날 자네가 심장이 멈춘다면 그 손수건을 한 번 흔 들어주는 게 어떤 성능 좋은 심장박동기보다 훨씬 효과가 뛰어날 걸세!"

쉬산빈 선생이 판자위안에 처음 다니던 1994년만 해도 증서를 파는 가게조차 없었다. 중국에 수집업이 막 생긴 때라, 어느 누구도 입장권이나 영수증 따위를 사고팔 수 있다고 여기지 않았던 탓이다. 당시 주머니 사정이 썩 좋지 않던 그는 어쩔 수 없이 값비싼 서화나 도자기 대신 수석을 수집 대상으로 삼았다. 서재 이름까지 석혼재石魂齋로 바꾸고 수석을 감상하며 대자연으

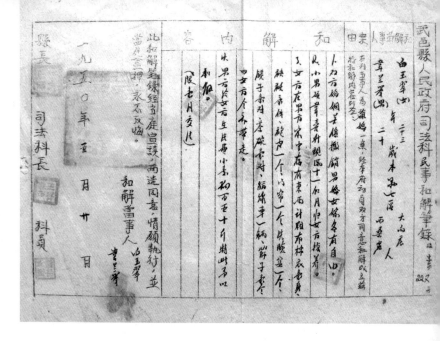

그림 1 이혼판결서離婚判決錄, 우이武邑현 인민정부 사법과, 1950년

로 회귀한 듯한 일상을 즐겼다.

그러다 1995년, 판자위안에 증서가 속속 출현하자 부지불식 간에 변심했다. 증서 수집에 빠지면 경제형편이 더욱 곤궁해지리라 직감한 그는 처음에는 발 들여놓기를 두려워했다. 하지만 인연이란 불가항력이지 않던가. 끝내 유혹을 이기지 못하고 '옛종이에 열광하며 몰두하는 수집광'이 돼버리고 말았다.

그에게 들은 재미있는 일화가 하나 있다. 평소 심장이 좋지 않았는데, 희한하게 판자위안 대문을 멀리서 바라보기만 해도 심장박동이 빨라지며 발작이 일어났다는 얘기였다. 아무리 궁리해봐도 이유를 모르겠기에 아내에게 "왜 명치가 일찍이도 늦게도 아프지 않고 유달리 그때만 아픈 걸까?"라고 물었더니 한마

그림 2 산시사범山西師範학당 졸업증서畢業證, 1908년(광서 34)

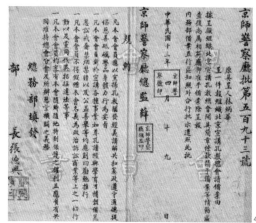

그림 3 공왕부恭王府 지대납부증收租單, 1897년(광서 23)
그림 4 베이징선강공교北京宣講孔教총회 회원증, 1924년(민국 13)

디로 정리해줬단다. "그곳에 사랑하는 연인이 있으니 당연히 바라만 봐도 가슴이 두근거리겠죠."

쉬산빈 선생이 수집한 첫 번째 증서는 1950년에 인민정부 사법과가 발급한 이혼판결서(그림 1)다. 비록 형태와 도안은 조악하나, 그 안에 담긴 판결문이 흥미롭다. 법원 판결에 따라 남편은 부인에게 재산을 지급하고 부인은 집의 물건 가운데 광목솜옷과 겹저고리와 두루마기 1벌씩, 문발과 세숫대야와 체와 물레 1개씩 그리고 거울과 찻잔 1쌍을 가져갈 수 있다는 내용이다. 지금이야 누가 내다버려도 아무도 주워가지 않을 소소한 물건들이지만, 당시에는 부인에게 없어서는 안 될 전재산이었다.

그는 산시사범학당 졸업증서(그림 2)와 공왕부—황족 저택을 말하나 여기서는 지주를 의미—지대납부증(그림 3), 베이징선 강공교총회—공자를 존숭하고 경서를 읽자는 모임—회원증(그림 4)을 차례차례 손에 넣는다. 그중 산시사범학당 졸업증서는 매우 진귀한 편에 속했다. 고작 1백여 장 남짓 발급됐고 현재 단 네 장만이 남아 있기 때문이다. 게다가 크기도 신문지보다 더 커서 졸업증서 가운데 으뜸이라고 불릴 만하다.

증서 장원은 떼어 놓은 당상

몇 차례 뜻깊은 수집에 성공하자 쉬산빈 선생은 나날이 자신감이 부풀어 올랐다. 베이징은 문화 중심지자 정치 중심지인 만큼 증서가 많이 생산되고 유통되는 데다, 판자위안은 중국 최대 골동품시장이지 않던가. 시쳇말로 그는 목 좋은 자리에 떡하니 버티고 서 있는 격이었다. 판자위안 최고는 베이징 최고요, 베이징 최고는 바로 중국 최고였다. 이대로 지금 자리를 굳건히 지킨다면 '증서 장원'이란 호칭은 떼어 놓은 당상이었다. 쉬산빈 선생은 중국 제일을 목표로 수집계획을 부단히 보완하며 열의를 불태웠다.

중국은 땅 넓고 사람 많아 각 종목에 최고들이 무수하다. 그래서 인기 종목에서 최고가 되기란 하늘에 오르기보다 어려운 반면, 비인기 종목에서 최고가 되기는 상대적으로 쉽다. 다행스럽게도 증서 수집은 비인기 종목이라서 쉬산빈 선생과 경쟁하는 이가 아무도 없었다.

증서 수집이 인기 없던 이유는 첫째, 돈 좀 있다 하는 사람

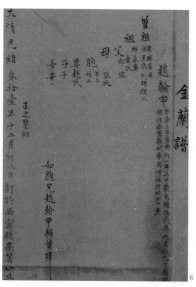

그림 5 취재소개장采訪介紹信, 1892년(광서 18)
그림 6 금란보金蘭譜, 1905년(광서 31)

들은 오로지 돈을 벌고자 수집시장에 발을 들였다. 그들은 복권
1등 당첨처럼 바로 투자효과가 나타나는, 잘만 사들이면 큰돈을
벌 수 있는 도자기와 서화에만 몰두했다. 증서는 가치상승이 불
가능하다고 평가받았다. 둘째, 고문 이해도가 높은 일부 사람은
지적 유희를 즐길 수 없는 근현대 증서는 재능을 발휘할 여지가
적은, 큰 인물을 하찮은 분야에 쓰는 일로 치부했다. 그 결과 쉬
산빈 선생은 증서 수집에서 선두주자로 우뚝 올라섰다. 누구 말
마따나 산속에 호랑이가 없으니 원숭이가 왕을 칭한 셈이었다.
그는 4~5년 동안 판자위안에 나온 근현대 증서 가운데 가치 있

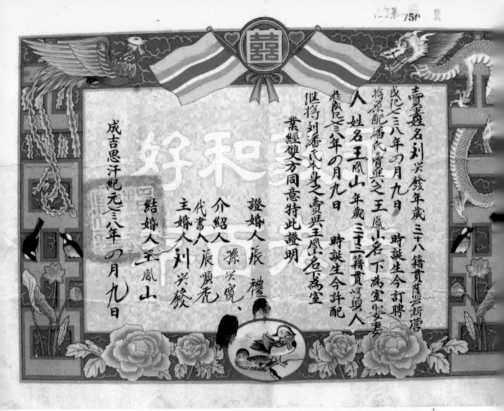

그림 7 아내매매증서賣妻婚書, 몽강연합蒙疆聯合자치정부, 1944년(칭기즈칸기원 738)
그림 8 양민증良民證, 산시山西성, 1940년(민국 29)

는 물건이라면 독점하다시피 모조리 손에 넣었다.

요사이 너무나 많은 사람이 수집시장에 들어온 탓에 이제나 홀로 독점이란 상상할 수 없다. 좋은 물건이다 싶으면 바로 출혈을 감내해야지, 혹여 이래저래 재며 머뭇거린다면 기회를 놓칠 게 뻔하다. 쉬산빈 선생은 수집을 시작할 때부터 증서를 애지중지하며 기꺼이 고생을 감내했다. 수집에 몰두한 만큼 경제 형편은 더욱 어려워져 어느덧 중산층에서 빈곤층으로 내려앉았지만, 증서를 향한 애정은 여전히 무한하고 견고했다. 그와 증서는 조강부처였지 싶다.

쉬산빈 선생은 수집품이 3천여 점에 달했다. 그는 정치·경제·교육·문화·민속 등 9개 분야로 분류해뒀고, 기회가 생길 때마다 사람들에게 자신의 수집품을 자랑했다. 신문사 기자에게 수절과부로 명성이 자자하던 한 부인의 취재를 알선하는 소개장(그림 5)도 그중 하나다. 쉬산빈 선생은 '한 푼도 받지 않는다'고 커다랗게 적힌 인장을 보자마자 대가성 보도를 떠올리며 예나 지금이나 부패 언론이 존재한다는 물증이라고 여겼다. 동시에 소개를 통해 일에 접근하는 꽌시關係문화도 엿볼 수 있다. 아주 친한 이와 의형제를 맺을 때 생년월일과 출신지 등을 적어 서로 나눠 갖는 금란보(그림 6)는 또 어떠한가. 연줄과 끈끈한 유대관계로 대표되는 꽌시는 전통사회부터 뿌리박힌 중국인의 고유 특성이다.

남편이 부인을 팔아넘긴 어처구니없는 매매증서(그림 7)를 보자. 증서에 등장하는 남편은 자기 부인을 다른 사람에게 팔아

그림 9 라디오 등기증, 국민정부 교통부, 1935년(민국 24)
그림10 가축허가증家畜執照, 지린吉林성 인민정부, 1951년
그림11 신분변경증翻身證, 청나라 시기

그림12 집체모범상장集體模範獎狀, 전국공농병工農兵노동모범대표회의, 1950년

넘긴 것도 모자라 혼인식에서 주례까지 맡았다. 몽강연합蒙疆聯合 자치정부—일본이 네이멍구內蒙古지역에 세운 괴뢰정부—는 공인을 찍어 아내 매매를 합법적으로 인정했다. 중일전쟁 시절 일본이 점령했던 산시山西성에서 발급된 양민증(그림 8)도 독특하다. 당당히 '고급'이란 단어가 붙은 증서 주인은 아마도 친일세력으로 추측된다. 일본 점령지역에서 친일파를 제외하면 중국인 누구도 고급 양민이란 칭호를 받을 수 없었을 테니까.

생활 변천사를 반영한 색다른 증서를 보는 재미 또한 쏠쏠하다. 라디오 등기증(그림 9)은 교통부가 절차에 따라 구매와 등기를 관리할 정도로 라디오가 얼마나 진귀했는지, 가축허가증(그림 10)은 농업중심 경제활동에서 가축이 얼마나 중요했는지 새삼 일깨워준다. 사람의 신분변경증(그림 11)보다 종류와 성별과 털빛과 나이 등이 더 상세히 적혀 있다.

1950년에 전국공농병노동모범대표회의가 발급한 집체모범상장(그림 12)은 쉬산빈 선생이 반년이란 시간을 투자하여 추적한 끝에 겨우 손에 넣은 발품의 결정체다. 야생늑대 습격으로 피해가 컸던 네이멍구자치구 늑대사냥팀에게 수여한 상장으로, 이 사냥팀은 늑대를 대량 사살하며 전국 54개 노동모범 중 하나로 꼽혔다. 그 탓에 현재 중국에서 늑대는 희귀동물이 됐다. 이 상장은 쉬산빈 선생이 뛰어난 말솜씨를 발휘해 최초 가격이던 3천 위안에서 2백 위안까지 깎아 구매했다.

증서는 역사의 거울

내가 사진으로 역사를 기록한다면, 쉬산빈 선생은 증서라는 특별한 시각을 통해 역사를 기록한다. 비슷한 연배인 우리 두 늙은이는 방법은 달라도 같은 목적을 품었다. 바로 역사를 거울삼아 미래를 향해 가자고 외치고 있다. 그는 역사학자는 펜으로, 사진가는 카메라로, 수집가는 실물로 역사를 쓴다며 저서 《수장이이收藏而已》에 다음과 같이 기록했다.

수집가는 역사학자를 도와야 할 의무와 책임이 있다. 바로 그들을 위해 증거를 제공하는 일이다. 박물관에 있는 수집품은 모두 오래된 증거이므로 역사학자는 더욱더 새로운 증거를 원한다. 역사의 증거를 발굴하는 일은 정규군인 역사학자에만 기댈 수 없으며 수집가라는 유격대의 협력이 꼭 필요하다. 왜냐하면 수집가들이 사회 각계각층에 퍼져 있는 덕분에 정규군이 챙기지 못하는 부분까지 능히 모을 수 있기 때문이다. 민간으로부터 증거를 수집하는 것은 새로운 방법의 하나로 경제학 논리로도 이치에 맞다. 경제학 관점에서 국가에 민영기업은 없고 국영기업만 있다면 사람한테 한쪽 다리만 있는 것처럼 빨리 발전할 수 없다.

쉬산빈 선생에게 수집이란 증거를 구하고 역사를 기록하는 과정이었다. 그의 수집품은 크게 중국인의 생활 변천사를 반영한 영역과 정치사의 여러 흐름을 반영한 영역으로 나눌 수 있다. 이 책은 근현대 중국에서 일어난 사건에 맞추어 각각 주제와 관련된 증서를 체계적으로 정리해 청나라 말부터 문화대혁명 이후까지 중국 100년을 생동감 넘치게 서술하고 있다.

문화대혁명이 끝난 지 아직 40년도 채 지나지 않았다. 그럼에도 대다수 사람은 벌써 고통을 잊고 상처를 치유한 것처럼 보인다. 어쩌면 개혁·개방이라는 의사가 문화대혁명이 낸 흉터를 지웠거나 현재의 행복이 과거의 고난을 흐리게 했을 수도 있다. 하지만 우리가 지금 서두르지 않는다면 수많은 가치 있는 물건이 매장될 위험에 처할지도 모른다.

쉬산빈 선생은 중국인을 위해 '기억'을 남겨두길 원했다. 역사적 '실물'을 붙잡아 두고자 오래 노력한 끝에 당시 중국 모습을 보여주기에 충분한, 문화대혁명과 관련된 막대한 증서를 마치 병원 진료기록을 정리하듯 모았다. 그는 미래에 문화대혁명 같은 사건이 두 번 다시 일어나지 않도록 자신이 모은 생활문서들이 백신 역할을 하기를 희망했다. 이 수집가의 또 다른 희망사항은 증서박물관이었다. 만약 박물관이 건립된다면 자신의 수집품을 모두 기증할 계획도 세웠다.

수집가는 수집하면서 배우고, 배우면서 수집한다. 수집은 단지 수단일 뿐이며 목적은 학습과 연구다. 쉬산빈 선생이 걸어온 길 역시 수집에서 학습으로 그리고 연구로 이어졌다. 그 길은 육체노동과 정신노동이 결합한 형태였다. 수집가 중에 수집품을 연구하고 결과를 저술하는 사람은 거의 없다. 반대로 저술하는 사람 중에 무언가를 수집하는 사람도 적다. 쉬산빈 선생은 두 가지를 모두 해낼 수 있는 능력을 갖춘 사람이었다.

3천여 점이 넘는 수집품을 해석하는 작업은 정말 방대하고 품이 많이 든다. 이 책은 그중 3백여 개를 선별해 엮은 것으로 평이하면서도 해학적인 문장을 통해 생활문서 뒤에 감추어진 역사를 흥미진진하게 재구성했다. 한국 독자들이 쉬산빈 선생이 발이 부르트도록 뛰어다니며 수집한 생활문서를 마음껏 감상하기를 바란다.

2013년 6월 뉴욕 무위재無爲齋에서
리전성

저서《홍색신문병Red color News Soldier》으로 문화대혁명의 속살을 파헤친 사진작가

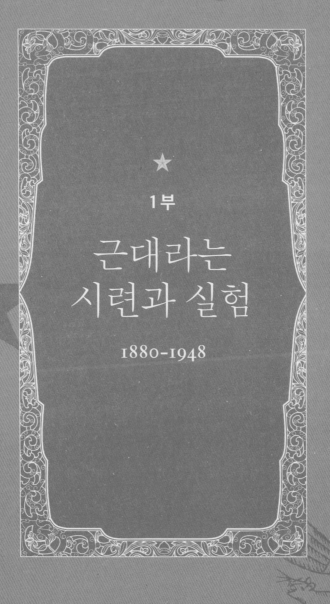

★

1부

근대라는
시련과 실험

1880-1948

주요 사건 연표

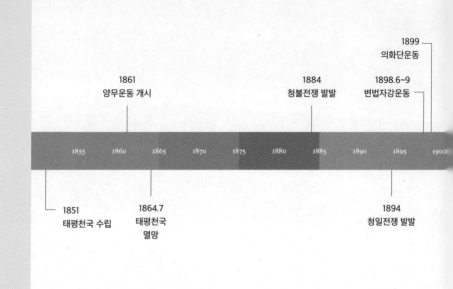

1899
의화단운동

1861
양무운동 개시

1884
청불전쟁 발발

1898.6~9
변법자강운동

1855 1860 1865 1870 1875 1880 1885 1890 1895 1900

1851
태평천국 수립

1864.7
태평천국
멸망

1894
청일전쟁 발발

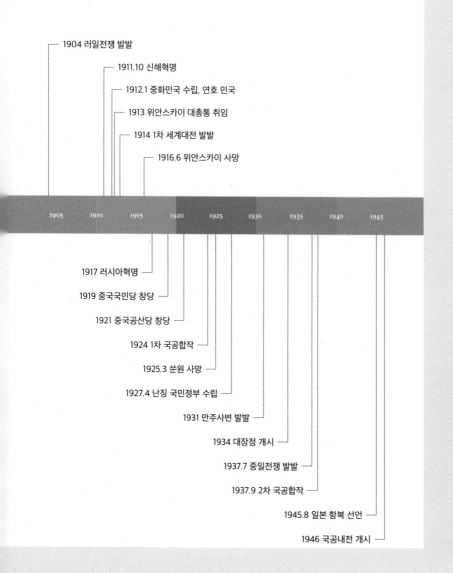

1904 러일전쟁 발발

1911.10 신해혁명

1912.1 중화민국 수립, 연호 민국

1913 위안스카이 대총통 취임

1914 1차 세계대전 발발

1916.6 위안스카이 사망

1905 1910 1915 1920 1925 1930 1935 1940 1945

1917 러시아혁명

1919 중국국민당 창당

1921 중국공산당 창당

1924 1차 국공합작

1925.3 쑨원 사망

1927.4 난징 국민정부 수립

1931 만주사변 발발

1934 대장정 개시

1937.7 중일전쟁 발발

1937.9 2차 국공합작

1945.8 일본 항복 선언

1946 국공내전 개시

청나라 말 근대화운동

1842년(도광 22), 아편전쟁에서 패배한 청나라는 더 이상 세상에서 가장 막강한 일등 제국이 아니었다. 세상의 중심을 자처하는 '중화' 시대가 가고 세계 수많은 나라 중 하나인 '중국' 시대가 온 것이다. 밖으로는 영국과 체결한 불평등조약인 난징南京조약을 기점으로 서구열강이 본격 밀려들어와 군사·경제적 무력감에 빠졌으며, 안으로는 농민반란군이 새 왕조 건설을 목표로 태평천국太平天國을 세우며 지배체제를 뒤흔들었다.

안팎으로 위기감이 고조되자 청조는 1861년(함풍 11) '양무운동', 1898년(광서 24) '변법자강운동'을 통해 근대화를 향한 개혁을 시도했다. 양무운동은 전통 가치체계는 유지하되 서양문물을 도입해 부국강병을 이룩하려는 움직임이었으나, 일부 제도의 변화로 왕조 중흥에만 초점을 맞춘 탓에 처참하게 실패했다. 메이지유신을 모델로 헌법 제정, 국회 개설, 서양식 학교 설립 등 기존 법과 제도를 뜯어고치려던 변법자강운동 역시 서태후를 비롯한 보수세력에 막혀 광서제가 유폐되고 개혁파들이 숙청당하며 막을 내렸다.

위로부터의 개혁이 잇따라 실패하는 사이, 서구열강에 대한 중국인들의 반감은 나날이 커져갔다. 청불전쟁과 청일전쟁에서 모두 패배하는 수모를 겪은 중국인들에게 서구열강, 그중에서도 내륙 깊숙이 침투하여 기독교를 선교하는 외국인 선교사들은 눈엣가시 같은 존재였다. 결국 1899년(광서 25), 공자의 출신지인 산둥성을 중심으로 "부청멸양扶淸滅洋"을 내세우는 '의화단운동'이 일어났다. 의화단은 외국 공사관과 교회를 공격했으며, 그 불길은 순식간에 베이징까지 다다랐다. 서구열강은 연합군을 결성해 의화단에 맞섰고 1900년(광서 26) 8월에는 베이징을 점령했다.

연합군은 1년 남짓 베이징을 직접 다스리다가 청조에게 신축辛丑조약을 내밀었다. 관세 등을 저당 삼아 4억 5천 냥을 배상하고, 베이징과 상하이上海 간 철도 연변에 열강의 군대 주둔을 허가하며, 외세 배척운동을 금지하라는 게 주요 내용이었다. 누가 봐도 분명한 불평등조약이었다.

굴욕적인 조약을 맺으며 서구열강에 고개를 숙인 청나라였지만, 1906년(광서 32)에 다시 한 번 개혁을 꾀했다. 이른바 '광서신정新政'이다. 과거제 폐지와 새로운 학제 등을 포함한 교육개혁을 필두로 재정개혁, 군사개혁 등이 목표였다. 하지만 기존 체제를 유지한 채 중앙집권 강화만을 도모하는 개혁은 청나라의 멸망을 멈추기에는 턱없이 부족했다. 오히려 진정한 개혁을 원하는 이들의 열망만 더욱 부채질할 뿐이었다.

신해혁명에서 군벌시대로

청나라가 쇠퇴할수록 새로운 시대를 외치는 목소리는 높아만 갔다. 그 중심에는 중국동맹회를 결성하고 "민족·민권·민생의 삼민주의"를 제창한 쑨원孫文이 있다. 마침내 1911년(선통 3), 청조 타도와 공화제 수립을 외치는 '신해혁명'이 일어났다. 3백년 역사를 지닌 청조의 멸망을 의미할 뿐만 아니라 2천 년 넘게 지속된 절대 군주제가 무너지고 근대적 민주공화정 체제로 바뀌는 첫걸음이었다.

신해혁명의 발단은 철도 국유화 선언이었다. 서구열강에게 의화단운동 배상금을 지급하다 재정난에 빠진 청조는 철도를 담보 삼아 열강 금융자본연합체인 4국 차관단으로부터 돈을 빌릴 계획을 세웠다. 당시 외국 차관을 도입해 철도를 부설하거나 관영철도를 종종 민영화했지만, 철도 국유화 선언은 다른 문제였다. 기존 민간철도를 주주와 지방정부의 승인 없이 국유화하려고 했던 것이다.

후난湖南, 후베이湖北, 광둥廣東을 비롯해 전국에서 철도 국유화 반대운동이 일어났다. 쓰촨四川성에서는 무장투쟁까지 벌어졌고, 청조는 반대세력을 탄압하고자 우창武昌 주둔군대를 쓰촨성으로 보냈다. 우창의 반대세력은 봉기를 계획하다 발각되어 지도부 대부분이 죽임을 당했음에도 봉기를 일으켰다. 신해혁명의 도화선이 되는 '우창봉기'였다. 혁명의 파도는 빠른 속도로 대륙으로 번져갔다. 한 달도 안 돼 24개 성 가운데 17개 성이 청조로부터 독립을 선언했다. 각 성 대표들이 모여 쑨원을 임시 대총통으로 하는 난징 임시정부를 세우기로 결정하고, 1912년 1월 1일에 '중화민국'을 선포했다. 연호年號는 민국民國이었다.

중화민국의 앞날은 아직 험난했다. 군사 실력자이자 베이양北洋군벌인 위안스카이袁世凱가 야심을 갖고 군대를 동원하여 혁명세력을 끊임없이 공격해왔다. 쑨원은 군사적 열세와 민족 통합을 고려해 위안스카이에게 대총통 자리를 내주기로 결정했다.

같은 해 3월, 위안스카이는 청나라 마지막 황제인 푸이溥儀

를 퇴위시키고 임시 대총통에 올랐다. 정식 대총통에 오른 뒤에는 민주공화정에서 독재로 선회하며 국민당과 국회를 해산시켰다. 급기야 1차 세계대전의 틈을 타 스스로 황제라 칭하며 홍헌洪憲이란 연호까지 발표했다. 전국에서 반대운동, 즉 '제3혁명'이 일어났고 서구열강의 취소 권고가 이어졌다. 결국 위안스카이는 민국 연호를 회복하고 황제제를 취소할 수밖에 없었다. 이후 대총통 사임 압력에 시달리다 1916년 6월에 사망했다.

반란과 혁명을 여러 차례 거치며 중앙정부의 힘이 약해지자 각 지방은 군벌들 손에 넘어갔다. 크게는 베이양군벌과 시난西南군벌, 작게는 다시 여러 파로 나뉘어 1920년대까지 베이징을 비롯한 각 지방을 장악했다. 자기들끼리 빈번하게 전쟁을 벌였고, 막대한 군비조달을 위해 가혹한 수탈행위를 거듭했다. 때론 반민족 성향으로 대륙을 노리던 서구열강에 기생했다. 1926년(민국 15)에 국민당의 장제스蔣介石가 군벌 진압을 목표로 북벌을 시작하고, 1928년(민국 17)에 둥베이東北지방의 장쭤린張作霖이 열차에서 폭사하며 군벌시대는 역사의 뒤안길로 사라졌다.

중국공산당 창당과 1차 국공합작

1917년(민국 6), 러시아혁명으로 공산주의 국가 소련이 탄생했다. 러시아혁명은 당시 제국주의 지배 아래 놓인 모든 지역에 새로운 희망으로 떠올랐고, 중국 또한 그랬다. 1900년대 초반에는 많은 지식인이 공개적으로 '일본을 배우자'라고 했다면, 러시아혁명 이후에는 사상의 등불로 '러시아혁명을 배우자'를 제시했다. 때마침 소련이 "제정 러시아의 침략행위를 부정하고 모든 이권을 무상으로 포기·반환한다"고 선언하자 중국인들의 신뢰는 더욱 높아졌다. 1919년(민국 8) 모스크바에서 창설된 공산주의 국제동맹인 코민테른의 지도하에 베이징, 상하이, 톈진天津, 광저우廣州 등 대도시를 중심으로 공산주의 소조―소그룹―가 형성되며 혁명사상이 빠르게 퍼져 나갔다.

1921년(민국 10) 7월, 상하이 프랑스 조계租界에서 1차 전국대표대회가 열리며 중국공산당이 창당됐다. 당 강령으로 반反자본주의·반제국주의가 채택됐으며, 당 서기는 사상가이자 정치가인 천두슈陳獨秀가 임명됐다. 참가 인원은 고작 13명, 훗날 중국공산당 최고 실력자가 되는 마오쩌둥毛澤東도 그중 한 명이었다.

창당 이후 중국공산당은 조직적인 계몽활동과 농민운동에 힘을 쏟는 한편 대외활동에도 적극 나섰다. 1924년(민국 13), 국민당과 합작, 즉 1차 국공합작이 이루어질 때에는 대륙의 혁명중심축으로 자리매김했다.

1차 국공합작은 소련의 힘이 작용했다. 중국공산당은 차치하고라도 국민당 역시 소련의 영향을 받았다. 국민당이 해체당한 뒤 일본으로 도망가 중화혁명당을 조직했던 쑨원은 상하이로 돌아와 중국국민당으로 활동했지만, 기존 비밀결사단이란 성격이 강한 탓인지 대중과는 그다지 가깝지 못했다. 지방군벌에 맞선 힘겨운 싸움도 계속했다. 쑨원은 국민당 힘만으로는 주권 확립, 군벌 타도, 민족 통일을 완수할 수 없다고 판단했다. 러시아혁명, 중국공산당 설립, 대중운동 고조는 쑨원으로 하여금 중국공산당과 손을 잡도록 만들었다.

그러나 1925년(민국 14) 3월, 쑨원이 갑자기 사망하면서 상황이 달라졌다. 국민당 내에서 새로운 지도자인 장제스를 비롯한 우파와 중국공산당과 친밀한 좌파가 본격적으로 대립하기 시작했다. 1927년(민국 16) 3월, 장제스가 상하이로 돌아온 후 대립은 절정을 맞았다. 당시 상하이는 서구열강과 더불어 자본가와 은행가들이 장악했는데, 상하이 노동자들은 봉기를 통한 해방을 원했다. 이에 장제스는 '상하이쿠데타'를 일으켜 중국공산당을 무력으로 탄압하고 공산주의 배격을 선언했다. 1차 국공합작이 무참히 끝나는 순간이었다.

2차 국공합작과 항일투쟁

1928년(민국 17), 난징 국민정부를 수립한 장제스는 다른 정당이나 정치행위를 금지하며 중국공산당 탄압을 이어갔다. 중국공산당 또한 생존을 위해 국민당과 전쟁을 치러야 하는 상황에서 '국공내전'은 피할 수 없는 운명이었다. 첫 번째 무장전투는 난창南昌에서 벌어졌다. 군사력이 열세했던 중국공산당은 난창을 기습 공격했지만, 혁명위원회를 세우기가 무섭게 국민당 군대가 들이닥쳐 패퇴했다. 이른바 '난창봉기'다. 이때 살아남은 군사들이 훗날 공농홍군工農紅軍으로 성장했다.

난창봉기 실패 이후, 중국공산당은 쫓기고 쫓기다 광둥에서 비참하게 패배하며 자취를 감추는 듯했다. 하지만 마오쩌둥은 살아남은 1천 명 남짓을 이끌고 혁명 근거지가 되는 징강井岡산으로 들어가 게릴라식 전법을 개발하고 농지개혁을 실시하며 농민들의 지원을 받아 세를 불려나갔다. 광둥으로 옮긴 뒤에는 국민당 내부에서 권력투쟁이 벌어지는 틈을 타 중남부를 중심으로 약 15개 소비에트를 세웠고, 장시江西성 루이진瑞金에 중화소비에트공화국 임시정부를 수립했다. 임시 주석은 마오쩌둥이었다.

국공내전이 한창이던 1931년(민국 20), 대륙을 뒤집는 사건이 벌어졌다. 일본에 의한 '만주사변'이었다. 중국인들은 즉각 격렬하게 항일 기치를 올렸지만, 국민당은 국공내전이 아직 끝나지 않았다며 일본과의 전투를 주저했다. 그 사이, 일본은 만주에 친일정부를 수립해 자국 영토로 다스려 나갔고, 푸이를 꼭두각시로 선택해 1932년(민국 21) 3월에는 만주국 수립을 선포했다.

반면 중국공산당은 바로 대일전쟁을 선언하고 항일투쟁에 돌입했지만, 국민당의 총공세에 밀려 1934년(민국 23)에 대장정에 오를 수밖에 없었다. 18개 산맥을 넘고 17개 강을 건너 산베이陝北 옌안延安에 근거지를 마련하기까지 2년 남짓한 행군이었다. 과정은 고됐으나, 결과는 달았다. 지나온 지역마다 혁명 정신을 심었고, 농민의 자원입대 등 전폭적인 지지를 받아 국민당에 필적하는 세력으로 성장했다.

대륙 정세는 여전히 혼란스러웠다. 일본이 만주를 넘어 화베이華北까지 노리고 있었다. 1937년(민국 26) 7월 7일, 중일전쟁이 발발했다. 그에 따라 2차 국공합작이 화두로 떠올랐다. 일단 내전을 멈추고 항일투쟁에 함께 나서자고 이미 중국공산당이 제안한 터였다. 국민당은 논쟁 끝에 9월 22일, 제안을 받아들였다.

2차 국공합작이었다.

국공합작이 이루어졌음에도 일본은 난징, 광저우 등지를 잇
달아 점령했다. 국민당은 일본을 피해 난징에서 우한武漢, 다시
충칭重慶으로 수도를 옮길 수밖에 없었다. 1940년에 들어서면서
는 교착상태가 이어졌다. 중국공산당의 팔로군과 항일조직에 막
혀 일본은 주요 도시만 점령한 채 앞으로 더 나아가지 못했다.
누구도 승리를 장담할 수 없는 상황이었다.

I.

서양에서 수입한
졸업증서

중국은 '근대'를 자기 손으로 만들지 못했다. 아편전쟁에
서 비로소 확인한 서양 근대문명은 중국인들에게 충격과 공포
그 자체였다. 중국은 아편전쟁 이후 더 이상 예전 위상을 유지
할 수 없었고 사회 저 밑바닥에 있는 습속부터 고도 통치행위
에 이르기까지 변화를 요구받았다.

교육은 근대를 위한 변화의 상징 중 하나였다. 본래 교육
은 한 사회의 재생산에서 가장 핵심영역이다. 교육의 변화는
결국 목표로 삼는 사회 모습이 달라졌음을 의미한다. 아편전쟁
이후 중국 교육도 변화를 맞았다. 1862년(동치 원년)에 경사동
문관京師同文館, 1898년(광서 24)에 경사대학당京師大學堂이 설립된
이래 신식 학당이 잇따라 세워졌다.

"모든 것이 다 저급하되 학문만이 유일하게 고상하다"란

말처럼 중국인은 예부터 학문을 존중하고 교육에 매진했다. 다만 지금과 달리 전통 교육기관은 과정을 다 마쳤음을 증명해 주는 특별한 장치가 없었다. 오로지 과거시험만이 자신의 학문을 평가받고 관직을 얻는 유일한 방법이었다. 졸업증서는 신식 학당이 설립됨에 따라 처음 생겨났고 이후 서구식 교육제도가 자리 잡으면서 대량생산되기 시작했다. 점차 졸업증서는 중국인의 신분증명이자 지식인의 출세수단이 됐다.

1902년(광서 28), 최초 근대대학인 경사대학당이 첫 졸업식을 열었다. 베이징대학의 전신인 경사대학당 졸업식은 1천여 년이 넘는 기간 이어져 온 전통교육이 막을 내리고 근대교육이 그 자리를 대신함을 알리는 신호탄이었다. 청나라는 교육제도를 개혁하여 신학제新學制를 도입했으며 1904년(광서 30)에는 일반교육·사범교육·실업교육으로 영역을 나눠 근대교육의 틀을 정비했다. 신학제는 다음과 같다.

1. 일반교육

초등교육: 몽양원蒙養院 4년 ▶ 초등소학당 5년 ▶ 고등소학당 4년

중등교육: 중학당 5년

고등교육: 고등학당 3년 ▶ 분과대학당 3·4년 ▶ 통유원通儒院 5년

2. 사범교육

초급사범학당 ▶ 우급사범학당

3. 실업교육

초등실업학당 ▶ 중급실업학당 ▶ 고등실업학당

그림 1 산시사범학당 졸업증서, 1908년(광서 34)

　　몽양원은 오늘날 유치원에 해당하며 통유원은 박사과정과
비슷하다고 말할 수 있다. 이후에 여성교육에 대한 규정을 추
가했으며, 사범교육을 개혁해 초급사범학당과 같은 급으로 임
시소학교원 양성소와 단급單級교원 강습분소도 증설했다. 임시
소학교원 양성소는 1년 또는 2년 만에, 단급교원 강습분소는 1

학기 또는 2학기 만에 수료할 수 있었다. 1906년(광서 32), 마침 내 전통사회의 유일한 관직 등용문이던 과거제도가 역사 속으로 사라졌다.

그림 1은 1908년(광서 34)에 발급된 산시사범학당 졸업증서다. 귀한 증서인데 안타깝게도 온전한 한 장과 절반만 남은 한 장을 보유하고 있다. 조사해보니 1백여 장이 인쇄됐지만 오랜 시간을 거치면서 유실되고 현재는 네 장만이 남았다. 이때까지도 서양역법인 서기 사용이 드문 편이라서 전통역법인 연호에 따라 연도를 '광서光緖 34년'이라고 표기했다. 연호는 황제 즉위년을 기준으로 한 해씩 셈하는 방식으로, 각 황제에 따라 명칭이 달랐으므로 때론 황력皇曆이라 불렸다. 청나라 말은 함풍咸豊(1850~1861), 동치同治(1861~1875), 광서(1875~1908), 선통宣統(1908~1912) 순이다. 이렇게 황제 탄생과 죽음에 맞추어 해가 셈해지기를 거듭하며 백성의 마음속에 황제라는 존재가 단단히 뿌리내렸다.

이 졸업증서는 일단 크기부터 입이 떡 벌어진다. 오늘날 졸업증서와 가히 비교할 수 없을 정도로, 활짝 펼친 신문보다도 커서 졸업증서의 왕이라고 불릴 만하다. 크기에 걸맞게 내용도 빼곡하게 적힌 것이 마치 학생기록부를 보는 것 같다. 정치학, 심리와 교육원리, 교수법, 관리법과 학교제도, 중문, 역사, 박물생리, 그림, 체육 순으로 나열된 교과목과 총점과 평균점으로 나눈 점수 그리고 그걸 다시 반년 총점수와 반년 평균점수, 전체 총점과 전체 평점으로 구분한 성적까지 지금의 어

1 — 서양에서 수입한 졸업증서

45

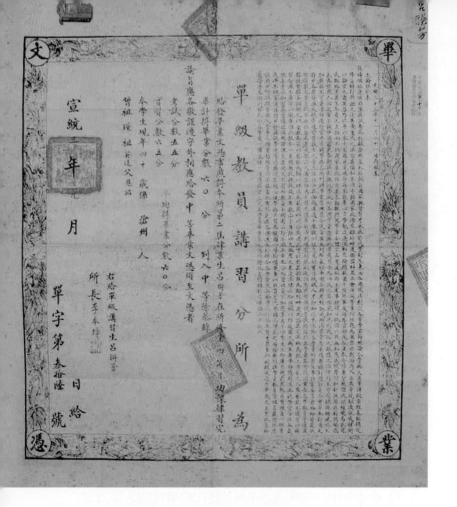

그림 2 단급單級교원 강습분소 졸업증서, 1911년(선통 3)

느 증서도 따라가지 못할 정도로 세밀하게 기록했다.

　이 졸업생의 성적은 평균 64점. 규정에 따라 중학당급 졸업증서와 각 부청주현府廳州縣—각각의 행정단위—에 소학당 교원이나 관리원으로 파견될 수 있는 임명장을 수여했다. 즉 초급사범학당에 속하는 산시사범학당을 졸업하면 바로 초등교

그림 3 과거시험 수험증, 청나라 시기

육을 담당하는 교사나 책임자가 될 수 있었다.

교과목 담당교사도 기재했는데, 우에노上野, 고마츠자키小松崎, 다다多田라는 일본인 성姓이 섞여 있다. 이미 외국인 교사가 근무했던 것이다. 당시 교사 인원은 지금처럼 많지 않았고 하루 스승이라도 평생 부모처럼 모신다는 말이 있듯 존경받는 존재였다. 교사를 교습教習, 교장을 감학監學이라 칭했다.

그림 2는 1911년(선통 3)에 발급된 단급교원 강습분소 졸업증서다. 앞서 말했듯 단급교원 강습분소는 1학기 또는 2학기 내로 졸업하여 초등소학 교원자격을 딸 수 있었다. 증서의 주인은 비록 우수한 점수는 아니지만 평균점수 60점, 중등 정도 성적으로 졸업했다. 재미있는 점은 사범학당에 비해 졸업생의 혈통관계를 중시하여 졸업증서에 증조부, 조부, 부친 이름을 기재했다. 3대에 걸친 가장의 이름을 꼼꼼히 적은 양식이 예전 과거시험 수험증인 그림 3과 비슷하다. 조부와 부친 이름은 왼쪽에 있는데, 이 마흔 살 졸업생의 조부께서 건강하게 손자의 영광을 직접 보았는지 여부는 알 수 없다.

2.

힘 잃은
황제의 명령

청나라 말에 신식 교육기관이 잇따라 만들어지고 전통 학
문 대신 서구에서 수입된 학문을 가르치면서 가치관이 빈번히
충돌했지만, 대세를 돌릴 수는 없었다. 당시 어지러운 사상·문
화적 분위기는 신식 학당 졸업증서에 반드시 첨부해야 했던
성지聖旨에 잘 드러나 있다. 청조가 신식 교육을 대하는 자세이
자 여전히 관철하고 싶은 구식 세계관의 한 단면이었다. 내용
은 아래와 같다.

황제의 말씀. 서태후의 명을 짐이 친히 받들다.
국가는 어진 인재를 양성함에 전대前代 교육제도와 동서양 교
육제도를 취해 다양한 학당을 설립해야 한다. 학무대신 등에
게 명하노니 상세한 장정章程을 만들어 올리고 심사 후 반포

하라. 학문을 장려함에 아끼지 말며 교육에 관한 계율도 잘 갖추어라. 국가정치에 간여하지 않도록, 도에 어긋나는 일을 하지 않도록, 사람을 모아 단체를 만들고 집회를 갖고 선동하지 않도록 하라. 이 경우 모두 엄하게 벌할 것이다. 본디 스스로 수신하여 좋은 인재가 되기를 기대했다. 그러나 수년 동안 사士들이 스스로 닦지 않고 최선을 다해 공부에 전념하지 않으니, 유교가 아닌 다른 사상에 동요하고 유교 범위를 넘어 다른 일에 간여하며 간혹 스승을 욕되게 하거나 교령教令을 어기고 대대로 전해오는 유교를 경시하고 마음대로 교육내용을 바꾼다. 또한 몸가짐을 바르게 하지 않고 지역에서 전횡을 일삼으며 심지어 성의 높은 관원조차 국명을 따르지 않는다.

(중략)

사는 사민四民 중 우두머리로 사풍士風이 불량하면 백성의 풍속 또한 나빠진다. 더욱이 정치는 말할 것도 없다. 사회풍조를 회복하려면 대대적으로 정비할 필요가 있다. 학부는 베이징 밖에 있는 각 교육관청에 학당관리장정을 널리 반포하여 분명히 잘 알림과 동시에 전에 반포되지 않았던 미비한 평가방법을 보완하여 힘껏 실행하라.

(중략)

여전히 관리에 전혀 신경 쓰지 않은 채 교육과 사풍을 소홀히 여기며 사적 감정으로 좋지 않은 사건을 은폐한다면 결과적으로 인재교육은 반란의 씨앗을 키우는 것과 같다. 그러므로 해당 학당의 교원과 관리원을 엄벌하는 것 이외에 교육담

그림 1 공립양등兩等소학당 졸업증서, 1911년(선통 3)

당 장군과 도통都統 등에게도 잘못을 묻겠다. 각 지역은 명을 받들어 각 학당이 학생의 인품을 키우고 학업을 장려하여 풍속을 아름답게 하며, 인재를 대거 양성하여 조정의 사를 양성하고 민심을 안정시키려는 조정의 뜻에 도움 되도록 하라. 지금의 명령을 즉시 기록해두라. 교육을 담당하는 관청 및 학당모두 옮겨 써서 걸어두고 무릇 각 학당 졸업증서 앞머리에 기재하여 지키도록 하라.

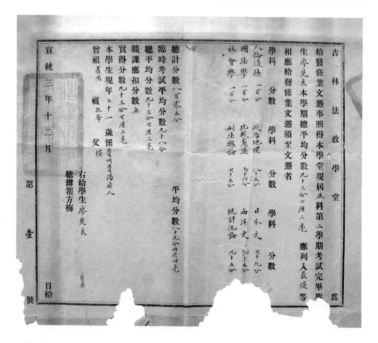

그림 2 지린법정吉林法政학당 졸업증서, 1911년(선통 3)

그림 1과 **그림 2**는 1911년(선통 3)에 각각 공립양등소학당과 지린법정학당이 발급한 졸업증서다. 성지에 따르면 "무릇 각 학당 졸업증서 앞머리에 기재하여 지키도록 하라"고 명령했다. 그러나 두 졸업증서에는 성지가 빠진 채 졸업생 점수와 교사 이름 그리고 증조부와 조부와 부친 이름만이 기록됐다. 청나라 말에 이르러 황명이 원활히 전달되지 않았거나, 혹은 전달됐다고 해도 별로 중요히 여기지 않았음을 보여주는 증거라 할 수 있다.

공립양등소학당 졸업증서의 주인은 71.8이라는 우수한 성적을 받았으며, 학교명에 붙은 '양등兩等'이란 단어는 학제의 변화를 알려준다. 기존 학제에서 초등교육은 몽양원, 초등소학당, 고등소학당 3급 구성이었으나, 1909년(선통 원년)에 양등소학당 1급으로 병합했다. 기간은 4년으로 규정했으며 교과과정을 개선하여 음악교육을 추가했다. 중등교육 또한 문과와 이과로 분과했다.

지린법정학당은 실업학교인 듯한데, 중서中西문화가 아름답게 조화된 졸업증서가 돋보인다. 과거시험 수험표처럼 졸업생의 신상과 관련해 증조부 이름까지 기재했지만, 교과과목에 일본어와 영어 등이 더해졌고 평소 보는 일반시험과 졸업시험, 그리고 출석 등을 종합해 최종성적을 평가했다. 근대 교육제도가 완벽히 자리 잡은 후 탄생한 전형적인 중서합벽—중국과 서양이 융합하다—의 결과물인 셈이다.

수술대에 오른 전통교육

전통사회에서 교사는 존경받는 직업 중 하나였다. 군사부일체君師父一體라는 말처럼 임금과 부모와 스승을 동격 존재로 여겼으며, "스승의 그림자도 밟지 마라"라는 말에서 보듯 제자는 스승의 그늘에서 행동을 조심해야 하는 존재였다.

전통사회에서 학생들은 주로 사숙私塾—가정 혹은 향촌 내부에 설립된 민간 교육기구—과 서원書院—관학이 아닌 지방 교육조직—에서 학문을 닦았다. 전통사회의 교육 풍경에서 빼놓을 수 없는 사숙과 숙사塾師—훈장—는 향촌鄕村을 중심으로 중화민국 초까지 명맥을 유지했다. 다만 과거와 달리 정부 감독하에 놓여 사숙 설립부터 숙사 검증, 수업내용, 교수법까지 전 방위로 개량되고 관리됐다. 특히 숙사 검증은 까다로웠다. 숙사는 공인 검정시험에 통과해서 일정한 자격을 갖추어

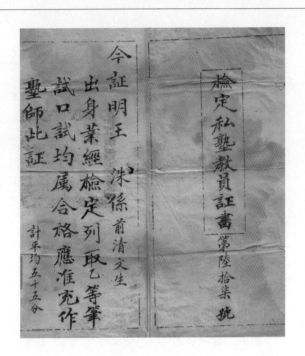

그림 1 사숙私塾교원증서, 1915년(민국 4)

야 학생을 가르칠 수 있었다.

　　그림 1은 1915년(민국 4년)에 발급된 사숙교원증서다. 필기시험과 구술시험을 통해 을乙이란 성적을 받아 숙사 자격을 얻었다는 문장이 적혀 있다.

　　전통사회, 특히 향촌에서 사숙이 성행한 데는 농촌 경제형태에 원인이 있다. 과거 농촌은 자급자족을 위주로 하는 소농경제 중심이었다. 자신이 심은 농작물로 끼니를 해결하고 의복을 직접 만들어 입었다. 자식교육도 마찬가지였다. 자기 집

그림 2 주음자모注音字母 담당교원비준서, 산시山西성, 1921년(민국 10)

에 교사 한 명을 초빙해 자식을 맡기는 '집안 교육'이 향촌에서 주로 이루어지는 전통 교육제도의 핵심이었다.

사숙의 교수법은 소리 내어 반복하여 읽기와 숙사의 간단한 설명으로 이루어졌다. 문제는 교육내용이 유교 경전에서 벗어나지 못했고 수준이 제각각이라는 점이었다. 숙사가 누구냐에 따라 학문 성격이 좌우됐으며 만약 숙사가 집을 떠나면 더 이상 학문이 지속될 수 없을 정도로 체계가 없었다. 또한 교육이 집안에서 이루어진 탓에 학생은 다른 사람과 지식을 교환하는 기회를 가질 수 없었기에 숙사와 사고방식이 똑같은 판박이 제자가 탄생하는 비극이 생겨났다. 오로지 스승 한 명에게 기댄 채 평생 그가 떠먹이는 밥만을 먹었으니 어쩔 수 없는 노릇이었다. 과연 그렇게 길러진 학생이 온전한 지식체계를 갖추었을지 의심스럽다. 경제 측면에서도 사숙은 교육자원을 낭비하는 활용방식이었다. 오늘날 개인과외처럼 1대1 교육이므로 투자 대비 생산 효율성이 현저히 떨어졌다.

그림 2는 1921년(민국 10)에 성장省長 옌시산閻錫山이 공증한 주음자모注音字母 담당교원비준서다. 주음자모는 자음 21개와 모음 16개로 구성된 표음기호다. 학교에서 주음자모를 가르치는 담당교사를 지정할 때조차 성장의 허락이 필요하다니, 조금 어이없다. 하지만 당시 상황을 감안한다면 충분히 이해할 만하다.

주음자모는 1918년(민국 7)에 수많은 방언을 하나의 언어로 통합하는 한편 문맹 탈출을 촉진하기 위해 만들어졌다. 당시 겨우 세 돌밖에 되지 않은 갓난아기였으니, 주음자모를 아는 중국인이 별로 없었다. 교사 또한 마찬가지였다. 주음자모의 가치는 오늘날 과학기술보다 높았다. 지금이야 어린아이도 한어병음漢語拼音―중국어를 로마자로 표기하는 자모―을 알지만, 1920년대만 해도 표음기호는 다가갈 수 없는 신비한 주제였다. 때문에 교사 지정에까지 성장이 개입한 건 그만큼 주음자모를 적극 보급하기 위한 지지의 표현이었다.

중국인에게 한자는 매우 어렵지만 포기할 수 없는 무거운

짐이다. 한자는 말소리를 제대로 표현하지 못하고 자수가 너무 많아 배우기 어렵다. 전통시대부터 중국인은 학교에 가면 제일 처음 글자 쓰기부터 공부했다. 지식을 쌓고 문화를 배우는 공부는 그다음 단계였다. 그러나 학교에서 몇 년을 보내도 익히는 한자는 그리 많지 않았다. 반면 서구문자는 대개 1~2년만 배우면 어느 정도 통달할 수 있었다.

한자는 아름다우나, 이용하기는 어려운 문자라서 사회발전을 늦춘 측면이 있다. 그렇다고 만약 한자를 버리고 표음문자를 사용한다면 어떻게 될까. 한자를 아는 이들 모두 문맹자로 전락하고 수천 년간 내려온 문화는 쓰레기로 변할 뿐이다.

4.
외국학교,
인재를 키우다

청나라 말에 실시된 교육개혁, 즉 신식 학당 설치에 있어 참고 모델은 아편전쟁 이후 개항장에 설립된 외국학교였다. 외국학교는 크게 가톨릭과 개신교 등에서 세운 교회학교와 직업학교로 나뉜다. 대부분 교세를 확장하기 위해 선교 목적으로 세웠지만, 교육 접근성이 떨어지던 가난한 학생들에게 교육 기회를 제공했다는 점에서 후하게 평가할 만하다. 외국학교는 중국에서 새로운 인재를 양성하고 근대 교육제도를 뿌리내리는 데 충분히 기여했고, 의학과 과학의 기술 도입, 일반 역사서와 과학서 출판 등 대중교육 발전을 위한 기초를 닦았다.

영어 보급을 통해 미국 유학을 유도했다는 점에서도 외국학교는 특별한 의미를 가진다. 청나라 말에는 일본으로 유학을 다녀온 이들이 교육개혁을 주도했던 탓에 학제도 일본식을 따

그림 1 성요한聖約翰대학 부속고급중학 졸업증서, 1932년(민국 21)

랐다. 그러다 중화민국 초부터 외국학교를 졸업하고 미국으로 유학을 떠났던 유학생이 돌아오면서 교육제도 전반에 걸쳐 미국식으로 개편되기 시작했다. 1922년(민국 11)에는 학제를 미국식인 6·3·3 학제, 즉 초등교육 6년·중등교육 3년·고등교육 3년 형태로 개편해 시행했다.

    그림 1은 성요한대학 부속고급중학이 발급한 1932년(민국 21)도 졸업증서다. 교회학교는 중국어와 영어를 사용했으며 문서 역시 두 가지 언어로 기록했다. 상하이에 있던 성요한대학

그림 2 칭신淸心유치원 졸업증서, 1922년(민국 11)

은 옌징燕京대학, 푸런輔仁대학, 푸단復旦대학 등과 마찬가지로 당대를 풍미한 명문대학이다. 본디 명칭은 요한서원으로 미국 성공회의가 1877년(광서 3)에 설립했다. 1905년(광서 31)에 성요한대학으로 이름을 바꾸고 곧이어 부속중학교를 세웠다. 성요한대학이 관리하던 부속중학교는 매우 효율적인 교과과정으로 청나라 말부터 중화민국 초까지 상하이에서 가장 유명한 중학교 중 하나로 손꼽혔다. 교사들은 총명하고 명망 있는 인사로 채워졌으며 학생들은 대부분 상류층 자제들이 차지했다.

외국계 명문학교다 보니 유명 학자나 외교관, 정치가 등도 대거 배출됐다. 외교관인 구웨이쥔顧維鈞, 대만 국민당 주석 롄

잔連戰의 조부인 롄헝連橫을 비롯해 각계각층에서 활약한 명사들이 졸업했다. 그들 대부분이 해외유학을 끝내고 돌아와 국민당 정권에 공헌하거나 항일운동에 투신했다. 정부를 대신해 교회학교가 중국의 새로운 인재들을 대거 양성한 것이다.

그림 2는 1922년(민국 11)에 칭신유치원이 발급한 유치원 졸업증서다. 칭신유치원은 외국학교인 칭신여자중학 부속유치원이다. 칭신여자중학의 전신은 1916년(민국 5)에 미국 기독교 장로회가 세운 칭신여숙이며 오늘날 상하이8중으로 바뀌었다. 당시 유치원은 정규 교육과정의 전 단계였으며 서양의 수입품인 탓에 수가 적어 희소가치가 높았다. 그 때문인지 오늘날 유치원은 학업기간을 다 채워도 수료증 비슷한 것도 주지 않지만, 칭신유치원은 정식학교처럼 학생을 관리하며 졸업증서를 수여했다.

유치원 졸업증서라, 어린아이에게는 보람 가득한 일이었을 것 같다. 종이 한 장이 자부심과 진취성을 고취하는 동시에 어린 시절 잊지 못할 추억을 선사했을 테니 말이다. 유치원이 있기는 하나, 대부분 정규과정을 갖추지 못해 유명무실한 존재로 전락해버린 지금의 중국 농촌 현실과 비교되는 대목이다.

교회학교가 문학계와 정치계에 새로운 인력을 보충했다면, 직업학교는 의학계에 의사나 간호사 같은 전문 인력을 이식했다. 산둥성 저우周촌에 있던 푸위병원 간호사학교도 그중 하나다. 영국 기독교회는 1908년(광서 34)에 푸위병원, 1920년(민국 9)에 간호사학교를 세우며 중국 의료계에 적지 않게 공헌

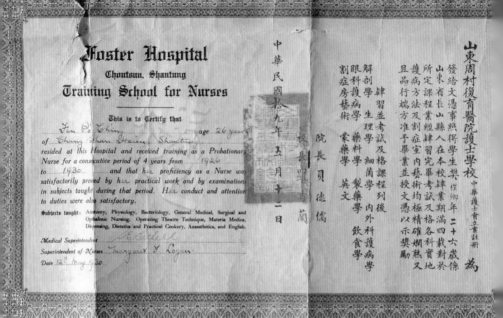

그림 3 푸위復育병원 간호사학교 졸업증서, 1930년(민국 19)

했다. 푸위병원 간호사학교는 지속적으로 간호사를 양성하며 기독교회의 병원부속 간호사학교들 대표로 중화간호사학회에 등록까지 했다.

그림 3은 1930년(민국 19)에 푸위병원 간호사학교가 발급한 졸업증서다. 이 학교는 교회학교와 마찬가지로 전공수업과 더불어 영어교육을 중요하게 다뤘다. 졸업증서에도 중국어와 영어로 졸업생의 학력평가를 적어 놨을 정도다. 내용은 아래와 같다.

소정의 교육과정을 이미 마쳤고 시험에 합격했다. 각 과의 실제 간호방법과 수술실 내에서의 기술이 매우 정확하고 노련

하며 품행 또한 단정하다. 졸업에 동의하며 졸업증을 수여함
으로 이를 표창한다.

아편전쟁 이후 의사는 웬만큼 익숙한 존재로 자리매김했
으나, 간호사는 여전히 이름부터 생소한 미지의 직업이었기에
신기한 존재로 여겨졌다. 기독교회가 세운 간호사학교 덕분에
간호사는 하나의 직업으로 인정받기에 이르렀고, 더 나아가 의
료 및 간호 분야에 긍정적 영향을 끼쳤다.

5.

스승과 제자,
계약과 매질 사이

교육을 중시했던 중국이었기에 교육의 외연도 넓고 다양했다. 정식학교에서 가르치고 배우는 사이는 아니지만 다양한 영역에서 교사와 제자 관계가 만들어졌다. 사회조직이라도 자신을 가르쳐서 인도하는 사람은 곧 교사였고, 사제의 인연을 맺었다. 예를 들어 상단商團이나 선단船團이 그러했다. 대규모 인원이 함께하는 만큼 엄격한 상하관계 속에서 아랫사람은 윗사람을 스승으로 받들어 모셨다.

그림 1은 이름을 알 수 없는 선단이 1938년(민국 27)에 공증한 사제계약서, **그림 2**는 이성당이란 선단이 1939년(민국 28)에 공증한 안청安淸증서다. 안청증서는 일종의 선단표준 가입증서인데, 둘 다 중국 전통 민간결사의 조직과 규칙을 생생하게 묘사하고 있다.

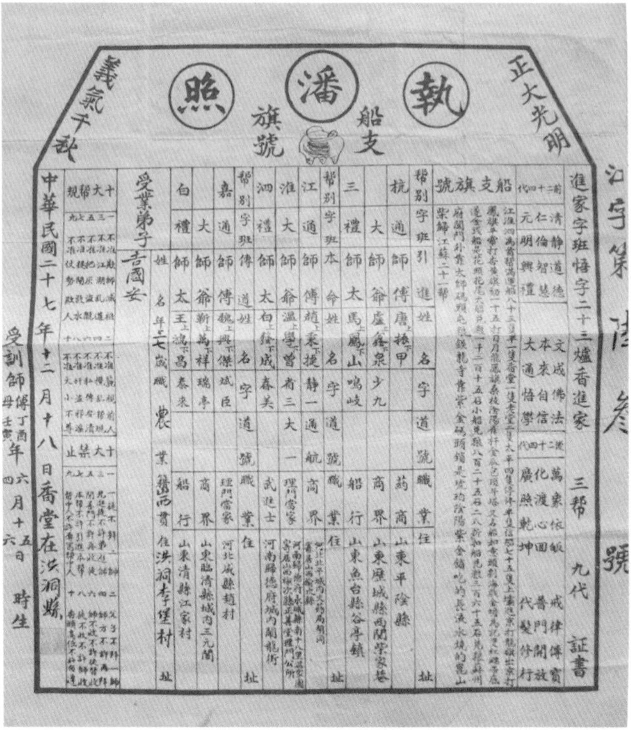

그림 1 선단사제약서船幫師徒合同, 산시山西성, 1938년(민국 27)

　　예부터 선단은 규칙상 한 번에 두 명의 스승을 섬기지 못하여 사부師父(혹은 師傳), 사야師爺, 사태師太 순으로 스승 위에 또 스승이 있는 서열에 따라 엄격한 수직관계를 유지했다. 조직원이 얼마나 스승을 존경하고 중요하게 여겼는지, 족보를 쓰듯 서열에 맞추어 스승의 성명과 주소와 직책을 빈틈없이 기록했다. 증서들에 적힌 서열과 승계는 선단 조직이 마치 하나의 독

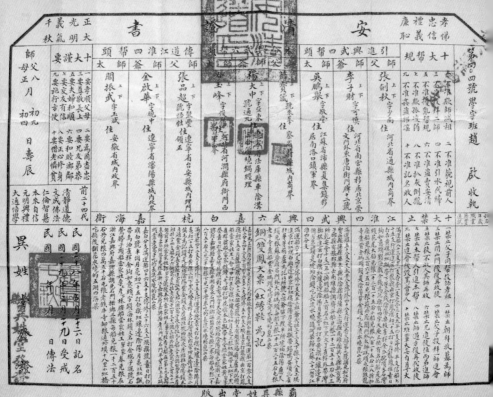

그림 2 이성당異姓堂 안청문서安淸文書, 1939년(민국 28)

립국처럼 움직였음을 드러낸다. 실제로도 선단에서 규칙은 곧 법이었고, 누군가 규칙을 지키지 않는다면 배신자로 낙인찍혀 추방당했다.

자, 이성당 안청증서를 찬찬히 살펴보자. 위에는 증서 이름과 함께 '효제충신孝悌忠信 · 예의염치禮義廉恥 · 정대광명正大光明 · 의기천추義氣千秋'라는 설립 종지宗旨가, 왼쪽에는 직인과 날짜가 보인다. 이 직인과 날짜를 통해 제자가 선단에 들어가서 어떤 생활을 보내야 했는지 유추할 수 있다. 기명記名, 수계受戒,

전법傳法이란 3단계를 거쳤는데, 기명에서 수계까지 대략 1년 정도가 걸렸다. 그러나 수계에서 전법까지 기간은 공백으로 처리돼 있다. 제자의 깨달음과 수양을 지켜보고 결정한다는 의미인 듯하다. 마지막으로 선단에서 지켜야 할 10대 규칙과 10대 금기가 적혀 있다.

10대 규칙

1. 스승을 속이고 멸조滅祖하지 않는다.
2. 전인前人을 무시하지 않는다.
3. 두 명의 스승을 섬기지 않는다.
4. 다른 이의 일을 대신하지 않는다.
5. 조직의 규칙을 어지럽히지 않는다.
6. 안청을 몰래 매매하지 않는다.
7. 노약자를 괴롭히지 않는다.
8. 시부와 자부는 간통하지 않는다.
9. 간악·사악·절도·음탕 4대 악행을 삼간다.
10. 기명은 제자를 받을 수 없다.

10대 금기

1. 부자가 같은 조직에 가입하는 것을 금한다.
2. 무덤을 찾아가 절하고 스승으로 섬기는 것을 금한다.
3. 제자를 안 받겠다고 선언한 후 다시 제자를 거두는 것을 금한다.

4. 부자가 한 스승을 섬기는 것을 금한다.

5. 제자가 거두지 않은 자를 스승이 거두는 것을 금한다.

6. 형이 도徒일 때 동생을 사師로 승격시키는 것을 금한다.

7. 같은 조직에 있는 사람을 다시 조직에 끌어들이는 것을 금한다.

8. 스승이 받지 않은 자를 제자가 거두는 것을 금한다.

9. 조직에 들어온 후 조직원을 모독하는 것을 금한다.

10. 선배라고 자만하는 것을 금한다.

참으로 까다롭고 냉엄한 내용들이다. 조직 관리가 얼마나 철저했는지 능히 짐작 가능하지 않은가. 전통적으로 사제관계는 인간관계의 축소판이었다. 타인을 압박하고 싶으면 먼저 타인에게 압박당하는 과정을 거쳐야 했고, 타인을 수탈하고 싶으면 역시 타인으로부터 수탈당하는 것을 먼저 겪어야 했다. 사제관계에서 압박하고 수탈하는 쪽은 바로 스승으로, 스승은 제자를 때리고 험히 다루어 능력자로 만들었다. 누군가 말하길, 전통사회에서 인재는 가르쳐서 나오지 않고 때려서 나왔다고 했다. 사실상 중국 고유의 교수법은 혹독한 매질이었다.

두 갈래로 나뉜 교육

1921년(민국 10), 상하이에서 중국공산당이 창립한 이래 중국은 정치와 경제만이 아니라 사회도 두 개로 쪼개졌다. 일부 군벌세력과 일본에 빼앗긴 지역이 있긴 했지만 국민당이 지배하는 중국은 여전히 광대했다. 그에 비해 중국공산당은 여러모로 미약한 세력이었지만 곧 성장하며 국민당과 경쟁했다.

교육 역시 두 개 세력이 경쟁하는 영역이었다. 중국공산당은 처음에는 혁명사상을 전파하고 군사인재를 양성하고자 군사학교와 보습학교 중심으로 교육기관을 설립했다. 1930년대 들어서는 정규교육을 비롯해 간부양성학교, 일반문화학교까지 설립했다.

그림 1은 중국공산당 지도하에 있던 공농홍군학교의 1932년(민국 21) 졸업증서로, '우리 땅의 공농소비에트 정권을 위해

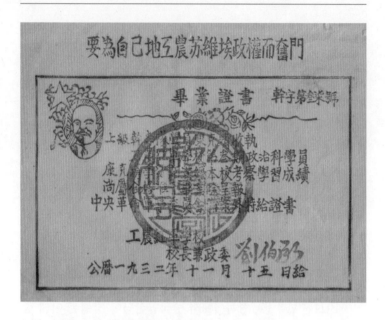

그림 1 공농홍군工農紅軍학교 졸업증서, 1932년(민국 21)

투쟁하자'란 혁명구호를 비롯해 오각별과 레닌 초상 등 전형적인 사회주의 상징물을 배치했다. 군사정치학교인 공농홍군학교는 1931년(민국 20)에 설립됐으며 후에 홍군대학, 보병학교, 특과학교로 나뉘어 수많은 공산당 간부를 배출했다.

졸업증서 주인 역시 중국공산당 군사지도자인 주더朱德의 아내이자 사회운동가였던 캉커칭康克淸이다. 흥미로운 점은 교장 겸 정치위원이 중국 10대 원로 중 한 명인 류보청劉伯承이라는 사실이다. 세상에 캉커칭이 류보청의 제자였다니, 전혀 짐작조차 못했다. 재래식 인쇄방법인 유인油印으로 찍은 탓에 글자가 바래 흐릿하지만, 내용은 대충 이러하다.

졸업증 제37호
캉커칭이 받아서 보관함.
공농홍군학교 제3기 정치과 학생인 캉커칭은 학업을 완료했
고, 본교 시험 결과 학업성적이 합격기준에 준하므로 졸업을
허가함. 중앙혁명군사위원회에 보고하는 서류 외에 특별히
졸업증을 수여함.

졸업증서는 불특정 다수를 위해 제작되므로 졸업생 이름
과 제호를 공백으로 처리해 인쇄하기 마련이다. 그래야 언제라
도 재사용할 수 있다. 그런데 이 졸업증서는 특이하게도 '캉커
칭'이란 이름과 '제37호'까지 넣어서 인쇄했다. 한마디로 맞춤
제작했다는 얘기다. 왜 그랬을까? 그러는 편이 제작방식이 더
용이했거나 보존용 한 부가 더 필요해서였을지도 모르겠다. 어
쨌든 그 덕에 졸업생 이름을 바꿀 수 없으니, 결코 가짜를 만
들어낼 수 없게 됐다.

낫과 망치를 담은 붉은 오각별이 돋보이는 **그림 2**는 1948
년(민국 37)에 발급된 홍색학교 졸업증서다. 낫과 망치(☭)는 공
산주의와 공산당을 상징하는 기호이므로 홍색학교도 중국공산
당이 지도하던 학교임이 틀림없다. 여기서 낫은 농민을, 망치
는 노동자를 의미한다. 다만 희한하게도 중국공산당 공식정부
가 아직 세워지지 않은 탓에 연호가 없어서 그랬는지 민국 연

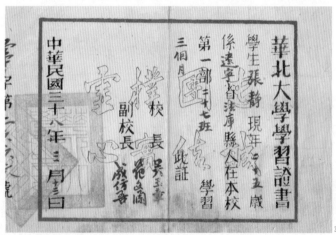

그림 2 홍색紅色학교 졸업증서, 1948년(민국 37)
그림 3 화베이華北대학 학습증서, 1949년(민국 38)

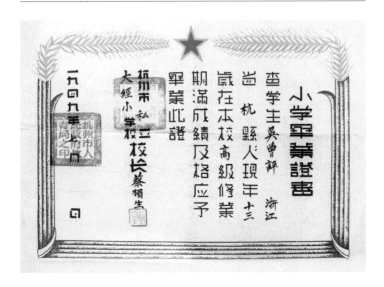

그림 4 사립대경大經소학교 졸업증서, 항저우杭州시 인민정부 교육국, 1949년

호를 그대로 사용했다. 당시 국민당에 최후 일격을 가하며 승리를 목전에 두던 때였는데도 말이다.

그림 3의 화베이대학 학습증서도 비슷하다. 이미 1949년 (민국 38) 1월에 중국공산당이 화베이대학이 있던 베이징에 입성했으므로 정황상 그해 3월에 발급된 증서에 관여했을 게 확실하나, 여전히 민국 연호를 사용했다.

그렇다고 당시 시대상과 분위기를 전혀 반영하지 않은 것은 아니다. 고작 석 달밖에 되지 않는 학습기간, '제1부 27반'이란 일련번호가 그 증거다. 베이징 해방 이후 중국인은 춘절 직전처럼 혁명에 대한 기대와 흥분으로 가득 차 있었다. 새로운 중국이 곧 도래하면 제 위치에서 맡은 바 임무를 수행해야 한다는 책임감, 예전처럼 느릿느릿 순서대로 하나씩 일을 진행하면 혁명을 이루지 못할 수도 있다는 불안감에 시달렸다. 한마디로 학습기간 단축은 시대 요구였다. 중국인이 단기훈련에 얼마나 뜨겁게 반응했는지, 제1부 27반이란 숫자를 통해 선명하게 전해진다.

바탕에 붉은 글씨로 적힌 '충성忠誠·단결團結·박실樸實·허심虛心'은 교훈이다. 화베이대학은 중국 런민人民대학의 전신 중 하나로 교장은 우위장吳玉章, 부교장은 판원란範文瀾과 청팡우成仿吾가 맡았다. 세 사람 모두 독자적으로 활동해도 교육계의 기대를 받을 정도로 저명한 교육가였기에 화베이대학은 효율적인 운영 아래 고급 인재를 대거 배출해냈다.

그림 4는 사립대경소학교 졸업증서로 중화인민공화국 수립 석 달 전인 1949년 7월에 항저우杭州시 인민정부 교육국이 최종 인가하여 발급했다. 건국을 앞두고 이미 지역에 중국공산당이 지도하는 공식정부가 세워졌음을 알 수 있다. 붉은 오각별과 보리 이삭 같은 단순한 상징이지만, 소학교 졸업증서라는 점에서 당시 중국공산당이 사회 전체에 상당한 영향력을 미쳤음을 잘 보여준다.

정치색,
이쪽 아니면 저쪽

사회 전체가 '두 개의 중국'으로 쪼개졌으니 사람이든 단체든 항시 정치색을 밝힐 것을 요구받았다. **그림 1**은 1939년(민국 28)에 산시陝西성 바오리소학이 시행한 교사훈련반 졸업증서다. 종이 및 인쇄 품질은 차치하고 도안이 매우 조악해 보인다. 하지만 현에서 발급한 증서치고는 꽤 괜찮은 편에 속하며 쑨원의 초상과 국민당기, 국기를 함께 넣어 정치 색채를 뚜렷하게 연출했다. 주인은 스물세 살 젊은 교사로 성실한 자세로 교육에 임하여 무사히 훈련을 마쳤다.

그림 2와 **그림 3**은 교원초빙서로, 각각 청더承德시 교육국과 베이징동4구소학 교원훈련반이 발급했다. 그중 베이징동4구소학 교원훈련반 교원초빙서는 일반 증서와 달리 완장 모양이다. 아마도 국공내전 때 팔로군이 왼팔에 '8로八路'라고 쓰인

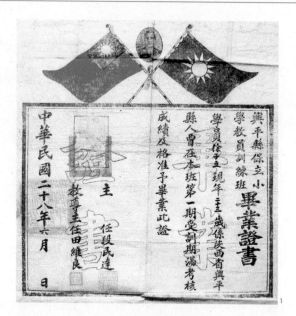

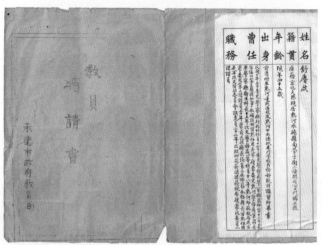

그림 1 바오리保利소학 교원훈련반 졸업증서, 산시陝西성, 1939년(민국 28)
그림 2 청더承德시 교육국 교원초빙서, 1946년(민국 35)

그림 3 베이징동4구소학 교원훈련반 교원초빙서, 1946년(민국 35)

완장을 차거나 중국공산당 토지개혁 작업반이 붉은 완장을 차서 자신들을 알렸던 것에서 연유하지 않았나 싶다. 확실히 팔에 완장을 차면 사람들이 쉽게 인지할 수 있다. 복잡한 사회정세 속에서 완장은 사람의 상표이자 위조방지 표식이었다.

상하이 교사들의 영리함과 정치적 균형감각이 돋보이는 증서도 있다. **그림 4**의 1947년(민국 36)도 상하이시 소학교사연합회 회원증이 그것인데, 비슷갑만한 작은 종이에 가치 높은 고급정보가 가득 들어 있다. 자원 활용 측면에서 가히 최고봉이라 할 만하다. 증서의 가치를 알기 위해선 1940년대 중반 이후 상하이의 정세를 알아야 한다. 2차 국공내전이 한창이던 1946년(민국 35), 악화된 경제상황으로 말미암아 상하이에서 노동자들 시위가 거세게 일어났다. 계속되는 인플레와 비싼 쌀값, 월급마저 현물로 지급되는 상황에 항의하는 폭동이었다. 기아에 허덕이던 상하이 시민들은 구휼식량을 받기 위해 줄지

그림 4 상하이上海시 소학교사연합회 회원증, 1947년(민국 36)

어 늘어서기 일쑤였다.

　사실 표지 도안과 명칭만 얼핏 보면 마치 동업조합 회원
증처럼 보인다. 내용에서 국민당이나 중국공산당과 관련된 어
떠한 흔적도 찾아볼 수 없다. 아동사랑, 학교사랑, 교육사랑 같
은 구호도 대중적이라 전혀 정치적인 냄새를 풍기지 않는다.
필시 소학교사연합회가 의도적으로 정치와 거리를 두어 교육
이 정치에 물들지 않도록 했던 것 같다. 아울러 본문에 적힌
'염가廉價'란 단어는 상하이 교육계의 복지 수준을 어느 정도 드
러낸다. 인플레로 인해 월급을 현물로 받았는데, 염가는 싼값
을 뜻하므로 다른 사람에 비해 현물을 저렴한 가격으로 받을
수 있다는 뜻이니까 말이다.

량수밍과
노먼 베쑨

1930년대 초, 장제스 지도하의 국민정부는 어느 정도 안정 기조를 찾으면서 교육에 대한 고민을 키워갔다. 근대화의 성과를 흡수하며 국민당에 친화적인 새로운 엘리트를 충원하고 재생산하기 위한 고민이었다. 당시 국민정부의 교육 실천을 상징하는 이름이 바로 '향촌건설'을 목표로 산둥향촌건설연구원을 설립한 량수밍梁漱溟이다.

그림 1은 1932년(민국 21)도 산둥향촌건설연구원 졸업증서다. 증서에 국민정부 국장인 청천백일기를 크게 인쇄하고 앞머리에 산둥성 정부를 대신해 발행했음을 명시해 행정력을 과시했다. 맨 앞 직인은 산둥성의 군사 및 행정 책임자인 한푸쥐韓復榘 주석이, 나머지 세 개 직인은 차례대로 학교 관계자인 량휘이쭈梁輝祖 원장, 순쩌랑孫則讓 부원장, 천야싼陳亞三 부주임이

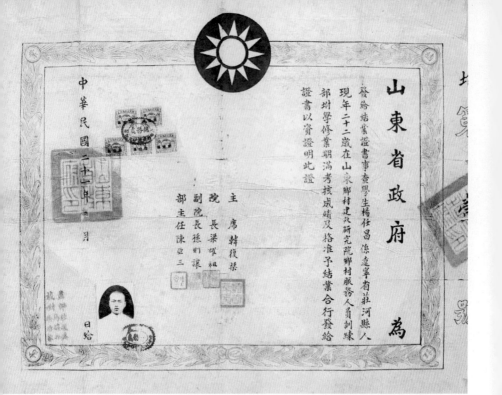

그림 1 산둥山東향촌건설연구원 졸업증서, 1932년(민국 21)

찍었다. 오늘날 졸업증서는 학교 명의로 발급되고 교장 직인만
으로 충분하지만, 당시에는 지방정부 명의로 발급했기에 직인
의 순서에도 그 위계가 반영됐다.

　　무엇보다 다섯 장이나 붙어 있는 수입인지가 눈길을 끈
다. 졸업할 때도 세금을 내야 했다니 참으로 어처구니없다. 하
긴 세계적 경제위기와 자연재해로 국고가 끔찍하게 메말랐던
1932년에서 1936년 사이, 국민정부한테 어떤 명목으로든 세금
을 떼이지 않은 사람이 어디에 있으랴.

산둥향촌건설연구원은 근대 사상가이자 농촌사회 운동가인 량수밍이 1931년(민국 20)에 설립한 학교다. 베이징대학 철학교수를 그만두고 량수밍은 광둥성과 산둥성 등지를 부지런히 돌아다니며 향촌건설 연구에 매진했다. 학자로서 세상을 이야기하는 것이 아니라 세상 속에 있고 싶던 량수밍의 꿈은 '향촌 자치'에 닿아 있었다. 그는 통치 대상이 아니라 통치 주체로서 농민을 상상했다. 아편전쟁 이후 중국이 경험한 역사는 농촌 파괴와 농민 소외라고 생각하고, 지금 시대에 필요한 새로운 사회조직은 향촌 자치 실현을 통해 가능하다고 여겼다.

량수밍은 오랜 현장연구를 바탕으로 마침내 산둥성 쩌우핑鄒平현에 산둥향촌건설연구원을 설립했다. 학교는 크게 세 부분으로 나뉘었다. 먼저 자신이 책임을 맡은 '향촌건설연구부'는 이미 고등교육을 받은 사람들을 받아들여 전국에서 활동할 향촌건설 전문가를 키우는 것을 목적으로 했다. 다음이 졸업증서의 학생이 수업 받은 '향촌복무인원훈련부'로 중등과정 교육을 제공하고, 향촌에서 직접 일할 인력을 키우는 것을 목표로 삼았다. 마지막으로 '향촌건설부'는 지역의 행정 책임자들에게 대학과정 교양을 서비스하고자 했다. 또한 지역과 연계성을 높이고자 교장은 소속 마을의 향장鄕長을 맡기도 했으며, 학생들은 단지 수업만이 아니라 농업과 학업과 전투 등 3개 업무를 통합적으로 익혔다. 산둥향촌건설연구원의 실험은 국민정부에서도 주목 받아 쩌우핑현을 포함한 산둥성 내 27개 현으로 확대됐고, 전국적으로 1성 1개교 설립이 목표가 됐다. 하지만 중

그림 2 지중군冀中軍구 위생교도대衛生敎導對 졸업증서, 1945년(민국 34)

일전쟁이 발발하면서 중지되고 말았다.

지금도 량수밍은 철학이론서인 《동서문화와 철학東西文化及其哲學》과 실천이론인 향촌건설운동으로 서구 학자를 비롯한 연구자 사이에서 '최후의 유학자'로 불리며 높은 대접을 받는다. 그가 이렇게 추앙받는 이유는 정권을 두려워하거나 아부하려 하지 않고 자신의 생각을 공개적으로 밀고 나갔기 때문이다. 량수밍은 중국 사회주의가 농민에 대한 억압에 기초한다며 마오쩌둥과 공산당 정권을 비판한 바 있다. 이후 오랫동안 정치적인 숙청 상태에 있다 1980년대 이후 비로소 복권됐다. 1988년 사망한 후에는 그의 희망에 따라 쩌우핑현에 묻혔고 조그마하게 량수밍기념관도 세워졌다.

덧붙여 이 졸업증서는 양두구육羊頭狗肉, 아니 그 말을 앞뒤로 바꾼 '구두양육狗頭羊肉'에 딱 맞는다. 직인 맨 앞자리를 차지한 주석 한푸쥐는 지금은 어디서 족적을 찾아보려 해도 별 게 없는, 말 그대로 별 볼 일 없는 사람이다. 하지만 증서에 이름조차 없는 량수밍은 학교를 만들고 향촌개혁의 한 흐름을 시작했다.

량수밍이 전통 지식인 출신 농촌 개혁가였다면, 노먼 베쑨 Norman Bethune은 외국인 출신으로 중국 현대의학의 터를 닦은 개척가였다. 캐나다 사람으로 태어나 중국명 바이추언白求恩으로 죽은 베쑨은 말 그대로 사람과 사회를 고치기 위해 전장을 마다하지 않고 동분서주한 진짜 의사였다.

베쑨은 1938년(민국 27), 쑨원의 아내인 쑹칭링宋慶齡이 의료지원을 요청하자 중국으로 건너와 항일부대 중 하나인 팔로군의 의료책임자가 되면서 중국인의 우상으로 추앙받았다. 팔로군은 의료시설은커녕 변변한 의료품조차 전무하다시피 했고, 그 상황에서 베쑨은 종종 혈액이 필요한 부상자가 있으면 자신의 혈액까지 뽑아 수혈하며 한 명이라도 더 살리고자 헌신했다. 베쑨의 자기희생은 중국인들에게도 깊은 영향을 미쳤다. 1939년(민국 28), 수술 도중 생긴 상처를 치료하지 못해 패혈증으로 사망하자 마오쩌둥은 〈베쑨을 기념하며紀念白求恩〉라는 추도사를 지어 중국 인민의 영원한 친구로 애도했다.

베쑨의 진짜 공헌은 전투현장의 헌신보다 턱없이 부족한 의료진을 확보하기 위해 중국인 의사들을 양성한 데 있다. **그림 2**는 지중군冀中軍구에 있던 위생교도대가 발급한 1945년(민국 34)도 졸업증서다. 표지에 베쑨의 초상을 크게 그려 넣고 '충성박소, 세심자인忠誠樸素, 細心慈仁'이란 교훈을 함께 명기했다. 이는 전시의료체제 확립과 기지병원 20여 곳 설립 등 의료 부문에서 베쑨이 이룬 업적을 기리고 이어가겠다는 중국인의 맹세인 셈이다.

지금도 베쑨은 중국혁명에 도움을 준 인물의 하나로 존경받고 있다. 베이징 바로 아래 허베이河北성 성도인 스자좡石家莊시 혁명 순교자 묘역에는 중국혁명 과정에서 희생된 애국선열들과 함께 베쑨이 안치되어 있으며, 베쑨의 중국식 이름을 따라 세워진 바이추언의과대학은 중국 의료인력의 주요 산실 중 하나로 자리 잡았다.

옛 결혼에
세금을 매기다

사회 모습과 운영방식이 바뀌면 생활습속도 바뀌어가기 마련이다. 그런 점에서 결혼도 근대화의 자장에서 비켜설 수 없었다. "부모의 명령, 매파의 말父母之命, 媒妁之言"은 중국의 전통적인 결혼문화를 단적으로 보여주는 말이다. 과거 중국인은 혼인을 자기 스스로 결정하지 못하고 부모가 짝지어준 사람과 만나거나 매파의 소개를 기다려야 했다. 부모는 매파를 시켜 상대에게 청혼하고 사주와 예물을 주고받으며 혼인날을 잡았다. 특히 여자는 엄격한 유교사상 아래 자신의 의지대로 혼인은커녕 경제권 박탈과 일부다처제 같은 악습을 견뎌야 했으며 심지어는 매매혼 같은 가혹한 선택까지 강요받았다.

새로운 가족을 맞이하는 순간이라 혼인은 가장 기쁘고 중대한 일이었고, 엄격한 절차와 의식은 물론 부부가 서로 나누어 갖는 혼인증서도 꽤 세심한 공정을 들였다. **그림 1**은 1백40여 년 전의 혼인증서다. 이 증서에 따르면 혼인은 동치 11년, 즉 1872년에 치러졌다. 오래된 탓에 아쉽게도 겉장만 남았으나 예전 중국인의 지혜와 예술성을 엿보기에 충분하다. 가운데 세로로 절반만 찍힌 '천작지합天作之合'을 보라. 신랑신부가 혼인증서를 각각 한 장씩 보관한다는 점을 고려해 하늘이 맺어준 인연이란 뜻인 천작지합을 반씩 나눠 찍었다. 두 장을 서로 합쳐야 비로소 온전한 문장이 만들어지는 절묘함이라니! 독창적인 예술기법이 천작

그림 1 혼인증서婚書, 1872년(동치 11)

지합이란 문장과 꼭 들어맞는다. 정말 낭만적이고 절묘한 표현인데, 오늘날에는 이런 식의 여유를 만나기 어렵다.

여기서 위에 붙은 중화민국 수입인지를 눈여겨보자. 신랑은 1854년(함풍 4)도 출생자로, 중화민국 시기 이미 예순에 이르렀고 그의 손자마저 혼인한 상태였다. 그럼에도 기존 혼인증서에 수입인지를 붙여 혼인세를 냈다. 40여 년 전에 결혼해 혼

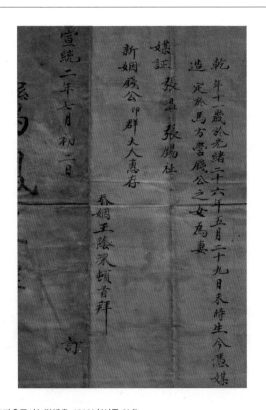

그림 2 포판혼증서包辦婚書, 1910년(선통 2년)

인증서까지 발급받은 초로의 노인네에게 혼인세를 징수하는 파렴치한 일을 도대체 어떤 정부가 서슴없이 한단 말인가.

예부터 혼인은 인륜지대사인 만큼 구두로는 부족해 문서로 보증했다. 남녀 양쪽이 서명한 일종의 공동생활 계약서가 혼인증서이며, 어릴 때 부모들이 혼사를 정하는 와와친娃娃親이 유행했던 전통사회에서는 혼인의향 계약서라는 의미까지 더해졌다. 당시 혼인은 대부분 종신 제였기에 의향은 그대로 확정으로 이어졌고, 증서는 아이의 평생을 결정지었다. 지금이야 아동결혼을 금하지만, 전통사회에서 조혼은 일상 풍경이었다. 1910년(선통 2)에 발행된 **그림 2**처럼 고작 열한 살인 남자아이가 아내를 얻을 정도로 아동 간 맞선은 물론 태아의 혼사를 미리 정하는 일이 1930년대 초까지 성행했다.

그림 3은 와와친증서로 1928년(민국 17)에 발행됐다. 중간에 적힌 '명방매항1년2세 민국17년9월초5일자시생'을

그림 3 와와친증서娃娃親文書, 1928년(민국 17)

풀면 팡메이란 이름의 아이는 가족 중 맏이며 현재 두 살이고 이미 짝이 정해져 있다는 뜻이다. 매파의 중개로 양쪽 가장은 갑과 을로 맺어지고 글을 쓸 줄 아는 사람을 청해 함께 증서에 서명하면 혼인계약은 그걸로 완료됐다. 애당초 정부나 관청 허가는 필요 없었다. 당사자 의사와 무관하게 부모에 의해 성사되는 포판혼包辦婚이므로 신랑신부가 개입한 흔적도 찾아볼 수 없다.

1부 ─ 근대라는 시련과 실험

결혼도 이혼도
법대로

전통사회에서 결혼은 어디까지나 남자 위주였다. 일부다처제는 공공연했고, 남편이 부인을 버리거나 내쫓지 않는 한 이혼은 사실상 허락되지 않았다. 근대는 이런 결혼제도의 구습을 그냥 내버려두지 않았다. 1931년(민국 20)에 국민정부는 중화민국 민법 친속편親屬編을 반포, 시행했다. 민법 친속편은 중국 최초 근대 혼인법으로 결혼과 이혼의 자유와 일부일처제 등을 규정했으며 개인 간 거래에 가까웠던 혼인증서를 법률 내로 끌어왔다. 이에 뒤질세라 1934년(민국 23)에는 중화소비에트공화국 혼인법이 발표되어 결혼제도 같은 일상에서도 국민당과 중국공산당이 서로 대결하는 양상을 보였다.

그림 1은 1941년(민국 30) 진지루위晋冀魯豫 변구에서 사용되던 이혼증서 양식이다. 진지루위변구는 1941년에 중국공산당

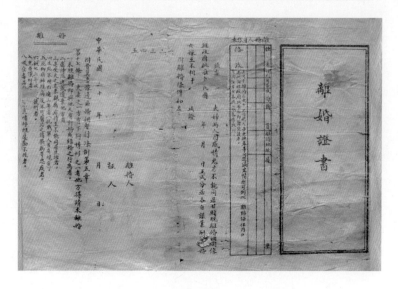

그림 1 이혼증서離婚證書 양식, 진지루위晉冀魯豫변구, 1941년(민국 30)

이 산시·산둥·허베이·허난河南 일부분을 포함한 지역에 세운 자치기구다. 이때 대륙은 국공내전으로 말미암아 두 세력으로 나뉘었고, 진지루위변구 같은 공산당 자치기구는 국민정부의 친속편이 아닌 자신들만의 임시혼인조례를 시행했다. 부녀자 해방에 중점을 두고 봉건적인 혼인제도 폐지를 주장했는데, 친속편과 비슷하게 사적으로 결혼을 계약하여 처리하지 못하고 반드시 행정기관의 공증을 받아야 했다. 결혼하는 남녀 양쪽이 함께 관청에 등기하는데 만약 한쪽이 원하지 않는다면 결혼 자체가 성립되지 않았다. 양식이라서 이름란과 민국 30년이란 연도만 적혀 있을 뿐 이름과 증인과 월일 모두 공백이지만, 흥미룹게도 1940년대에 어떤 기준으로 이혼이 요청되고 판결됐는지를 설명하는 임시혼인조례 조항이 첨부돼 있다.

> 가정폭력, 갈등, 질병, 실종 등의 요소는 모두 이혼 사유가 될 수 있다. (중략) 부부 중 한 명이 다음과 같은 상황에 있는 경우 이혼을 요청할 수 있다. 그중 하나는 이혼을 하지 않은 사람이 타인과 약혼하거나 혼인을 하는 경우다.

꽤 자유롭고 민주적인 조항들임에도 중혼에 대한 태도는 아쉬움을 남긴다. 중혼을 죄로 취급하지 않고 이혼을 신청할 수 있는 조건 정도로만 규정했다. 앞서 국민정부와 중화소비에트공화국 모두 일부다처나 축첩 같은 봉건적 혼인제도를 반대하는 규정을 내세웠지만, 실제로는 중혼이나 축첩 그리고 매매혼이 빈번하게 일어났음을 짐작할 수 있다. 법률이 현실을 일정 정도 반영할 수밖에 없는 한계랄까, 만약 중혼을 엄격하게 규정했다면 사회에 커다란 파문을 불러왔을 게 뻔하다.

그림 2는 일본 괴뢰정부인 몽강연합자치정부 아래 하부 행정기관이 발행한 문서로 1940년대 이후 중국 전역에서 혼인증서가 공증문서로 취급받고 있음을 엿볼 수 있다.

그림 3은 신랑신부가 서서히 주체로 올라서고 여성의 사회적 지위가 보장되던 정황을 포착한 1948년(민국 37)도 혼인증서다. 신부 성명란에 '류'라는 성과 '평원'이라는 이름을 함께 적고 도장을 찍었는데, 전통사회에서는 신부 이름까지 적진 않

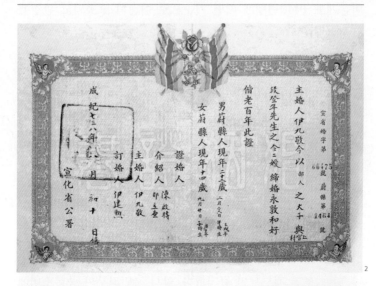

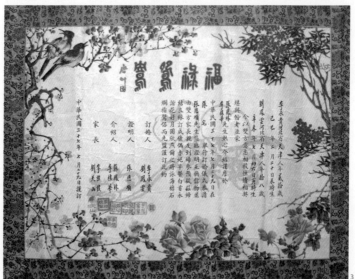

그림 2 혼인증서結婚證書, 몽강연합자치정부, 1944년(칭기즈칸기원 738)
그림 3 혼인증서, 허베이河北성, 1948년(민국 37)

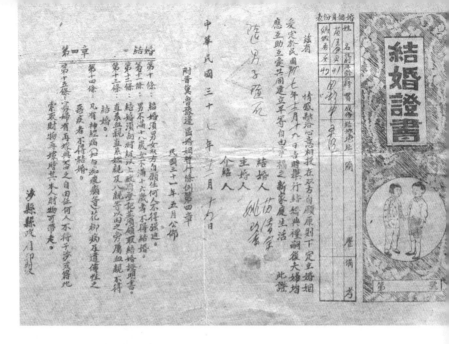

그림 4 혼인증서, 진지루위변구, 1948년(민국 37)

앴다. 재질이 좋고 도안이 뛰어난 것이 사회경제적 지위가 엇
비슷했던 상류층 집안 자제가 증서의 주인이지 싶다. **그림 4**도
같은 해 진지루위변구에서 발급된 혼인증서로, 여기 적힌 임시
혼인조례에서 '그 누구도 강제할 수 없다', '과부의 재혼여부는
자유다'라는 조항이 눈에 띈다. 그렇게 자연스레 전통사회에서
혼인을 주관하던 부모나 매파는 제3자로 밀려나고 포판혼 역
시 법률상으로 마침표를 찍었다.

　　1949년, 국공내전에서 승리한 중국공산당은 중화인민공
화국을 세우고 혼인증서에 '혼인자주婚姻自主'라는 직인을 찍기
시작했다. 1950년에는 "결혼은 반드시 남녀 쌍방이 모두 희망
하는 경우에 이루어지며 한쪽이 상대방에게 결혼을 강요하거

나 제3자가 간섭할 수 없다"고 규정한 혼인법을 공포했다. '혼인타주婚姻他主'란 전통원칙을 정면으로 깨는 순간이었다. 오늘날 혼인증서에는 그 직인이 사라졌다. 이는 사람이 살려면 반드시 밥을 먹고 잠을 자야 한다는 사실을 굳이 강조하지 않아도 되는 것처럼 이제 혼인자주는 당연한 원칙이기 때문이리라.

그림 5 혼인증서, 인민정부, 1949년

그림 5는 인민정부가 1949년에 발급한 혼인증서다. 비록 화려한 도안은 아니지만 나름 형식을 잘 갖추고 있으며 앞서 소개한 '혼인자주' 직인이 보인다. 신랑신부의 정보는 물론 증인과 중매자 그리고 혼인 전前 재산 목록까지 빼곡하게 기록한 점도 인상적이다. 신랑은 가족이 10명, 방이 6칸, 땅이 4천8백40평, 나귀 3마리를 소유하고 있다. 농촌에서 대부호까지는 아니더라도 사람들이 부러워할 만한 중산층 수준이다. 생산과 교통의 주요도구인 나귀를 3마리나 소유했다는 건 오늘날로 치면 승용차 3대를 소유한 거나 다름없었다.

신식결혼이냐,
단체결혼이냐

전통사회에서 혼인은 인륜지대사라 하여 관혼상제 중 가장 화려하고 성대하게 치러졌다. 그러다 1930년대 말부터 사치와 사기를 막고 미신을 타파하여 검소하게 생활하자는 주장이 제기됐다. 혼례절차와 의식이 간소화되고 혼인증서도 점점 소박해졌다. 1949년 중화인민공화국 수립 이후부터는 아무리 재산이 많더라도 소용없게 되었다. 전국에서 통용되는 배급표처럼 혼인증서를 단순 제작하다 보니, 다 비슷비슷한 모양새였다. 돈 있는 사람들한테 부티 낼 기회를 빼앗은 셈이다.

하지만 체면을 중시했던 일부 상류층은 신식결혼을 하면서도 여전히 사치스런 혼례를 선호했다. 고급 청첩장이니, 비단 혼인증서니, 호화 결혼식이니 하는 것들이 세상에 등장한 이유다. 아래의 증서들이 그 예다. 혼인증서치고는 너무나 크

그림 1　혼인증서, 충칭重慶시, 1946년(민국 35)
그림 2　혼인증서, 저장浙江성, 1949년(민국 38)

그림 3 자방자시대복무사紫房子時代服務社 광고전단, 톈진天津시, 1940년대

고 화려한 **그림 1**은 깔끔한 장정에 우아하고 세련된 도안으로 오늘날 혼인증서에 비교해도 뒤지지 않을 정도로 고급스럽다. 대형식장과 피로연장을 갖추어 당대 최고 예식장으로 손꼽히던 충칭생생화원에서 혼례를 치렀으니, 혼인의 두 주인공은 부유층에 속했다고 할 수 있다. **그림 2** 또한 비단 재질에 아름다운 색조로 치장한 보기 드문 명품이다. 각각 국민정부가 저물던 시기인 1946년(민국 35), 1949년(민국 38)에 제작됐다.

　　그림 3은 톈진에 있던 자방자시대복무사란 회사가 배포한 광고전단이다. 예식 순서와 함께 면사포, 장갑, 꽃마차, 악대 등

각종 결혼용품을 조목조목 적은 다음 한 세트에 40위안에서 1백40위안까지 기호에 맞게 선택할 수 있다고 선전한다. 자방자시대복무사는 1934년(민국 23)에 설립된 중국 최초 결혼용품 및 서비스대행사로 본사는 베이징에 있었다. 오늘날과 비교하면 매우 기본적인 결혼용품일지 몰라도 이때는 꽤 고가용품에 해당했을 테니 상류층이 욕심내지 않았을까. 위에 거창하게 자랑한

그림 4 청첩장, 베이징시, 1949년

'전국 최초'라는 문구가 살짝 웃음을 자아내지만 말이다.

그림 4를 주목해보자. 1949년에 제작된 단조롭고 평범한 청첩장인데, '죄송하지만 선물은 받지 않겠습니다'란 문장이 시선을 사로잡는다. 연회는 다과 정도만 준비했고 장소는 베이징대학의 전신인 옌징대학 식장이다. 소박한 신식결혼의 전형이랄까. 1940년대는 자중자애의 본보기로써 지식인들이 혼수품을 요구하지 않거나 선물 받기를 사양하는 등 소박한 결혼식을 선도하며 낡은 전통을 고쳐나가던 때였다.

상류층이 호화 결혼식을 올릴 때 일반 시민은 아무리 신식결혼을 한다 해도 그 비용조차 감당하지 못하는 경우가 많

았다. 그래서 상하이시는 국민정부가 제창하는 새생활운동에 호응해서 1935년(민국 24)에 간단하고 경제적이면서도 장엄함을 추구하는 '새생활 단체결혼'을 시행했다.

상하이 새생활 단체결혼은 전국적으로 큰 반향을 일으켰다. 사회국이 "결혼하려는 사람은 정부에 혼인등록을 하고 시정부에서 주최하는 단체결혼식에 참여하라"고 알리자 총 57쌍이 등록했을 정도다. 그해 4월, 제1회 단체결혼식이 신식예식으로 성대하게 열렸다. '하늘과 땅에 일 배, 부모에게 이 배'라는 전통절차 대신 국부인 쑨원상에 허리 굽혀 인사했으며 증인자격으로 참석한 우티에청吳鐵城 상하이 시장이 시민의 불합리한 부담을 줄이는 내용을 담은 연설문을 낭독했다.

"전통혼례는 과도한 재물을 소비하게 하여 사람들의 숨통을 막았다. 그러므로 이러한 과거 악습은 반드시 개혁하지 않으면 안 된다."

전국 최초 개혁이었다. 결혼이 가정에서 벗어나 사회로 진출하는 시발점이자 전통예법에서 근대예법으로 환골탈태하는 대개혁이었다. 이후 단체결혼은 톈진, 허난, 후난 등 전국 각지에서 잇따라 열렸으며 1942년(민국 31)에는 국민정부가 '단체결혼방법'까지 반포했다.

단체결혼과 더불어 신식결혼이 보급되며 다양한 조치가 이루어졌으니, 그 가치를 결코 무시할 수 없다. 예를 들어 혼인절차에 건강진단 항목이 첨가되어 성병 혹은 나병으로 판명될 경우 혼인을 제한해 후대에 영향이 미치는 것을 막았다. 단체

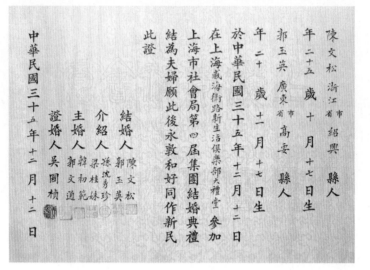

그림 5 단체결혼증서, 상하이시, 1946년(민국 35)

결혼식 참가자 명단을 대외적으로 공개해 광고효과를 거두는 한편 대중이 결혼을 직접 감독한다는 의미도 부여했다. 대중이 결혼을 감독하여 축첩을 단속한 최초의 선례로, 만약 중혼이 발각되면 결혼식 참가자격이 취소됐다.

　　그림 5는 상하이시가 1946년(민국 35)에 발급한 단체결혼 증서다. 우티에청 시장이 남긴 아름다운 개혁의 기념품이자 낡은 풍속을 고쳐 새로운 결혼문화를 만들겠다는 국민정부와 중국인의 의지가 담긴 증거물이다. 우티에청 시장은 시민을 위한 좋은 사업을 여러모로 진행했기에 지금도 명성이 자자하다. 단체결혼은 그의 사업 중에서도 으뜸으로 꼽힌다.

루쉰 모친 부고 속
정실과 첩

좋은 일의 대명사가 결혼식이라면 궂은 일의 대명사는 장례식이다. 죽음과 장례식을 알리는 부고는 예나 지금이나 중요한 의미를 지닌다. 얼핏 보면 부고와 혼인은 전혀 상관없이 보이지만, 부고에는 은연중 혼인과 관련된 정보가 담긴다. **그림 1**은 중국 최고의 작가라 불리는 루쉰魯迅 어머니의 부고다.

> 어머니 루魯 부인께서 중화민국 32년 4월 22일 유시酉時에 베이징 자택에서 천수를 다하셨다. (중략) 향년 87세로 저우쭤런周作人 등이 고인의 곁에서 수발을 들었고 장례와 관련된 사항을 맡았다.

표점을 찍지 않아 읽기가 그리 수월하지는 않으나, 모친이

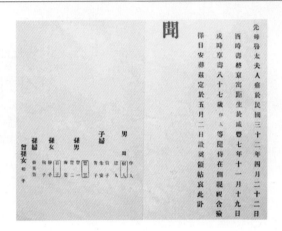

그림 1 루쉰 모친 부고, 베이징시, 1943년(민국 32)

1943년(민국 32) 4월 22일 저녁 6시에서 7시 사이 베이징의 자택에서 87세로 별세했으며 아들 저우쭤런이 임종을 지키며 뒷일을 도맡았다는 내용이다. 부고의 가족구성원 명단이 중요한데, 루쉰의 본명인 저우수런周樹人의 '수런樹人'이란 두 글자에 테두리가 쳐 있다. 이미 사망한 루쉰에게는 어떠한 발언권도 없음을 의미한다. 성명 배치는 루쉰의 동생인 저우쭤런의 아이디어였던 듯싶다. 이때 그는 친일 괴뢰정부인 왕자오밍汪兆銘 정권에서 화베이정무위원회 상임위원 겸 교육총본부 감독을 맡고 있었다. 형이 부재한 상황에서 가정 내 위치와 대외적인 신분이 높던 그가 집안일을 관장하는 건 자연스러운 절차였다.

　　문제는 '수런'과 대응되는 며느리란에 쉬광핑許廣平이 아닌 주안朱安이 적혀 있는 점이다. 이 증서를 본 내 친구들은 이걸

동생인 저우쭤런이 저지른 소행으로 추정했는데, 루쉰과 관계가 썩 좋지 않았던 그가 형수를 무시했을 가능성이 있다는 이유였다. 부정한 꼼수로 쉬광핑을 명단에서 뺐을 거란 그들의 추리는 일반 사람들도 고개를 끄덕일 만한 논리다.

그러나 다른 각도에서 생각해볼 수 있지 않을까? 정실과 첩이란 시각으로 말이다. 원래 주안은 루쉰의 정실이다. 루쉰은 그녀와 정식으로 혼인을 파기한 적이 없다. 그러므로 제도상 그녀가 며느리란에 적혀야 하며, 그것이 봉건적인 예법과도 맞다. 비록 주안의 위치가 유명무실하더라도 쉬광핑이 정실의 명분과 가치를 대신할 수는 없는 법이다. 오늘날 관점에서야 루쉰의 부인이라면 쉬광핑을 말하겠지만, 이때만 해도 쉬광핑은 첩에 불과했다. 국가가 국법을 따르듯 가정은 가법을 따르기에 저우쭤런도 마땅히 가법에 따라 모범적인 부고를 만들었을 뿐이다. 그 증거로 루쉰과 쉬광핑의 아들인 하이잉海嬰은 본인이 있어야 할 자리인 손자란에 제대로 적혀 있다. 하여 저우쭤런을 탓할 수 없다. 그저 신구 간 문화가 바뀌는 순간에 나타난 독특한 현상으로 보는 게 타당하다.

덧붙여 손자란에 검은 테두리가 쳐 있는데, 루쉰의 또 다른 동생인 저우젠런周建人의 아들인 펑싼豐三 자리다. 들리는 이야기론 펑싼은 그의 둘째 큰아버지, 그러니까 저우쭤런이 매국노가 된 데 항의하고 자살했다. 전통예법에 따르면 이른바 사간─죽음을 무릅쓴 간언─인데, 하늘을 감동시킬 만한 행동이지만 가족에게는 그렇지 않았나 보다.

13.

여자를
사고팔다

지금 기준으로 보면 매매혼은 가장 반인권적이고 반여성적인 결혼제도의 한 단면이다. 그러나 매매혼은 인류 역사에서 오래도록 유지되어 온 결혼 방식의 하나였다. 지금도 세계 많은 곳에서 매매혼이 이루어지고 있으며, 법적으로 금지된 곳에서조차 어떤 결혼은 매매혼의 내용을 띠기도 한다.

고대부터 전해지는 중국 예법을 정리한《예기禮記》곡기편曲記編에는 "가격이 높지 않아 결혼하지 않는 일은 잘못됐다"라는 문장이 나온다. 중국에서도 매매혼은 고대부터 합법이었으며 예물은 혼인의 최대 조건이었다. 이는 서양도 마찬가지로 바빌론왕국의 '함무라비법전'에는 신랑 집안은 반드시 장인에게 아내 비용을 지급하고 예물을 바쳐야 한다고 명시돼 있다. 로마 시민법도 매매혼을 부권이 주어지는 혼인으로 즉, 아내의

그림 1 아내매매증서賣妻婚書, 몽강연합자치정부, 1944년(칭기즈칸기원 738)

재산을 남편이 완전히 소유하는 방식으로 여겼다. 청나라 시절에도 매매혼은 흔하게 찾아볼 수 있는 결혼문화 중 하나였다. 경제력과 밀접한 관계가 있었기에 도시보다 농촌, 부자보다 가난한 자 사이에 더욱더 성행했다.

　　가난한 자가 자녀를 팔아 끼니를 연명했다는 옛날이야기는 흔하디흔하다. 오늘날 우리 눈으로 보면 아주 잔인한 행동임이 틀림없지만, 그 시절 부모한테도 부득이한 선택이었을 것이다. 아이는 부모의 몸에서 떨어져 나온 존재인데 그들이라고 왜 마음이 아프지 않았겠는가? 자기는 물론 자식들까지 모두 굶어 죽을 판에 한 아이를 다른 곳으로 보내 그 아이도 살리고 남은 가족도 살 수 있으니 어쩌면 제일 나은 선택이었다고 할 수 있다. 그렇게 자식도 사고팔던 사회에서 아내를 사고파는 매매혼이 뭐 그리 큰 문제였을까, 한번 생각해보길 바란다.

그림 1은 1944년(칭기즈칸기원 738)에 몽강연합자치정부가 공증한 아내매매증서로, 혼인증서 양식을 그대로 가져와 매매 조건 및 내용을 적은 탓에 왠지 어색하다. 본디 혼인 당사자인 신랑신부의 성명과 나이와 본관을 적어야 할 란에 아내를 사고파는 남자 둘의 이름과 나이와 본관을 떡하니 적어 놓았으니 당연하다. 또한 태어난 일자나 천간 등 혼인 양쪽의 팔자를 적는 란에는 거래일과 매매관계를 기재했다. 붉은 바탕에 흰 글씨는 혼인증서 양식에 원래 있던 부분이며, 검은 글씨는 매매 계약자가 채워 넣은 부분이다.

아내 판매자의 성명: 류싱파劉興發, 38세
출생지: 싸薩현 신잉新營, 칭기즈칸기원成吉思汗紀元 738년 4월 9일
오늘 혼인하는 자는 아내 판潘 씨로 왕펑산王鳳山에게 내실로 팔음
아내 구매자의 성명: 왕펑산, 33세
출생지: 궈崞현, 칭기즈칸기원 738년 4월 9일
류 씨로부터 판 씨를 사서 내실로 들임
위의 사실은 양쪽 모두 동의하며 증명함
증인: 장리張禮

중매인: 쑨싱콴孫興寬

서기: 장순투張順禿

주례: 류싱파

결혼인: 왕펑산

칭기즈칸기원 738년 4월 9일

여기서 아내를 판 남편 류싱파는 가난이라는 단어와는 거리가 먼 듯하다. 아내를 냉큼 팔아놓고는 그 결혼의 주례까지 당당하게 맡은 것을 보면 그렇다. 생각해보라. 누가 가난뱅이처럼 몰골이 초라한 사람을 혼례식 주례로 청하겠는가? 남편은 틀림없이 체면 차리는 교양인이었을 것이다. 아내를 상품으로 취급할 정도의 교양 말이다. 어쨌든 구매자 입장에서는 아내를 팔아준 것도 모자라 친절하게 사후봉사까지 해준, 정말 일 하나는 야무지게 하는 사람이었겠다.

누군가에게 들었다면 말도 안 되는 농담으로 여겼을 법한 얘기지만, 기록된 증서가 있으니 믿을 수밖에 없다. 게다가 정식으로 작성된 양식과 크고 붉은 공인이 진실성을 더한다. 절대 거짓이 아닐뿐더러 공개적으로 격식을 갖추어 양도하는 모양새가 양쪽 모두 부끄러움도 모른 채 상황을 즐기는 듯해 뒷맛이 쓰다.

그런데 '칭기즈칸기원 738년 4월 9일'이란 계약일이 흥미롭다. 칭기즈칸이라니, 몽골족을 연상시키는 역법이다. 반면 4색기는 만주국을 연상케 한다. 그래서 조사해보니 역시 만주국

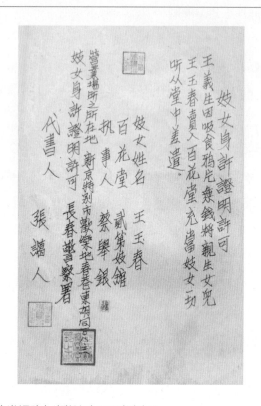

그림 2 기녀 신분증명서, 신징新京시, 1944년(강덕 11)

같은 친일 괴뢰정부인 몽강연합자치정부가 발급한 증서였다.

　　그림 2의 주인인 기녀는 아편 중독자인 아버지가 기루에
딸을 팔아넘긴 경우다. 신분증명서에 '왕이성王義生은 아편을 피
우는 데 돈이 없어 친딸인 왕위춘王玉春을 백화당에 팔았기에
왕위춘은 백화당의 모든 명령을 듣는다'고 적혀 있다. 기루가
저렴한 가격으로 직원, 즉 기녀를 고용할 수 있도록 아편이 기

1부 — 근대라는 시련과 실험

회를 마련해주었다. 딸을 기녀로 만들어버린 이 악독한 부친은 잔인한 존재이자 가련한 존재다. 아편에 중독되어 가산을 탕진하고 인성을 상실한 채 끝내 친자식마저 가장 더럽고 고통스러운 곳에 버렸으니, 남은 생은 지옥이나 다름없었을 테니까. 아편 중독자를 두고 귀신같다고 말하지만, 나는 중독된 육체보다 중독된 그들의 영혼이 더욱 귀신같다. 그렇지 않고서야 어떻게 자기 딸을 그토록 냉정하게 팔아넘겨 망치고 짓밟을 수 있었겠는가?

14.

철도에서
애국심을 키우다

교육제도나 정치체제에서 추진된 서구식 근대화가 일반 서민 입장에서 그림의 떡이었다면, 통신과 교통 등에서 이루어진 변화는 사회 전체에 충격이었다. 특히나 철도는 서양 근대문명의 상징과도 같았다. 며칠이 걸려서 가던 거리를 '철마鐵馬'를 타고 몇 시간만에 도달하는 경험은 중국인들의 시공간에 대한 감각을 근본적으로 바꾸었다.

1896년(광서 22)에 이홍장은 러시아와 비밀협정, 이른바 청러밀약을 체결한다. 그에 따라 러시아는 북만주를 횡단해 치타와 블라디보스토크를 단거리로 잇는 중동中東철도의 부설권을 획득하고, 하얼빈을 중심으로 서쪽으로는 만저우리滿洲里, 동쪽으로는 수이펀허綏芬河, 남쪽으로는 다롄大連까지 총 길이 2천4백78킬로미터의 철도를 1903년(광서 29)에 완성했다. 러시아

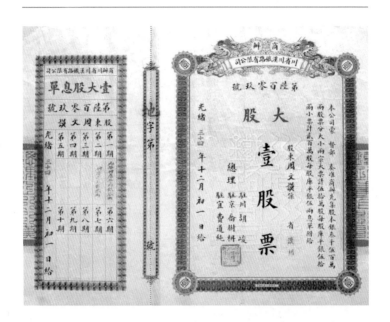

그림 1 촨한川漢철도 주식股票, 쓰촨四川성 촨한철로유한공사, 1908년(광서 34)

는 중동철도관리국을 세워 주변지역을 통치했으나, 1935년(민국 24)에 일본에 권리가 넘어갔고 1945년(민국 34)에 소련이 재차 점령하여 중동철도와 남만주철로를 합쳐 창춘長春철로라고 개칭했다. 1946년(민국 35), 동북민주연합군이 하얼빈을 점령하고 관리국 옛 부지에 하얼빈철로국을 설립한 후에야 비로소 외세의 그늘에서 벗어났다.

그림 1은 철도산업을 지키고자 했던 중국인의 애국심이 듬뿍 묻어난다. 1908년(광서 34)에 발행된 쓰촨성 촨한철로유한공사의 주식이다. 발행 총수는 대형주 50만, 소형주 2백만으로

그림 2 철도원 신분증명서, 중동철로국, 1934년(민국 23)

배당금은 대형주는 은 50량, 소형주는 은 5량이 지급됐다. 찬한철도는 중국 최초의 철도인 징장京張철도를 건설한 잔텐유詹天佑가 건설한 민영철도로 당시 초기 투자의 부담을 이기지 못하고 재정의 어려움을 겪었다.

　대외상황도 그다지 좋지 않았다. 청나라가 쇠약해지면서 서구열강 세력은 경제적 침략을 더욱 강화했고 중동철도와 남만주철도 등은 이미 그들 손에 넘어간 상태였다. 이후 1911년(선통 3)에 청나라 정부가 주요 철도를 서구열강에 넘기려고 찬한철도 등을 국유화한다고 선언하자 후베이성과 쓰촨성을 중심으로 뜻있는 인사들이 제국주의 침략을 저지하고 철도를 지키자며 보로保路동지회를 결성했다. 이른바 '보로운동'의 시작이었다. 보로운동은 동맹 휴학과 납세 반대운동을 전개했으며, 여러 혁명단체와 연합하여 신해혁명으로 이어졌다.

　그림 2는 훗날인, 1934년(민국 23)에 중동철도가 발급한 철도원 신분증명서이자 3등칸 무료승차권이다. 만주국에 넘어가기 1년 전이라 중국어 양식에 러시아어로 정보를 적었다. 중동철도란 이름에는 40여 년 가까이 중국인이 주인이 아니었던 굴욕의 역사가 담겨 있다.

낭만은
기차여행이 으뜸

예나 지금이나 대부분 나라에서 철도는 교통의 대동맥이
자 국가 수입의 큰 재원이다. 그래서 중국인은 철도를 '쇠로 만
든 큰형'이라 불렀고 '기차 경적 한 번에 황금 만냥'이라고 말
했다. 철도를 타고 광활한 중국 대륙을 누비는 여행은 중국인
의 로망이었다.

그림 1은 1935년(민국 24)에 발행된 징후京滬철도 노선 광
고전단이다. 위쪽에 '정의역으로 연꽃을 보러오세요!', '병체련
을 감상하세요'라는 문구는 기차여행의 진수를 보여준다. 징후
철로의 '징'은 현재와 달리 베이징이 아닌 난징을 뜻하며, 장
쑤江蘇성 쿤산昆山시 정이진正儀鎭이 최종 목적지다. 연꽃을 보려
고 정이진을 방문하는 관광객의 수요를 충족시키기 위하여 징
후철도 관리국은 매년 7월과 8월 사이 임시노선을 증편했으며

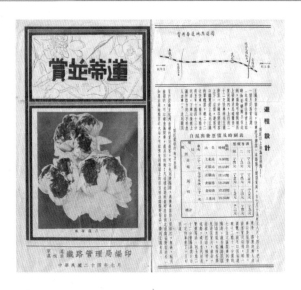

그림 1 정의상하正義賞荷노선 광고전단, 징후철도 관리국, 1935년(민국 24)

관광객들이 제기한 승차와 음식 등에 관한 건의를 받아들여 철저하게 준비했다. 멋들어지게 핀 연꽃과 함께 임시노선 시각표를 실어 여행객의 흥미를 돋우는 전략이었다.

　　그림 2부터 그림 4까지는 장난江南철도 가이드총서 시리즈로, 각각 안후이安徽성에 위치한 차이스采石, 쏸청宣城, 황黃산을 선전한다. 쏸청은 풍경이 아름답고 고급 종이인 쏸지宣紙 생산지이며, 차이스는 이백이 빠져죽었다는 전설로 유명한 관광지며, 황산은 천하제일로 이름난 산이다. 애석하게도 차이스 편만 1937년(민국 26)이란 발행연도가 있을 뿐 나머지 편에는 없다. 다만 같은 발행기관에 명칭 또한 같고 도안과 크기도 비슷

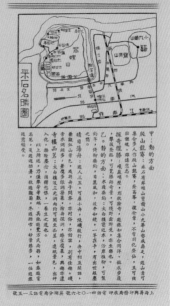

그림 2 장난철도 가이드총서導遊叢刊 시리즈 차이스 편, 장난철도 관리국, 1937년(민국 26)

하므로 같은 해 발행된 듯하다.

그럼 명승지 지도와 여행을 즐기는 여러 방법을 소개한 차이스 편을 자세히 살펴보자. 여행안내서이면서 광고 같은, 매우 이색적인 구조다.

갑: 활동하며 즐길 거리

등산 시합: 추이뤄翠螺산, 바오지寶積산, 샤오주화小九華산이 있습니다. 산을 즐기는 분들께선 많은 이들과 함께 모여 등산 시합을 벌이고, 높은 봉우리에 올라 경치를 즐기면 우화등선 羽化登仙의 경지에 오를 뿐 아니라 건강한 육체와 웅대한 뜻을 품을 수 있습니다.

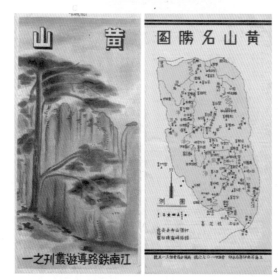

그림 3 장난철도 가이드총서 시리즈 중 솬청 편, 장난철도 관리국, 1937년(민국 26)
그림 4 장난철도 가이드총서 시리즈 중 황산 편, 장난철도 관리국, 1937년(민국 26)

기이함과 멋진 풍경 즐기기: 우뚝 솟은 바위와 깎아지른 절벽들이 험준하게 서서 어디서도 볼 수 없는 기이한 풍경을 만들어냅니다. 관람객 여러분은 동반자들과 함께 짧은 옷에 가벼운 신발을 신고 오르면서 기이하고 아름다운 광경을 마음껏 즐기시길 바랍니다. 야생동물과 토끼를 잡는 경험도 해보시기 바랍니다.

을: 고요하게 즐길 거리

낚시: 태백루太白樓 앞으로 물이 흐르고 물가에는 버드나무가 죽 늘어서 있습니다. 나뭇가지를 꺾어 낚싯대를 만들고 버드나무에 기대십시오. 햇살은 따뜻하고 바람이 살랑대는 가운데 물결이 일지 않아 거울 같은 물가에서 낚싯대를 손에 쥐고 있으면 속세를 떠난 것 같은 느낌입니다.

맑은 날의 뱃놀이: 삼삼오오 작은 배를 빌려 물가를 따라 내려가며 한담을 나누거나 경치를 즐기고, 뱃사공과 촌락의 풍속에 관해 이야기하거나 여유롭게 농담을 주고받는 낭만이 기다립니다. 이곳에는 물가를 따라 매가 둥지를 튼 동굴이 많은데, 잠시 내려 동굴을 탐사하며 매의 둥지를 바라보는 정취를 느껴보시기 바랍니다.

사원에서 차 즐기기: 태백루와 삼원동三元洞 내에 한가로이 앉아 차를 즐기며 저 멀리 경치를 바라보면 신선이 된 듯 속세의 생각과 원한이 사라지니 정신건강에 좋습니다.

이상은 몇 가지 예를 든 것뿐으로 이외에도 즐길 거리가 많습니다. 예컨대 봄에는 좋은 꽃을 즐기고, 여름에는 피서를 즐기며,

가을에는 국화를 감상하고, 겨울에는 눈을 밟을 수 있습니다. 신비한 경치가 매우 많으니 오셔서 마음껏 즐기십시오.

몇몇 철도 여행광고를 통해 중화민국 때 이미 철도가 여행산업의 선두주자였음을 알 수 있다. 기차는 가장 빠른 육상 운송수단으로 신화 속에 나오던 '하루에 천 리 간다'는 말을 현실로 만들었다. 또한 집에 있는 것처럼 편안하게 앉아만 있어도 창문이라는 거대한 액자를 통해 한 폭 한 폭 펼쳐지는 산수화를 감상할 수 있었다. 이런 움직이는 산수화야말로 장난철도 가이드총서가 추천하는 대상이었다.

하지만 과거에는 부유한 사람이 적었기에 기차를 탈 수 있는 사람이 적었고 나들이 여행할 수 있는 사람은 더더욱 적었다. 아무리 좋은 여행이라도 밥만 못했고 먹고살기도 힘든데 무슨 여행을 이야기할 수 있겠는가? 대부분 사람들에게 금수강산은 쓸데없이 돈 잡아먹는 요물일 뿐이었다.

다행히 현대인은 문화를 즐기지 못할 정도로 가난하지는 않다. 비로소 기차 창밖으로 펼쳐지는 산수화가 중국인의 사랑을 받게 되었다. 아니 중국인을 넘어 중국의 아름다운 풍경은 세계인의 사랑을 받았고, 어떤 것은 세계문화유산으로 선정됐다. 대자연이 사랑받는 이유는 그 아름다움이 어떠한 장식이나 포장도 없는 천연이기 때문이다. 자고로 그 어떤 인공의 아름다움도 천연의 아름다움을 이길 수 없는 법이다.

16.

도로 위 등장한
새로운 탈거리

중국에서 발달한 오락인 장기의 말 중에 차車가 있다. 이는 말이 끄는 마차를 말하며, 전통시대에 가장 빠른 교통수단이었다. 그중에서도 포장마차布帳馬車는 황제의 어가禦駕로 주로 사용됐는데 그만큼 큰 것이 없었기에 대차大車라고 불렸다. 물론 아직 자동차나 기차가 있기 전의 이야기다. 옛날 사람들이 기차를 보았다면 대차라는 이름은 기차에 돌아갔을 것이다.

근대 서구문명은 기차와 자동차 이외에도 여러 교통수단을 함께 들여왔다. 말과 마차가 달리던 도로에 갖가지 교통수단이 등장하기 시작했다. 전통수단인 대차와 가마는 물론 독륜거獨輪車라고 불리는 외발수레가 저렴한 운송수단으로 쓰이기 시작했다. 뒤이어 들어온 인력거人力車는 이용의 편리함 때문에, 또 자전거는 문명개화의 최첨단 상징으로 각광받았다.

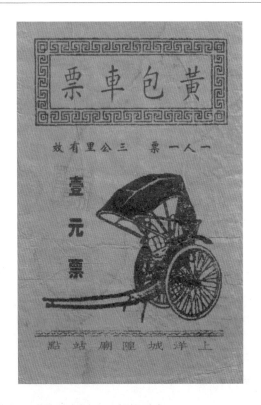

그림 1 인력거표黃包車票, 상하이시, 1912년(민국 원년)

    그림 1은 1912년(민국 원년), 상하이에서 통용되던 인력거표다. 사람당 한 장을 구매해야 하며 가격은 3킬로미터에 1위안이었다. 인력거는 19세기 후반 프랑스 상인이 도입해 들여오자마자 저렴한 요금에 속도 조절까지 가능해 대중 교통수단으로 도로를 장악했다. 보통 개인용과 회사 영업용으로 나뉘는데, 청나라 정부가 영업용에 노란색을 칠하게 하여 상하이에서는

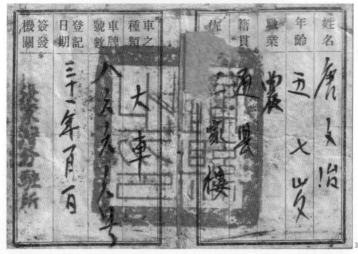

그림 2 인력거꾼 영업허가증, 선양瀋陽시, 1937년(강덕 4)
그림 3 대차증大車證, 1942년(민국 31)

주로 '황포거黃包車'라 불렸다. 개인용은 검은색을 칠했다.

그림 2는 1937년(강덕 4)에 선양瀋陽시에서 발급한 인력거꾼 영업허가증이다. 발행기관이 바뀌었음에도 허가증 양식을 새로 인쇄하지 않고 그대로 사용한 탓에 펜으로 수정한 흔적이 보인다. 중일전쟁을 앞두고 어려웠던 경제상황에 맞춘 근검절약의 결정체인데, 인력거꾼의 가난한 생활을 넌지시 말하는 듯하다. 인력거꾼은 대부분 빈농 출신이었다. 돈을 벌려고 도시로 온 이들이 특별한 기술 없이 제일 쉽게 할 수 있는 일이었다. 라오서老舍의 《낙타상자駱駝祥子》를 떠올려보라. 소설은 1920년대 군벌통치하에서 살아간 인력거꾼 샹즈祥子의 비참한 생활상을 치밀하게 묘사했다. 당시 인력거꾼은 사회 최하층 가난한 사람들의 운명을 대표하는 존재였다.

최근 도시에 예전처럼 황포거라 불리는 인력거가 다시 등장했다. 사람의 발까지 합해 바퀴 세 개로 끌던 구식 인력거와 달리 바퀴 한 개가 더 추가된 신식 인력거다. 그것도 사람의 발보다 더 힘이 세고 지치지 않는 전기 엔진까지 달았다.

대차는 가축을 이용해 끌었는데 주요 동력은 말이었다. 예부터 힘이 센 대형 말을 가축 중에서도 가장 소중히 다룬 이유다. 중화민국 때까지 대차의 수는 지금의 승용차보다 적었으며 일부 상류층만이 향유하는 고급스럽고 값비싼 교통수단이었다. 그래서 대차를 끌려면 대차증, 이른바 운전면허증이 필요했다. 그림 3은 1942년(민국 31)에 발급된 대차증으로 성명과 연령, 차종과 차량번호까지 일목요연하게 운전사 정보를 기록

그림 4 고무바퀴대차膠輪大車 노동자면허증工人執照, 허베이성, 청나라 말

한 점이 놀랍다.

　그런데 차종이라니, 대차에도 종류가 있었다는 말인가. 원래는 없었지만, 근대 들어 바퀴재질이 나무냐 고무냐에 따라 차종이 나뉘었고 그에 따라 대차증도 구분되기 시작했다. **그림 4**는 대차의 수레바퀴가 나무에서 고무로 바뀌는 세대교체를 포착한 고무바퀴대차 노동자면허증이다. 고무바퀴대차는 아주 정교한 차체에 가벼운 고무바퀴까지 달고 있어 상당히 호화롭고 편안한 교통수단이었다. 그런 만큼 면허증 역시 다른 면허증보다 짜임새를 훨씬 좋게 만들어 책자처럼 제본한 형태였다. 더불어 오늘날 운전기사를 지칭하는 가사원駕駛員이 아닌 노동자工人라는 용어를 사용했다.

외국산 당나귀,
자전거

자전거를 타기 위해 면허증이 필요하다고 하면 아마 다들 무슨 소리인가 할 것이다. 그러나 불과 몇 십 년 전까지만 해도 그러했다. 자전거 역시 중국 발명품이 아니라 외국에서 수입한 물건이라서 처음 들어왔을 때 '외국산 당나귀'라 불렸다. 이 외국산 당나귀는 당시 중국인에게는 오늘날 벤츠자동차보다 더 신기한 물건이었다. 만약 길에서 자전거를 타는 사람을 보면 눈길을 떼지 못하고 따라갔다. 1960년대까지 자전거를 구입할 능력을 갖춘 가정은 매우 한정되어 지금 고급 자동차를 구비한 가정의 수와 비슷했다.

과거 농촌에선 자전거는 사람도 태우고 물건도 싣고 다녔다. 자전거의 정원은 두 명이지만, 농촌에서는 한 대에 네 명까지 올라탔다. 운전자, 프레임 위에 아이 한 명, 뒷좌석에 어

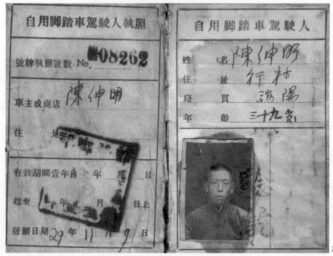

그림 1 자가용 자전거증脚踏車證, 1935년(민국 24)
그림 2 자가용 자전거 운전면허증駕駛人執照, 1940년(민국 29)

린아이를 품에 안은 아내를 앉히는 식으로 총 네 명이 탔으니, 자전거 한 대에 온 가족이 탈 수 있었다. 지금이야 너무 평범한 물건이 됐지만, 한때 자전거는 손목시계, 재봉틀과 함께 상류층의 생활수준을 묘사하는 노삼대건老三大件 중 하나였다. 농민이 농사일하러 자전거를 타고 밭에 가면 집안을 망치는 놈으로 취급당했을 정도였다.

중화민국 때 자전거의 별칭은 발로 밟아서 가는 차란 뜻인 각답차脚踏車였다. **그림 1**과 **그림 2**는 각각 1935년(민국 24)에 발급된 자가용 자전거증과 1940년(민국 29)에 발급된 자가용 자전거 운전면허증이다. 자전거증은 사람으로 치면 주민등록증과 같은 것으로, 자전거를 사면 무조건 담당기관에 등록해서 어김없이 지참해야 했다. 또한 자전거 운전면허증도 따야 했는데, 이미 규격화되어 인적사항과 증명사진, 자전거 등록일까지 꼼꼼하게 기록했다. 여기서 주목할 대목은 자가용이란 단어다. 자가용이 있으니 당연히 영업용이 있었을 터, 당시에는 뒤를 개조해 2인용 좌석을 달고 사람을 태우거나 물품을 싣고 배달하는 영업용 자전거들이 거리의 흔한 풍경이었다.

그림 3은 자전거 통행허가증이다. 발행 시기는 연도 표기는 없지만, '베이핑北平 시정부'란 단어를 통해 중화민국 때지 싶다. 베이징은 1928년(민국 17)에 한때 베이핑으로 개칭됐다가 1937년(민국 26)에 이름을 되찾았다.

1935년(민국 24)에 발급된 **그림 4**도 자전거 통행허가증으로 얇디얇은 한 장의 종이지만, 소유주가 자전거를 타고 거리

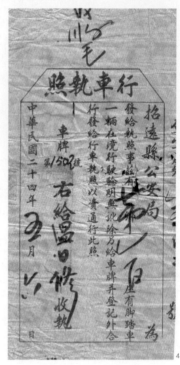

그림 3 자전거 통행허가증行車執照, 베이징시, 1928년~1937년
그림 4 자전거 통행허가증, 산둥성 자오위안招遠현 공안국, 1935년(민국 24)

를 다니려면 정해진 세금을 내고 반드시 받아야 했던 필수 증서다. 정확하지는 않으나 증서에 적힌 숫자로 추측건대 자전거 한 대당 매년 은화 3위안을 납부한 듯하다.

자오위안招遠현 공안국—경찰국—이 발급한 통행증임을 증명한다. 현재 ○○향 ○○마을에 자전거 한 대가 통행하는 것을 확인하여 별도로 자전거 번호판을 발급하고 번호를 등록했으며 이 통행증을 발급하여 통행을 허가한다. 이 통행증 번호는 ○○이고 ○○ 귀하께서 받아서 보관한다.

네 개 증서 모두 자전거의 경제 가치를 알려준다. 자전거는 구입 시 등록하여 정부의 관리와 보호 아래 지켜야 할 사유재산이었다. 그 사유재산을 유지하고 도로를 주행하려면 얼마간 비용을 들여 운전면허증과 통행허가증도 따야 했다. 그러니 아무나 가질 수 없는 참으로 귀중한 물건이었음이 틀림없다. 게다가 통행허가증에서 알 수 있듯 기껏해야 영세 수공업 정도만 존재하여 별다른 세원이 없던 농촌에는 주요 세원 중 하나였다.

배를 탔다는
증표가 더 중요해

중국에 "산이 가까이 있으면 산을 이용해 먹고살고 강이
가까이 있으면 강을 이용해 먹고산다"는 속담이 있다. 그러나
일반적으로 산 가까이 사는 것은 물 가까이 사는 것보다 못한
듯하다. 강 가까이 사는 사람은 일사천리로 흐르는 강물, 그 물
길을 따라 내려가면 바다에 이르고 바다에 이르면 세계로 뻗
어 나갈 수 있다.

바닷가에 사는 사람들이 얻을 수 있는 가장 큰 이득은 해
상교통에서 나온다. 그들은 집밖으로 나서는 즉시 바다를 통해
직접 전 세계와 교류할 수 있다. 해상수송은 국제무역 전체 물
동량의 2/3를 차지하며, 운임도 매우 저렴해 기차의 1/5, 자동
차의 1/10, 비행기의 1/30에 불과하다. 게다가 바다 항로는 돈
을 들여 도로를 닦거나 보수 공사할 필요도 없다.

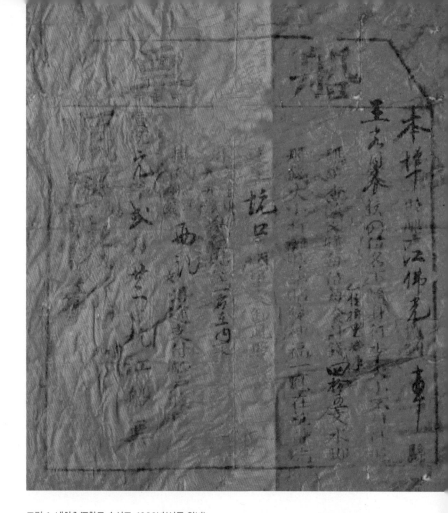

그림 1 내하內河항로 승선표, 1909년(선통 원년)

그림 1은 1909년(선통 원년) 내하항로 승선표로 붉은색에 '순풍쾌리順風快利'란 문구가 적혀 있다. 이는 대길大吉하기를 바라는 마음을 표현한 동시에 배의 속도가 빠름을 광고한 것이다. 크기 또한 매우 커서 길이와 넓이가 약 30센티미터에 가까운데, 오늘날 표의 수십 배에 달한다. 당시는 여객선이 많지 않

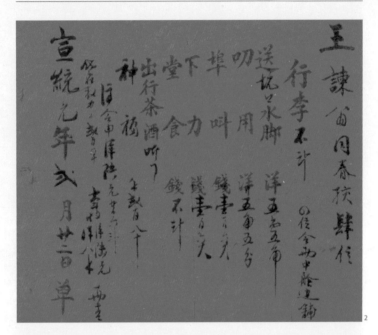

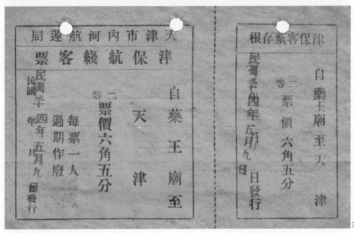

그림 2 승선표, 1909년(선통 원년)
그림 3 진바오津保 여객선표, 톈진시 내하항운국, 1945년(민국 34)

았고 여객선을 이용하는 사람도 적었다. 여객선을 한 번 타보는 것은 중요한 인생경험이었고, 사람들의 관심사는 선박이 아니라 두고두고 보관할 수 있는 승선표에 있었다. 그런 까닭에 표가 돋보일수록 승객의 경험이 강조되어 가능한 표를 크게 만들었다. 승선표가 색다른 자랑거리였던 셈이다.

그림 2의 승선표도 1909년(선통 원년)에 만들어졌지만, 앞 표와 비교해 양식도 없고 마치 사람이 임의로 쓴 영수증처럼 보인다. 이렇게 사람이 직접 쓰면 편리한 점도 있었다. 예를 들어 네 명이 단체로 승선할 때 아무 데나 적으면 됐고, 침대가 중간 선실 가장자리에 있다거나 선내 하역인부와 간식 등 각종 서비스의 가격과 결제방법까지 한 번에 주저리주저리 기재할 수 있으니까 말이다.

2차 아편전쟁 이후 개항되어 외국선박을 받아들인 톈진 시는 해상교통이 일찍부터 발달하여 내항항로 여객선을 운행하고 있었다. **그림 3**은 톈진시 내하항운국이 1945년(민국 34)에 발행한 진바오 여객선표로, 청나라 때 승선표보다 월등한 품질을 자랑한다. 요금은 6자오角 5펀分이다. 중화민국 후기부터 여객선표는 규격화된 양식을 갖추었고 지금까지 사용하는 구멍 뚫이 기술을 도입했다. 또한 승선일과 더불어 '기한이 지나면 무효로 처리된다'라는 안내문을 적어 유효기간을 강조했다. 그리하여 표는 원본과 부본으로 구분되어 검표한 후 원본은 승객이, 부본은 관리직원이 보관했다.

19.

우표를
붙여야 하는 시대

편지의 역사는 매우 길다. 편지는 수천 년의 인류 역사 고비마다 중요한 역할을 했고, 때론 교육 수단이었다. 자녀에게 가정교육과 전통교육을 할 때 이용하기에 좋은 교재였다. 그래서 위인과 유명인이 가족에게 보낸 편지를 정리한 책이 베스트셀러가 되기도 했다. 루쉰과 쉬광핑의 《양지서兩地書》를 필두로 《정판교가서鄭板橋家書》, 《증국번가서曾國藩家書》, 《이홍장가서李鴻章家書》, 《부뢰가서傅雷家書》처럼 말이다.

이 책들은 작가의 생활태도를 반영하며 가족에게 보낸 편지인 만큼 공문서와 달리 매우 솔직하고 부드러운 말투로 적혀 있다. 내용도 자식 교육 등 가정사와 관련되어, 그 속에 담긴 교훈을 더욱 쉽게 이해할 수 있다. 편지 모음집은 위인의 위대함이 아닌 평범한 모습을 보여줌으로써 우리가 그들을 한

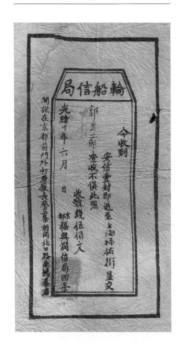

그림 1 윤선신국輪船信局 회조回條,
경도복흥윤신국京都福興潤信局,
1884년(광서 10)

명의 동등한 인간으로 생각하
며 교류할 수 있도록 해준다.

편지는 누구나 이용할 수
있을 만큼 간편하고 보관하기
좋기에 웬만한 가정이라면 아
직도 편지 한두 개쯤은 소장하
고 있다. 하지만 요사이 편지의
생명이 다하여 머지않아 사라
질 듯한 불길한 징조가 하나둘
나타난다. 이런 불안감은 사람
들이 편지 대신 전화를 더 자
주 사용하면서 처음 등장했고,
불난 집에 부채질하듯 인터넷
이 출현하면서 치명적인 재앙
을 가져왔다. 오늘날 사람들은
이메일뿐만 아니라 인터넷메신

저도 많이 이용한다. 편지는 용량, 편리성, 경제성 등 여러 측
면에서 이메일과 인터넷메신저와 비교조차 되지 않는다. 초고
속통신망을 따라 눈 깜짝 사이에 전해지는 길을 두고 누가 꼬
불꼬불 느릿느릿 걷는 길을 선택하겠는가?

그림 1을 찬찬히 살펴보자. 1884년(광서 10)에 발행된 윤선
신국 회조로, 이른바 배편을 이용한 속달우편 수령증이다. '신
국信局'은 상인과 일반인의 통신수요에 부응하여 출현한 민영

그림 2 우표, 대청우정大淸郵政, 1896년(광서 22)

통신기구로 명나라 때 처음 등장한 이래 우편업무와 함께 금융업무까지 담당하며 청나라 때 전성기를 보냈다. 내지內地신국과 윤선輪船신국으로 나뉘었으며, 특히 윤선신국은 배편을 이용한 신속배달과 안정성, 신뢰성을 바탕으로 높은 인기를 자랑했다. 기선이 해상을 제패하던 시대라서 배편이 육로의 마차나 인력거보다 훨씬 빨랐다.

발행기관인 경도복흥윤신국은 중국인이 아닌 외국인이 운영하던 외국계 회사였다. 속달우편요금은 수호전收號錢 5백 문文, 일반우편의 수십 배 혹은 1백 배를 넘는 고가였으니 결코 싼 요금은 아니었다. 수취인은 곽 씨 어르신이라고만 적혀 있는데, 이는 신분이나 지위가 높은 사람만이 속달우편을 이용했음을 알려준다. 전통사회에서는 신분을 매우 중시했기 때문에 배달부도 권력에 아첨하기 위해 수령증을 작성할 때 이름조차 쓰지 않았던 것이 아닐까. 물론 문패와 호수는 정확히 적혀 있어 혹여 배달이 잘못될 일은 없었다.

1896년(광서 22), 청나라 조정은 기존 우정제도를 개혁하여 대청우정을 설립했다. **그림 2**는 대청우정이 문을 열자마자

그림 3 우편엽서郵政明信片, 대청우정, 청나라 말

같은 해에 발행한 것으로, 중국 우표의 시조라 할 수 있다. 용이 그려진 이 우표는 가치가 꽤 높은 수집품이다. 가격은 2편에서 1자오까지로 매우 저렴해 보이지만, 백은을 통화로 사용하던 청나라 말기를 떠올리면 여기서 '편'이란 은의 무게 단위이므로 그리 저렴한 편은 아니었다.

그중 1자오짜리 우표는 꼭 봐두어야 할 귀중품이다. '대청우정'이란 글자 위에 붉은색으로 '중화민국'이란 글자를 찍었다. 중화민국 초, 국가경제와 국민생활이 어려운 상황에서 과거 증서에 새로운 표지를 붙여 사용하는 임기응변 방식인데, 다른 분야에서도 널리 사용했다.

필자의 소장품 중 가장 오래된 엽서는 청나라 말 때 제작된 **그림 3**으로, 모서리에 그려진 정교한 팔괘도八卦圖 외에 별다른 그림이 없는 간결한 디자인이다. 왼쪽에 작은 글씨로 '정면에는 받는 사람의 이름과 주소를 쓰고 뒷면에는 보낸 사람의 신원사항을 써넣으시오'라는 안내문이 적혀 있을 뿐이다.

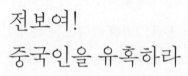

20.

전보여!
중국인을 유혹하라

전보는 아직도 우편 시스템에서 제공하는 여러 서비스 중 하나다. 지금은 전화와 팩스, 전자메일, 문자메시지 등에 밀려 구닥다리 통신수단이 되었지만 한때 세상에서 가장 빠른 통신수단이었다. 보통은 도보로, 급하면 말이나 배를 타고 며칠 걸려 전달되던 소식을 전기로 바꿔 한나절 안에 상대방이 받아볼 수 있던, 최첨단 방법이었다.

아주 오래전, 사람들은 봉화로 정보를 전달했다. 적군이 나타났다는 소식을 전하려고 낮에는 연기를 피우고 밤에는 불을 놓았다. 일종의 무선통신 방식인 봉화는 정보 전달의 모호성으로 인해 다만 적군이 침입하는 정도의 큰 사고가 났다는 소식만을 알리는 데 그쳤다. 간편하면서도 경제적인 수기手旗로 신호를 보내던 시기도 있다. 봉화에 비해 전신부호를 사용하는 전보에 한걸음 가까워진 통신방식이었다.

1835년, 세계 최초로 전신기가 탄생했다. 최초의 전신기는 단지 기계였을 뿐, 이용하기에는 기술이 한참 부족해 무용지물로 전락했다. 1844년, 드디어 진정한 전보기술이 출현하며 정보통신시대의 서막을 열었다.

물론 현대인들은 전보의 느린 속도를 참지 못할지도 모른다. 이메일은 둘째로 치더라도 팩스조차 시차 제로에 가까운 빠른 속도를 자랑하니까 말이다. 그러나 전보는 봉화나 수기 등 전통 통신방식과 비교해 충격적일만큼 커다란 변화였고, 엄청나게 빠른 통신수단으로 각광받았다. 심지어 전보가 미국에서 첫선을 보였을 때 하느님이 주신 선물이라는 평가까지 받았을 정도였다.

중국에 전보가 등장한 것은 1871년의 일이다. 청나라 정부를 속이고 영국과 러시아가 상하이에 전신기를 비밀리에 설치하고 전보업무를 시작했다. 이후 전보의 표기방법은 여러 차례 개선됐으며 주음부호 사용을 통해 중국의 전보기술이 한 단계 발전했다.

그림 1은 청나라 말에 사용된 1등 전보봉투다. 가장 오래된 전보 자료지만 애석하게도 봉투만 손에 넣었다. 내용물이 없어진 탓에 사용연도를 고증할 수 없으나 대략 19세기 말에서 20세기 초로 추측된다. 발신지는 쑤저우蘇州로, 뒷면에 1890년(광서 16) 전보총국이 규정한 배송거리 요금표 외에 추가 기준이 적혀 있다. 이 규정에 따르면 5리里, 즉 2.5킬로미터

그림 1 1등 전보봉투, 전보총국, 청나라 시기

이내의 거리는 기본요금만 지불하고, 5리를 초과하면 별도의 추가요금을 지불했다. 기준은 다음과 같다.

배송요금은 5리를 넘으면 은화 1자오, 10리는 2자오, 15리는 2자오 5편, 20리는 3자오, 25리는 3자오 5편, 30리는 4자오, 35리는 4자오 5편, 40리는 5자오, 1백 리는 1위안 6

자오. 1백 리 이상은 5리마다 1자오가 더 추가되지만 5리 이내는 요금을 추가하지 않는다. 만약 거리가 5리 미만인데 배달부가 요금을 강요한다면 전보총국으로 연락을 주기 바란다. 즉시 배달부를 징계하겠다.

몇 편에 불과했던 일반 우편과 비교하면 전보는 빠른 만큼 요금이 매우 비쌌으며 수취인 이름을 간략하게 표시했다. 그래서 전보총국은 다음과 같은 안내문을 기재하여 비싼 요금을 지불한 전보가 잘못 배송되는 사고를 방지하려 노력했다.

발신인이 글자 수를 줄이고자 성씨만 쓰고 이름을 안 썼을 경우, 공교롭게도 같은 지역에 성이 같은 사람이 있다면 잘못 배달될 우려가 있다. 그러니 수신인은 받은 전보가 본인의 것이 맞는지 꼭 확인하고, 만약 아니라면 즉시 전보총국으로 반송해 타인에게 피해를 주지 않도록 한다.

오늘날 우리가 보기에는 조금 웃기지만, 당시 상황을 고려할 때 참으로 세심한 배려가 돋보이는 문장이다.

21.

대륙에
전화벨이 울리다

근대의 도입과 함께 전보가 왔다면 근대가 하나둘씩 모습을 갖춰가면서 전화도 자리 잡기 시작했다. 전화는 오늘날 텔레비전과 함께 가정에 없어서는 안 될 물건으로 현대인들은 텔레비전이 없으면 장님이 되고 전화가 없으면 귀머거리가 된다. 텔레비전과 전화는 사람의 시각과 청각을 연장시키는 물건으로, 만약 세상에서 사라진다면 사람은 마치 사회신경이 절단된 것처럼 세상과 동떨어진 삶을 살게 될지도 모른다.

전화는 미국인 벨이 1876년에 발명했다. 중국인 가정에 대중화된 건 그로부터 1백 년이나 넘게 지난 1990년대에 이르러서다. 그전에는 단지 고관귀족과 상층인사만이 전화를 가질 수 있었고, 1980년대까지도 보통 사람들에게 여전히 신기한 존재였다. 1980년대 전까지 전화는 신분과 지위를 상징하는 중요한 물건이었다. 오로지 부국장급 이상의 간부들만 집에다 설치했고, 그래서 지붕에 전화선이 설치된 것만 봐도 그 집 주인이 지체 있는 사람임을 짐작할 수 있었다.

최초의 전화기는 수동식으로, 전화벨을 돌려 전화교환원과 연결한 후 어디로 전화를 걸지 알려주면 전화교환원이 연결해주는 방식이었다. 다행스럽게도 그 시기에는 전화로 한담하는 사람이 적었고 사랑을 속삭이는 사람은 더더욱 적었다. 전화교환원이 보이지 않는 곳에서 그들과 함께하고 있어 사랑 표현과 같은 부끄러운 말을 한마디도 꺼낼 수 없었을지도 모르겠다.

그림 1은 1945년(민국 34)에 베이징중앙전화국이 수여한 전화교환원 훈련반 우등상장으로, 수동전화시대 통화방식을 어렴풋이 드러낸다. 이 상장은 전화교환원 훈련반에서 공부한 학생 중 우수한 성적을 거둔 사람에게 수여했다. 베이징중앙전화국이란 명칭은 기타 지점과 구분하기 위해 붙여진 것 같다. 어쨌든 오늘날 전화를 프로그램 제어전화라고 부른다면 당시 전화는 수동 제어전화였다. 수동 제어는 전화를 연결해주는 교환원이 담당했다. 한 번만 봐도 따라할 수 있을 것 같은 전화 연결이 뭐 대단한 업무라고 전문연수과정을 만들어 교육을 시켰는지 의아할지도 모른다. 아마도 우리가 모르는 어떤 규칙을 배워야 전화교환 업무를 담당할 수 있었던 게 아닐까.

예를 들어 감청 시간이 있다. 내가 기억하기에 1970년대까지도 우편전신국은 전화교환원의 감청 시간을 3초 내로 규

그림 1 전화교환원 훈련반 우등상장, 베이징중앙전화국, 1945년(민국 34)

정했다. 하지만 전화요금은 통화시간에 따라 부과되었고, 만약 감청하지 않으면 정확한 통화시간을 파악할 수 없었으므로 교환원은 시계를 보며 고객의 전화를 감청했다. 감청 시간이 길어지면 타인의 사생활을 침해하고, 감청하지 않으면 고객이 전화를 끊었더라도 교환원이 알 수 없었다. 예전 수동 제어전화에서 감청 시간은 교환원의 결정사항으로 통화하는 사람은 아무것도 알 수 없었다.

중화민국 시기, 중국의 정보통신산업은 비록 낙후한 상태였지만, 노골적이다시피 할 정도로 상업적 색채가 강했다. 이때 전신업은 상품 판매에 치중하며 서비스를 중시했다. 국영으로 운영되는 거만하고 서비스정신이라고는 찾아볼 수 없는 현재 전신업과는 전혀 달랐다. 이는 중화민국 시절 업무안내 전화번호 일람표를 봐도 한눈에 확인된다.

그림 2는 베이핑전신국이 고객 편의를 위해 제작한 업무안내 전화번호 일람표다. 위에는 '업무전용 전화일람', 오른쪽에는 '청타특쾌전화, 보군신속請打特快電話, 保君迅速', 왼쪽에는 '청발대전전화, 보군온고請發代傳電話, 保君穩靠'라고 적혀 있다. 그런데 고작 반세기밖에 지나지 않았음에도 전혀 무슨 뜻인지 알 수가 없어 어리둥절하다. 아마도 '대전전화'는 사람한테 부탁하여 전화내용을 전하는 뜻 같은데 '특쾌전화'는 도대체 무엇을 뜻하는 것인지, 도통 알 수가 없다.

그리고 아래에는 '장거리전화가 안 통하는 지역에도 전보는 보낼 수 있으며 본국 창구에서 전보를 치면 절차가 간편하다'는 문구가 적혀 있다. 우편 외에도 다른 업무를 취급했지만, 전화가 거의 보급되지 않은 상황에서 여전히 전보가 주요업무였던 것이다. 다만 일람표에 나열된 업무안내 전화번호를 보면 전신업무가 이미 표준화됐고 신속하고 전면적인 서비스를 제공했음을 확인할 수 있다. 일람표에 나열한 업무 종목은 다음과 같다.

장애대障礙臺(장애신고 전화) 112

기록대記錄臺(장거리전화 등록) 113

사호대查號臺(전화번호 문의) 114

그림 2 업무안내 전화번호 일람표, 베이핑전신국, 중화민국 시기

복무대服務臺(대중교통시간과 요금, 우편요금 문의) 115

사순대查詢臺(장거리전화 문의) 116

보시대報時臺(표준시간 문의) 117

특쾌전화대特快電話臺(즉시통화 전화) 118

화경전화火警電話(화재신고) 119

대리전화 등록 33000

전화선 고장처리 지연신고 30000

교환원 업무태도 신고 35000

영업사원 업무태도 신고 35300

전보 배달지연, 배달 오류 및 배달원 업무태도 신고 53647

전보 전송내용 오차, 지연 및 기타 문의사항 54000

베이핑전신국 업무 및 서비스는 오늘날 통신회사와 비교해도 손색이 없다. 장애신고전화 112번, 전화번호 문의 114번, 화재신고 119번을 여전히 사용한다는 점도 흥미롭다.

일람표 뒷면에는 전보 칠 때 돈을 절약하는 두 가지 방법을 소개하고 있다. 첫째, 글자 수에 따라 요금을 받으며 전보 받는 이의 주소가 길수록 돈을 더 많이 냈다. 만약 받는 이가 전화가입자라면 그의 주소가 전화국에 등록되어 있으므로 전화번호로 주소를 대체하면 돈을 절약할 수 있었다. 둘째, 보낼 전보가 있을 경우 집에서 전화로 전보 내용을 담당직원에게 알리면 즉시 처리해주므로 우체국에 갈 필요가 없었다. 지금 기준으로 봐도 꽤 획기적이고 편의성 높은 서비스를 제공했다. 덧붙여 중은 도망가더라도 절은 도망갈 수 없다는 속담처럼 주소가 우체국에 등록된 한 전보 이용료는 떼먹을 수가 없었다.

22.
박물관으로의
초대·

근대는 새로운 억압과 함께 느슨하나마 해방도 가져왔다. 중국에서 권력의 상징처럼 불리는 '중난하이中南海'는 청나라와 사회주의 신중국 사이에 낀 시대에 잠시 인민에게 돌아간 적이 있다. 중난하이란 베이징의 중심부에 있는 호수인 중하이中海와 난하이南海를 합쳐 부르는 말로 예부터 베이징 성내 길지吉地라며 요·금·원·명·청 다섯 왕조가 7백여 년 동안 산과 호수, 섬과 다리, 정자와 전각, 누각과 회랑을 공들여 조성했다.

그리하여 명나라와 청나라 때에는 황실정원이자 연회장소로 사용됐으며 근대에는 위안스카이, 리위안홍黎元洪 같은 대총통이 거주하는 총통부로 삼았다. 1920년대 국민정부가 난징으로 수도를 옮긴 후 한때 중난하이는 대총통부공원이란 이름으로 일반인에게 개방되었으나, 1949년 이후에 다시 인민정부

1부 ─ 근대라는 시련과 실험

그림 1 대총통부공원 입장권, 베이징시, 1924년(민국 13)

공산당 중앙위원회와 최고 국가행정기관인 국무원 청사로 사용되고 있다.

1924년(민국 13)에 발행된 대총통부공원 입장권인 **그림 1**을 보자. 두 장 모두 무료입장권임에도 문구와 도안에서 약간 차이가 있다. '신화문으로 들어가서 복화문으로 나온다', '오전 8시에서 오후 5시까지 입장권을 휴대한 1명만 입장할 수 있다'는 안내문은 동일하나, 왼쪽에는 '증정권贈券'이라는 문구가 적혀 있다. 만약 어느 쪽이 더 체면을 살려주었냐고 묻는다면, 대부분 오른쪽을 가리킬 것이다.

그림 2 둥싼東三성박물관 전람권, 선양시, 1929년(민국 18)

박물원博物院, 이른바 박물관의 효시는 청나라 때인 1905년(광서 31)에 장첸張騫이 설립한 장쑤성 난퉁南通박물원이다. 난퉁박물원은 전통정원과 근대박물관이 결합된 형태로 출발한 최초 공공박물관으로, 견학 여행의 서막을 열었다. 이후 1916년(민국 5)에 지질광산박물관, 1925년(민국 14)에 고궁박물원이 세워지면서 중국 전역에 다양한 박물관이 등장했다.

그림 3 고궁박물원 및 중앙박물관준비처 연합전람회 입장권, 1948년(민국 37)

그림 2는 선양시에 있는 둥싼東三성박물관의 할인입장권으로, 학생과 아동과 군인이 적용 대상이다. 가격은 정가에서 50퍼센트 할인된 봉대양奉大洋 5위안. 둥싼성은 둥베이 지역의 랴오닝遼寧·헤이룽장黑龍江·지린 3성의 총칭으로, 1918년(민국 7)부터 장쭤린이 지배하며 마치 자치국처럼 자신만의 화폐단위인 봉대양을 사용했다. 여기서 흥미로운 대목은 입장권 발행연도다. 1929년(민국 18)이면, 장쭤린이 만주에서 일본군에 의해 폭사한 지 2년째 되는 해였다. 그럼에도 그가 만든 화폐단위가 여전히 통용되다니, 둥베이왕이라 칭하던 장쭤린의 영향력은 실로 막강했던 것 같다.

뭐니 뭐니 해도 베이징을 상징하는 건물을 하나만 꼽으라면 바로 자금성일 것이다. 자금성은 명나라 3대 황제인 영락제가 1406년(영락 4)에 건축하기 시작하여 1420년(영락 18)에 완공한 중국 최대 황궁이다. 5백 년 가까이 황제가 머문 절대 권력의 중심지였으나 청나라가 멸망한 후 1925년(민국 14)에 박물관으로 바뀌면서 고궁박물원이란 새 이름을 가졌다. 무려 7백여 개의 건축물과 9천여 개의 방이 있고 1백5만 점의 희귀하고 진귀한 문물을 소장한 중국 최대 종합박물관이다.

그림 3은 1948년(민국 37)에 발행된 고궁박물원 연합전람회 입장권이다. 특이하게 유효기간이 5월 30일에서 6월 5일까지 7일간으로 꽤 긴 편에 속한다. 아마도 7일 동안 열렸던 연합전람회에 맞춘 듯한데, 놀랍게도 가격이 4만 위안이다. 국민정부 말 인플레가 심했던 경제상황을 고스란히 드러내는 대목이다.

전족 한 쌍에
벌금 얼마?

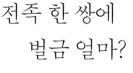

중국에 급작스레 다가온 서구식 근대화를 두고 찬반양론이 가능하지만, 그래도 어떤 점에서는 확실히 사회의 진일보를 촉구한 측면도 있다. 가령 전족의 반인권적인 모습, 반문명적인 가치를 깨닫고 금지하는 정책을 시행한 것도 그중 하나다.

전족은 발을 천으로 묶어 여자의 발 성장을 정지시키는 전통풍습으로 적어도 1천 년 전부터 있었다. 정확한 기원에 대해서는 의견이 분분하다. 어떤 이는 수나라 시대, 어떤 이는 당나라 시대, 또 어떤 이는 오대십국까지 거론한다. 실제로 유행하기 시작한 시기는 당나라 때로 이후 송나라와 명나라를 거치며 하나의 풍습으로 뿌리내렸다. 송나라의 대시인 소동파의 시를 한 번 읽어보자.

그림 1 기녀 전족을 소개한 우편엽서明信片, 1900년대
그림 2 전족한 여자가 신었던 신발鞋, 청나라 시기

남몰래 궁중 풍으로 얌전히 차려입고

두 발로 아슬아슬 서 있네

그 곱디고운 모습 어찌 말로 다할까

손바닥 위에 올려놓고 즐겨야 하리

당대 남자들이 여자의 작은 발을 절대 미의 가치로써 얼마나 찬탄했는지 여실히 드러나는 시다. 전통시대에 전족을 우아하게 부르는 말로 삼촌금련三寸金蓮이 있다. 일촌은 대략 3센티미터이므로 발의 크기가 10센티미터밖에 되지 않는다. 그런 발이 '금으로 만든 연꽃' 같다며 아름다운 요소로 추앙받았다.

그림 1과 **그림 2**는 가오훙싱高洪興의 《전족사纏足史》에 소개된 우편엽서와 전족한 여자의 신발이다. 그중 우편엽서는 1900년대에 만들어진 것으로 기녀와 전족을 통해 이상적인 모양으로 탄생한 그녀의 발을 함께 실었다. 전족한 발을 손에 쥐고 즐기는 일종의 노리갯감으로 삼았던 남자의 시선이 적나라하게 느껴진다. 그렇게 전족은 1천 년이 넘는 시간 동안 기세가 약해지기는커녕 방방곡곡 한족 가정에 널리 퍼지며 전통 사회의 대표적인 표상이 됐다.

청나라 초기, 금지명령이 떨어지며 한때나마 전족이 사라질 위기에 처한 적도 있다. 평소 한족의 문화인 전족을 몹시 못마땅하게 여겼던 강희제가 1664년(강희 3) 전족을 폐지하라는 황명을 전국에 내렸다. 그러나 패기 넘치던 황제의 오판이었다. 명나라를 멸망시키는 것보다 훨씬 더 어려운 과제였으니 말이다. 끝내 황제는 뿌리 깊은 관습에 패했고 전족은 강인한 생명력을 보여준다.

훗날 사람들은 이를 두고 "남자는 항복하고 여자는 항복하지 않았다"고 평했다. 황제는 남녀에게 각각 변발과 전족 금지를 명령했으나, 남자는 목숨을 지키려고 머리카락을 자른 반

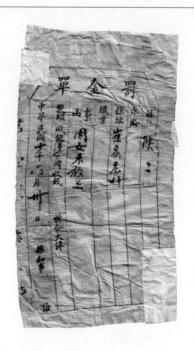

그림 3 전족 범칙금통지서罰金單, 산시陝西성, 1921년(민국 10)

면 여자는 목숨을 걸고 전족을 고수했다. 여성의 '전족'과 남성의 '변발'은 전통사회의 풍경을 연출하는 완벽한 한 쌍이었다.

전족은 여자의 건강에 참으로 나쁘다. 전족을 하면 작은 발로 인해 무게중심을 잡지 못한 채 몸을 흐느적거리며 정상적이지 못한 자세로 느리게 걷게 된다. 즉 정상적인 사람이 어느새 불량품으로 전락하고 사회의 절반을 차지하는 여자의 걸음걸이가 느려진다. 더불어 중국사회의 발전 속도마저 더뎌졌다.

그림 3과 **그림 4**는 모두 전족금지와 관련돼 있다. 산시陝西

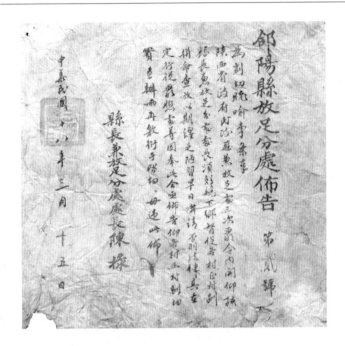

그림 4 전족금지 포고佈告, 산시陝西성, 1929년(민국 18)

성이 각각 1921년(민국 10)에 발급한 범칙금통지서와 1929년(민국 18)에 발표한 금지 포고다. 범칙금 통지서에는 저우周씨 집안의 여자가 전족을 풀지 않았다는 이유로 얼마의 벌금을 부과했다고 적혀 있다. 포고는 오래된 악습인 전족을 일소하고자 하며, 이후 전족한 것이 발각되면 법에 의거하여 가혹한 응징을 가하겠다고 경고했다.

　　중화민국은 초기부터 전족을 구습으로 규정하고 도시를 중심으로 길에서 강제로 전족한 여자들의 발을 감싸고 있던 천을 풀고 걷게 했다. 지방에서는 현장縣長이 직접 최고 지휘자가 되어 꽁꽁 갇힌 여자의 작은 발을 해방하고자 나섰다. 그러나 많은 중국인이 전족금지에 심리적인 저항감을 느낀 탓에 여자의 발에서 전족이 말끔하게 사라지지는 않았다. 범칙금 통지서와 금지 포고 사이에 8년이란 시간이 흘렀음에도 여전히 전족은 살아 있었다. 어쩌면 강력한 전족금지 포고를 보고서야 이제는 빈말이 아닌 실제 행동으로 옮겨졌다고 느꼈을지도 모른다. 실제로 전족이 없어지는 데는 8년보다 훨씬 긴, 중일전쟁과 맞먹는 시간이 소요됐다. 전족금지운동은 장기전으로 이루어졌고, 정부로선 일본군보다 대적하기 더 어렵다는 푸념이 나올 만했다.

전족금지는 여자를 위한 해방운동이었다. 그런데 왜 그토록 완강한 저항에 부딪혔고 지난하게 없어졌을까? 그것은 전족이 가져다주는 미적 효과와 이익 때문이었다. 전통사회에서 여자는 인생의 가장 중요한 것으로 가정과 애정을 꼽았다. 혼인이 일종의 거래였던 만큼 여자는 남자의 시선으로 보았을 때 외모가 아름다워야 했고, 그 기준은 발 모양과 크기였다. 얼굴과 몸매는 그다음에 자리했다.

"작은 전족 한 쌍에 눈물 한 항아리 흘리네!" 이 글귀처럼 전족을 위해 너무나 고통스러운 시간을 감수해야 하지만, 여자들은 눈물 한 항아리와 일생의 행복을 바꿀 수 있다면 다행이라고 여겼다. 과거에 여자들이 운명을 바꾸고 행복을 잡고자 전족에 매달린 것처럼 오늘날 여자들은 성형에 열광한다. 언론

보도에 의하면 10년 동안 성형으로 인해 20만 명이 얼굴을 망가트렸으며 매년 평균 2만 명이 성형수술에 돈을 쏟아 붓고도 실패하여 골머리를 앓고 있다고 한다. 그와 달리 전족은 실패위험성이 낮은 편이다. 게다가 어디까지나 신체의 말단부위에 행해지므로 비록 살이 썩어 문드러지더라도 생명을 위협하지는 않았다. 어쨌거나 발을 망가트리는 훼족毁足이 얼굴을 망가트리는 훼용毁容보다 덜 끔찍하지 않은가.

24.

사진,
기녀의 품격을 품다

근대 서구문명이 가져온 수많은 도구 중 아마 사진기가 일반 시민과 가장 친숙하지 않을까. 물론 사진기는 고가의 사치품이었다. 사진기는 값비싼 물건이었지만, 그래도 자기 사진이나 가족사진을 한 장 갖는 일은 누구나 누릴 수 있는 소박한 꿈이었다. 앞으로 소개할 사진들은 청나라 말 기녀 사진으로 자기 초상을 갖는 유행을 보여준다.

기녀는 여자가 남자의 성적도구로 전락한 가장 추악한 사회현상 가운데 하나다. 물론 예전에는 그런 식으로 기녀 문제를 바라보지 않았다. 전통시대의 문인들은 기녀를 전통문예 전승자이자 낭만적인 연애 대상으로 여겼다. 심지어 천인커陳寅恪 같은 근대의 대학자도 수고를 마다치 않고 몇 년간 공들여 당대 명기의 전기를 저술했을 정도다.

한편으론 내심 기녀를 멸시하는 이중 잣대도 존재했다. 1949년에 매춘을 금지하기 전까지 허가증을 가진 어엿한 직업인이었음에도 세상은 그녀들을 창녀라는 뜻을 지닌 퍄오쯔婊子나 야오제窯姐라 부르며 비하했다.

춘추전국시대 이후 궁궐뿐만 아니라 관청이나 사대부 집안에서 기녀를 두면서 이른바 창기문화가 역사의 한 자락을 차지하기에 이른다. 고대 사료에 관영 기루와 관기에 얽힌 일화가 심심치 않게 등장할 정도로 말이다. 그 가운데 송나라 개혁가 왕안석王安石은 탁월한 선견지명으로 뜻하게 않게 창기문화를 한 단계 발전시킨 인물이다. 바로 기루와 주점을 결합한 새로운 형태의 영업방식을 도입한 것이다. 그전까지 기루는 술이나 음식을 판매하지 않았다. 지금처럼 술도 팔고 몸도 파는 기루는 송나라 때 만들어졌다. 이후 원나라, 명나라, 청나라에 이르기까지 정부는 매춘과 함께 술까지 전매하며 막대한 수입을 올렸고 기녀는 화려한 전성기를 누렸다.

베이징 기녀는 출신에 따라 남쪽 출신인 남반南班과 북쪽 출신인 북반北班 두 파벌로 이루어졌다. 일반적으로 남반 기녀가 미색과 기예를 모두 갖춘 것으로 평가됐다. 청나라 말 명기로 이름을 떨치며 유명인사와 염문을 뿌렸던 **그림 1**의 새금화賽金花와 소봉선小鳳仙이 남반 출신이다.

근대 들어 거리에서 황폐해지는 저급 기녀와 달리 고급 기녀는 고위 관료의 첩으로 들어가 부유하고 편안한 생활을 영위하며 베갯머리송사로 권력을 행사했다. 가령 매관매직의

그림 1 명기 새금화 사진, 청나라 말

중개인으로 수수료를 취하는 식이었다. 혹은 자신의 기예를 살려 예술인으로 거듭나는 고급 기녀도 있었다.

그림 2는 청나라 말, 베이징의 한 청음소반淸吟小班에 있던 기녀들 사진이다. 청음소반은 고급 기루의 별칭으로, 이곳 기녀들은 악기는 물론 바둑과 서화에 능했다. 청음소반이라니, 얼마나 듣기 좋은 이름인가. '청음'은 차를 마시거나 바둑을 두거나 연극을 공부한다는 의미로, 이는 몸을 파는 장사에 문화라는 아름다운 겉옷을 덧입힌 표현이다. 여기에 출입하는 고객은 대부분 권세가와 글재주를 부리는 지식인이었다. 이때 기녀를 소재로 한 소설과 희극이 유행한 것도 기루에서 실제로 체험해본 작가들이 내놓은 결과물이었다.

그림 2 베이징 청음소반淸吟小班 기녀 사진, 청나라 말

　　물론 모든 기녀가 문학작품 속 주인공과 같은, 아니 비슷한 삶을 살지는 못했다. 대다수에게 기녀라는 직업은 생존도구였고 기루는 생존현장이자 싸움의 최전선이었다. 기루 주인 또한 기루를 보석을 모아놓은 큰 접시로 여기며 기녀의 눈물로 본인 배만 채우기에 바빴다. 그들은 많은 여성의 인생을 망쳤고 많은 남성을 타락시켰으며 매독 같은 무서운 성병을 사회에 퍼트렸다. 기관妓館과 아편관, 이 두 관은 근대사회를 난장판으로 만든 주범이었다. 수많은 기녀가 악마의 소굴인 기루에서 암담한 하루하루를 보내며 청춘을 허비했다. 늙고 쇠약해져서 기루를 나가는 그녀들을 기다리는 삶 또한 참담하고 가난한 노년생활이었다.

25.

기녀 영업도
등급이 있다

　근대는 한편으로 규모의 경제를 구가한다. 기루 또한 점차 규모가 커지고 더 치밀하게 상업화됐다. 청나라 말부터 중화민국 초까지 기루는 주로 번화한 상업지구나 조계 근처에 밀집해 있었다. 베이징에서는 첸먼와이다제前門外大街가 그랬다. 마치 도시가 만들어지듯 기루를 중심으로 주점이나 극장이 들어섰고 차츰 그 지역은 먹고 마시고 놀고 배설하는 그야말로 완벽한 환락가로 변해갔다.

　조계에서 영국과 프랑스가 공창公娼제도를 시행하자 기루와 유곽이 빽빽하게 늘어섰으며 야계野鷄까지 등장했다. 야계는 일정한 장소가 아닌 거리에서 호객행위를 하던 매춘부를 말하며, 기녀의 기妓와 중국어 발음이 같은 닭鷄이 들판을 거닐 듯 거리를 거처 없이 떠돈다는 뜻으로 붙인 이름이다.

1930년대 말 통계자료에 따르면 베이징 홍등가였던 빠다 후퉁八大胡同에 등록된 기루만 1백여 곳, 기녀는 7백여 명에 달했다. 불법으로 몰래 몸을 파는 여자들은 포함되지 않은 수치였다. 매춘은 이미 하나의 산업으로 성장했고, 더 이상 혼자서 살아갈 방법이 없는 몇몇 여자들에게는 생계수단이었다.

기녀에도 고급과 저급이 있는 것처럼 기루도 등급이 있었고 가게 이름부터 수준이 달랐다. 1급과 2급은 '○○원, ○○관, ○○각, ○○당' 등으로 듣기에도 우아한 이름에다, 소속 기녀 역시 금을 흙처럼 뿌리듯 씀씀이가 크고 때론 노비까지 부렸다. 근주자적 근묵자흑近朱者赤 近墨者黑이라고, 관官을 가까이하면 당연히 부유해지기 마련이지 않나. 반면 3급과 4급은 '○○실, ○○반, ○○루, ○○점, ○○숙' 등으로 초라한 이름에다, 소속 기녀 역시 대부분 가난하고 고생스럽게 생활했다.

이제부터 소개할 증서는 1944년(강덕 11년) 신징新京시에서 체결된 기루 계약서 두 장으로 각각 기생명부 한 부씩이 딸려 있다. 신징시는 만주국 때 창춘長春시 이름이다.

그림 1은 2급 기루인 백화당 양도계약서고, **그림 2**는 3급 기루인 춘원루 양도계약서다. 두 기루는 경영악화에 따른 채무 문제로 양도됐는데, 가게 물품은 가격을 할인하여 판매했으며 그중 기녀도 가게 물품에 포함돼 있다.

점포를 넘길 때 새 주인이 기존 직원을 재고용하여 영업의 효율성을 높이듯, 기루 역시 비슷했다. 기녀의 입장에서도 재고용되니 퇴직하고 재취업하는 번거로움을 피할 수 있었다.

그림 1 2급 기루 백화당百花堂 양도계약서, 신징시, 1944년(강덕 11)
그림 2 3급 기루 춘원루春院樓 양도계약서, 신징시, 1944년(강덕 11)

그리하여 양도계약서를 통해 바뀐 것은 오로지 기루 주인뿐이었다. 다음은 백화당 양도계약서상 기루 정보와 설비 목록이다.

장소: 신징시 환락지 춘강 동후통 108-3

종목: 2급 기루

칸수: 정규 영업 칸, 여섯 칸

설비: 매 실 온돌 1개, 목판 깔린 침대 몇 개, 칠한 대형 나무 결상 4개

생각보다 설비와 가구가 별로 없다. 앞 기준에 따르면 '당'은 고급 기루의 명칭인데 말이다. 2급에 속한 백화당은 나름 훌륭한 기루였을 텐데, 어찌하여 손해를 보고 말았는지 궁금하다. 혹여 기생이 적극적으로 일하도록 분위기를 조성하지 못한 걸까, 아니면 권세 높은 손님에게 실수한 걸까? 그도 아니면 겉만 번지르르한 2급이라 고객의 기대치를 충족시키지 못했던 걸까? 전 주인이 분수도 모르고 기루 수준에 맞지 않게 '당'을 붙였다면, 그래서 이름에 속아 찾아온 고객이 실상을 보고 발길을 돌렸을 수도 있다. 유구한 역사를 가진 만큼 기녀는 물론 기루는 업계 표준이 분명하며, 그 표준을 어겼을 경우 징계를 받기도 했다. 어쨌거나 기루의 주인은 파산했고, 가게는 다른 사람에게 양도됐다.

그럼 3급 기루인 춘원루의 양도계약서는 어떨까. 기루 주소와 주인 본적 외에는 별다른 설비 목록이 적혀 있지 않다. 아마도 그다지 내세울 만한 설비를 갖추지 못한 탓이 아닐까. 두 기루의 양도계약서에서 확인할 수 있는 사실은 기루조차도 반드시 소유권 변경 여부를 경찰국을 비롯한 정부기관에 통보해야 했고, '대만주제국' 수입인지를 붙여 공증함으로써 만주국의 법적보호를 받았다는 점이다.

그림 3은 1946년(민국 35)에 발급된 기녀 영업허가신청서다. 신청인의 이름과 나이, 본관과 주소는 물론 증명사진과 지문까지 보인다. 국민정부가 꽤 까다로운 절차에 따라 꼼꼼하게 기녀영업을 관리했음을 알려준다. 정부가 이러했으니, 실제

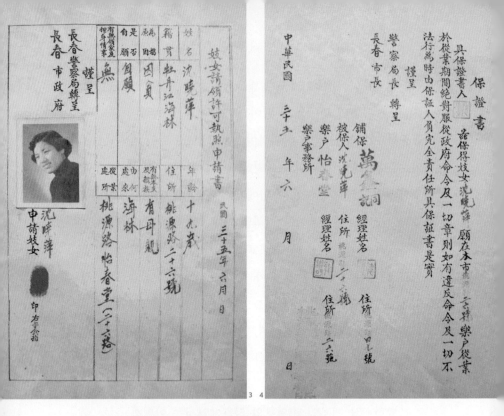

그림 3 기녀 영업허가신청서請領許可執照申請書, 1946년(민국 35)
그림 4 이춘당怡春堂 취업담보증서從業擔保證書, 1946년(민국 35)

기녀를 관리하던 기루는 얼마나 더 엄격하고 철저했을지 사뭇 짐작된다. **그림 4**는 그 증거물이다. 1946년(민국 35)에 작성한 이춘당의 취업담보증서로, 기녀가 문제를 일으킬 경우 보증인 이 모든 문제를 책임진다는 내용이다. 놀랄 만한 대목은 이 증 서를 창춘시 시장과 경찰국장에게 보내 공증을 받았다는 사실 이다.

26.

신분증명서는 곧
품행평가서

기녀들 하나하나에 딸린 기녀명부, 즉 신분증명서를 보면 기분이 묘하다. 기녀명부는 성명과 출신지, 그리고 평소 생활태도까지 담은 게 꼭 담임교사가 학생 품행평가서를 작성한 것 같다. 어떤 명부는 직함과 해당 기녀에 대한 담보 내용까지 담아 처참한 노예 처지를 증명하고 있다.

과거에는 궁지에 몰리거나 비참한 처지에 놓인 사람을 종종 늙은 배우나 늙은 기녀에 비유했다. 도대체 무슨 의미였을까. 어느 극단이든 간판 배우는 있다. 간판 배우는 높은 인기와 더불어 출연 명단 맨 앞에 큰 글씨로 이름이 적힌다. 또한 기둥인 간판 배우의 인기가 많아질수록 그 극단의 수익도 좋아진다. 연극 애호가가 간판 배우를 보기 위해 표를 사듯, 권세 높은 오입쟁이는 간판 기녀를 보려고 기루에 돈을 쓴다. 그

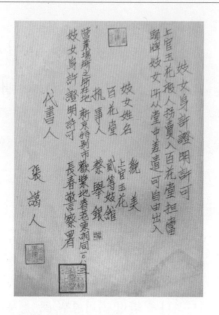

그림 1 간판 기녀 신분증명서, 신징시, 1944년(강덕 11)

에 비해 아무도 찾지 않는 늙은 배우나 늙은 기녀는 궁지에 몰린 처지가 비슷하다. 그렇다면 궁금하지 않은가. 과연 간판 배우만큼 간판 기녀도 인기가 높고 대우가 좋았는지 말이다.

　그림 1은 그 궁금증을 해결해주는 증서다. 2급 기루 백화당에 속했던 간판 기녀의 신분증명서인데, 얼핏 보면 간판 기녀라고 특별대우를 해주며 중시한 흔적이 보이지 않는다. 그녀 역시 다른 기녀와 똑같이 기루 주인이 바뀌면 품행을 평가받고 새 주인에게 양도되는 신세였다. '기녀 상관위화上官玉花는 백화당에 인신매매로 들어와 간판 기녀가 됐다. 백화당의 명령

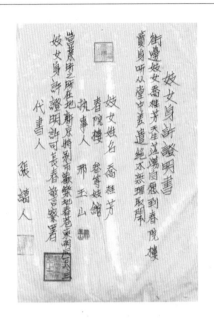

그림 2 야계野鷄 출신 기녀 신분증명서, 신징시, 1944년(강덕 11)

을 잘 들으며 기루를 자유로이 출입할 수 있다.' 여기서 '기루를 자유롭게 출입할 수 있다'란 대목이 중요하다. 그렇게 대단한 혜택으로 보이지 않지만, 실상은 다르다. 다른 기녀명부와 비교한 결과 그녀에게만 유일하게 적혀 있다. 나머지 기녀는 전혀 자유가 없었다는 증거인 셈이다.

포주라 불리던 기루의 주인은 대체로 여자였다. 그래서 일부 기녀는 주인을 '엄마'라고 불렀지만, 이는 가식적인 친분 표현이었다고 생각한다. 왜냐고? 세상 어느 어미가 자기 딸을 불구덩이에 처넣겠는가. 가짜 어미와 가짜 딸의 거짓 혈연관계는

그림 3 스스로 기루에 온 기녀 신분증명서, 신징시, 1944년(강덕 11)

돈 안 들면서도 정신적 위안을 얻는 기녀의 임시 자구책이었다. 그렇다고 포주와 기녀가 엄격한 상하관계를 유지하지도 않은 듯하다. 그랬다면 포주를 기루 대표라는 뜻으로 루장樓長이라고 반드시 불렀을 것이다.

　그림 2의 신분증명서는 고개를 갸우뚱하게 한다. 내용을 살펴보면 '야계 출신인 차오구이팡喬桂芳은 천성이 음탕하여 스스로 춘원루에 몸을 팔았고 춘원루의 명령을 들으며 절대 이유 없이 말썽을 피우지 않는다.' 손님들이 야계 출신 기녀라고 무시하거나 홀대한 것도 아닐 텐데, 오히려 기루 주인이 나

서서 거리의 매춘부라서 천성이 음탕하다고 깔아 내린 격이다. 게다가 천성이 음탕하다는 말은 사리에 맞지 않는다. 기루란 원래 몸을 팔고 성性을 파는 공간이므로 음탕함은 당연하며 어떤 여자든 천성이라는 이유로 자진해서 기루에 와서 웃음을 팔고 몸을 팔지 않는다. 기녀로 전락한 여자들 모두 나름의 절박한 사정으로 궁지에 내몰렸을 뿐이다.

가끔은 누군가가 팔아넘기지 않았음에도 기루에 스스로 몸을 던진 기녀들도 있다. 유독 예의 바른 품행평가가 돋보이는 **그림 3**의 주인공이 그렇다. 메이옌梅艶이란 기녀인데, 기루의 주인이 그녀를 잘 본 덕분인지는 모르겠으나 호칭이 '아가씨'였다. 또한 구체적인 사연은 생략한 채 연정 때문에 시련을 겪고 자원하여 춘원루에 들어와 기생이 되었으며 명령에 절대 복종하고 결코 무단으로 떠나지 않는다고 적혀 있다. 사랑하던 연인에게 실연당해서 혹은 부모가 그 연인과 헤어지게 하여서 혹은 정략결혼을 해야 하는 처지에 놓여서였을까. 정확히 어떤 연유인지 모르겠으나 정이 깊었던 양갓집 규수가 자포자기한 상태로 집을 나와 하필이면 무정한 기루에 투신한 것만은 사실이다.

그림 4는 여동생이 언니를 기루에 소개하여 들어온 기녀의 신분증명서로 '왕서우전王守珍은 여동생의 소개로 춘원루의 기녀가 됐고 춘원루의 명령을 들으며 절대 이유 없이 소란 피우지 않는다'라고 적혀 있다. 크든 작든 기루에는 별별 사연이 다 담긴다지만, 부모도 남편도 아닌 동생이 인도자라니! 여동

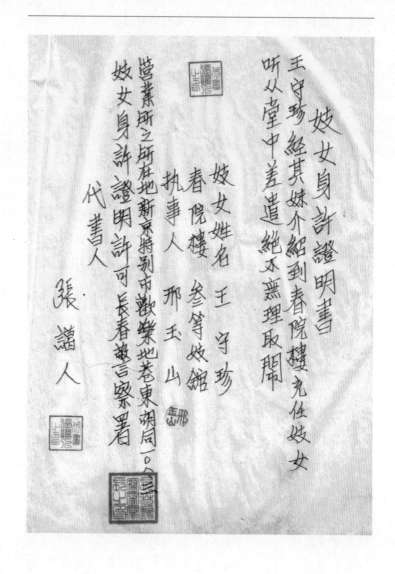

妓女身許證明書

王守珍 經其妹介紹到春院樓充任妓女
听从堂中差遣 絶不無理取閙

妓女姓名 王守珍

春院樓 参等妓舘

执事人 邢玉山 ㊞

營業斯之所在地新京特別市歡樂地巷東胡同一○□□□□
妓女身許證明許可 長春警言察署

代書人

張藺人

그림 4 동생 소개로 기루에 온 기녀 신분증명서, 신징시, 1944년(강덕 11)

생도 기녀였느냐, 꼭 그렇지만은 않은 것이 기녀는 외부세계와 단절되었으므로 오히려 기루를 잘 아는 관계자였을 확률이 높다. 아무튼 동생이 언니를 악의 구렁텅이로 이끈 일은 정상이라 할 수 없다.

기루에 들어갈 때조차 꽌시, 즉 연줄이 필요했다는 사실도 충격이다. 아마도 폐쇄 공동체인데다 워낙 험한 공간이라 안전 때문에 아무나 기녀로 받아들일 수 없었을지도 모른다. 중국 속담에 비유하자면 자신의 안전을 고려해 소쿠리에 있는 것은 아무거나 집어도 모두 채소라는 식으로 사업할 수는 없었다는 말이다. 앞에 소개한 천성이 음탕한 기생 때문에 마음을 졸였던 것도 그 때문이지 않았을까.

27.

복권 경제침략
VS
복권 문화진흥

홍콩과 마카오의 도박장은 대륙에서 건너온 사람들로 인산인해를 이룬다. 그만큼 중국의 사행산업은 역사도 길고 대중 사이에 굳게 자리 잡고 있다. 도박과는 다르지만 복권도 사행산업의 대표주자다. 시선詩仙으로 불리는 이백은 "사람들이 복권을 구매하여 당첨되기를 다투고 금쟁반이 한 번 날으니 부자가 되었다"는 글을 남겼다.

복권은 2천여 년 전 고대 로마에서 처음 등장했다. 연회에서 황제가 손님들에게 추첨을 통해 상품을 나누어 주던 게 시초였다. 중국에서는 진나라때까지 거슬러 올라간다. 복권을 발행해 만리장성 축조 비용 등을 마련했다.

중국 최초의 근대 복권은 1905년(광서 31)에 후광湖廣—후베이성과 후난성의 통칭—총독 장즈동張之洞이 발행한 주판후

베이첨연표奏辦湖北簽捐票다. 이후 산둥성, 광둥성, 저장성, 허난성, 안후이성, 간쑤甘肅성 등에서 복권이 잇따라 발행되며 전국적으로 유행했다. 1910년대부터는 지방군벌들이 교육敎育, 자선慈善, 구제救濟 등 각종 명의로 복권을 발행했다. 국민정부 역시 항공노선 건설권, 황하수재 구제복권 등을 발행했다. 상업성을 강조한 판촉복권도 인기를 끌었다. 1940년대 말까지 중국에서 복권은 엄격한 관리 대상이 아니었다. 하지만 복권이 사회에 범람하며 수많은 폐단을 일으켰다. 결국 인민정부는 사행사업 관련 법률을 제정하고 복권 발행을 철저하게 단속했다.

1978년, 개혁·개방의 바람이 몰아쳤다. 개혁·개방의 바람은 제일 먼저 사람들의 경제관념에 숨을 불어넣었다. 이에 편승해 민간에서 복권이 슬며시 부활했다. 1987년, 인민정부도 건국 이후 최초로 복리복권을 발행했다. 오늘날 중국은 다양한 이름으로 전국 방방곡곡에서 복권이 발행되고 있다. 복권 종류를 헤아릴 수 없을 만큼 매일 복권 추첨이 행해지며 복권 구매자도 한 부대에 달한다. 이미 복권 구매에 사용되는 총액은 세계 9위다. 그럼에도 사람들은 아직 중국 복권산업은 초기라고 진단한다.

외국도 상황은 비슷하다. 세계적으로 1백여 개 국가와 지역에서 각종 복권이 발행되고, 전 세계에서 매년 천억 달러 이상이 복권 구입비로 쓰인다. 영국은 매출액이 가장 많을 경우 2백5억 달러에 달하며, 미국은 2백억 달러로 그다음이다. 싱가포르는 국민당 평균 복권 구매액이 가장 높은데, 매년 한 사람이 4백 달러 정도를 복권에 소비한다. 유럽공동체 국가도 복권 구매 총액이 2천억 프랑 이상으로, 이는 유럽공동체 1년 총예산에 상당하는 금액이다. 그들에 비하면 중국은 미미한 수준이랄까. 어쨌거나 복권과 경제는 '물이 차면 배도 올라가는' 관계인 것은 분명하다.

그림 1은 1908년(광서 34)에 발행된 홍문교육복권이다. 복권에 적힌 '광서34년 5월초5일 추첨抽籤'이란 1908년 음력 5월 5일인 단오절에 복권 당첨자를 발표한다는 뜻이다. 당시에는 지금처럼 5월 1일 노동절, 6월 1일 아동절, 10월 1일 국경절은 커녕 어버이날, 스승의날, 밸런타인데이 같은 기념일이 없었다. 그러므로 중국인에게 단오절은 음력 1월 1일 춘절만큼이나 중요한 전통명절이었고, 전통음식인 쭝쯔粽子를 먹고 용 모양을 한 배를 타고 노를 젓는 용선龍船 놀이를 즐겼다. 이날 복권 당첨자 발표는 명절의 기쁨을 한층 고조시켰을 게 틀림없다.

청나라는 일찍이 동치·광서·선통 때 복권이 유행했다. 홍문교육복권은 그 시대가 남긴 기념물이자 청나라 복권의 축소판이다. 물론 양행표洋行票라 불리던 외국계 복권이 더 먼저 세상에 등장했다. 1882년(광서 8년)에 외국상인이 복권산업에 손을 댄 것이 시초다. 최초 외국계 복권은 대여송표大呂宋票로 상하이회풍양행이 대리 판매했다. 상하이회풍양행은 오늘날 홍콩상하이은행, 즉 HSBC은행의 전신이다. 여송이란 필리핀의 루손 섬을 말한다. 대여송표는 마닐라에서 추첨을 통해 당첨자를 발표하고 천 리 밖인 상하이에서 당첨금을 찾는 식이었다.

그림 1 흥문교육복권興文教育彩票, 1908년(광서 34)

판매 규모나 인지도 면에서 워낙 대단했기 때문에 대여송표를
중국 최초 복권으로 생각하는 사람들이 많다.

상하이는 반식민지적 성격을 지닌 개항장이었기에 외국상
인이 복권 발행과 같은 국가전매영역에 진입할 수 있었다. 외
국계 상업복권이 중국 공익복권을 밀어내고 자리를 점차 차지
해 나갔으니, 복권을 통한 경제침략이라고 말할 수 있다. 양행
표와 달리 흥문교육복권은 순수한 국산 복권으로, 이름처럼 문

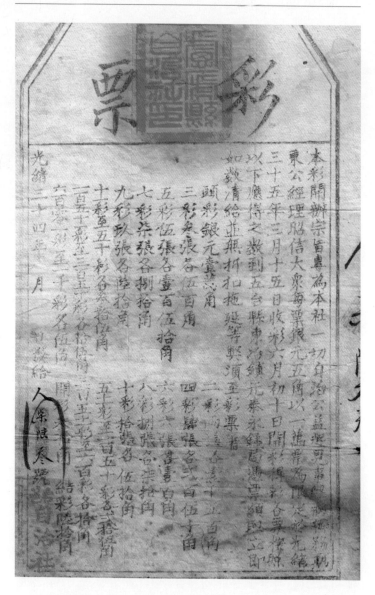

그림 2 우타이五臺현 자치사 상업복권, 1908년(광서 34)

화교육을 다시 진흥시키려는 뜻을 품고 있었다.

　그림 2는 1908년(광서 34)에 우타이현 자치사에서 발행한 상업복권으로, 청나라 말 민간복권 모습을 어렴풋하게나마 엿볼 수 있다. 지금처럼 체계적인 복권 발행 조직망이 없었기에 다른 사람이 번호를 고치지 못하도록 복권을 살 때 붓으로 번호를 적은 다음 동그라미를 치고 날인했다. 판매가는 은화 5자오며 총 1만 장을 발행했다. 오늘날 우리가 즐겨 사는 복권 당첨등급이 보통 5등급이나 6등급인데 반해 15등급까지 있었다. 약 석 달 후 당첨자를 발표했으며 1등은 한 명으로 당첨금은 1만 자오였고 꼴등인 15등은 4백 명으로 당첨금은 복권 판매가에 해당하는 5자오였다. 모두 1천 명의 당첨자가 나왔으니 10퍼센트에 이르는 높은 당첨 확률을 자랑했다. 당첨금은 우타이현 둥즈東治진에 있는 전장錢莊에서 지급 지연되는 일 없이 즉각 전액 수령이 가능했다. 전장은 개인이 경영하던 중국 전통 금융기관이다.

　또한 '병공경리, 소신대중秉公經理, 昭信大衆'이란 문구와 함께 발행목적, 등급별 당첨금, 당첨 발표일, 당첨금 지불금액을 확실하게 표기하여 발행 및 운영의 공정성을 강조했다. '병공경리, 소신대중'은 판매자는 공평해야 하며 대중에게 모든 정보를 명백하게 알려야 한다는 뜻이다. 이로써 사람들은 신용을 바탕으로 마음 놓고 복권을 구매할 수 있었다.

28.

한탕 권하는
복권공화국

1910년대부터 1940년대 사이는 그야말로 '복권 전성기'였
다. 발행자는 주로 지방군벌들로 재원 확보와 군자금 조달을
위해 복권을 남발했다. 사람들의 호응도를 높이고자 겉으로는
자선이나 구제 같은 대의명분을 내세우는 속임수를 썼다. 상
금이 있는 의로운 표라는 뜻인 후베이 유장의권有獎義券, 공익을
위한 상품이 있는 표라는 뜻인 공익장권獎券, 사오싱紹興현과 샤
오산蕭山구 환경관리를 위한 표라는 뜻인 저장소소당공浙江紹蕭
塘工 유장의권, 자선과 구제를 위한 표라는 뜻인 자선구제복권
등이 상술로 포장된 대표 복권들이다.

재정난에 허덕이던 국민정부도 복권의 유행을 거들었다.
다만 상업복권이 아니라 공적 가치를 담은 공익복권이 대다수
였다. 1937년(민국 26)에 발행된 **그림 1**의 황허수재 구제복권은

그림 1 황허수재黃河水災 구제복권, 1937년(민국 26년)

정부의 공익성을 드러내는 얼굴이자 중국인끼리 상부상조했다
는 증거다. 예부터 중국 민족의 젖줄인 황허는 수재가 끊이지
않았고 매번 홍수가 날 때마다 이재민이 수천수만씩 발생했다.
황허는 때론 민족의 자랑거리였고 때론 민족 고난의 상징이었
다. 그래서 국민정부는 황허 홍수로 인한 피해문제를 해결하고
자 공익복권을 고안하여 발매했고 그 수익금으로 이재민을 도
왔다.

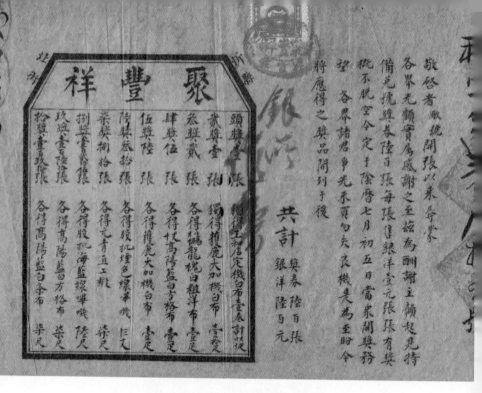

그림 2 취풍상聚豐祥 판촉복권, 산시山西성 신忻현, 중화민국 시기

이외에도 국민정부는 여러 차례에 걸쳐 항공도로 건설복권, 상하이 자선구제복권, 상하이 구제복권, 가옥구제 자선복권 등을 세상에 내놓았다.

그림 2는 신忻현에 있는 유명한 전통 면포상점인 취풍상이 발행한 판촉복권이다. 앞서 소개한 우타이현 자치사 상업복권과 모양이 비슷하지만, 이름과 외양만 복권일 뿐 사실 경품권에 가깝다. 물건도 사고 경품도 당첨되는 두 가지 기쁨을 고객에게 선사하기 위해 복권의 원리를 이용했다. 취풍상은 경품복권의 발행 이유를 다음과 같이 기록했다.

1부 — 근대라는 시련과 실험

개업 이래 각계의 보살핌에 대하여 감사를 표하는 의미로 특별히 경품복권 6백 장을 준비했습니다. 판매 가격은 1위안으로 경품권마다 상품이 걸려 있습니다. 당첨자 발표는 음력 5일에 여러분 앞에서 공개적으로 진행할 예정이오니 각계 인사들은 좋은 기회를 놓치지 마시고 빨리 사 가십시오.

오늘날 백화점 경품권은 보통 고객이 일정 금액 이상의 상품을 구매해야 증정한다. 즉 당첨 확률과 판매가를 따지기에 앞서 일정 금액을 소비했느냐가 중요하다. 반면 취풍상 판촉복권은 조금 다르다. 첫째, 상품을 샀다고 무조건 판매자가 고객에게 증정하는 것이 아니라 복권과 같이 돈을 주고 사야 했다. 둘째, 100퍼센트라는 높은 당첨 확률을 자랑했다. 판촉복권의 경품은 각 등수마다 품질과 치수가 달랐을 뿐 취풍상에서 취급하는 면포였고, 구매 고객 모두에게 주어졌다. 이른바 판매를 위한 마케팅활동인 셈이었다. 셋째, 1편이란 중화민국 인지세가 붙었다. 100편이 1위안이니, 세율은 1퍼센트로 높은 편은 아니었다. 넷째, 구매자가 구입할 때 이미 세금을 납부했으므로 당첨금이나 경품을 받아도 별도로 소득세를 내지 않았다.

그림 3은 1943년(민국 32)에 한단면업위원회가 농민의 면화재배를 격려하고자 발행한 식면복권이다. 이채롭게도 식면복권 다섯 매를 나란히 붙여 하나로 만들었는데, '중화민국 32년 봄에 당첨자를 발표한다'는 문구와 함께 붉은색 숫자로 중앙에 비스듬히 적힌 복권번호가 보인다. 또한 오늘날과 비슷하

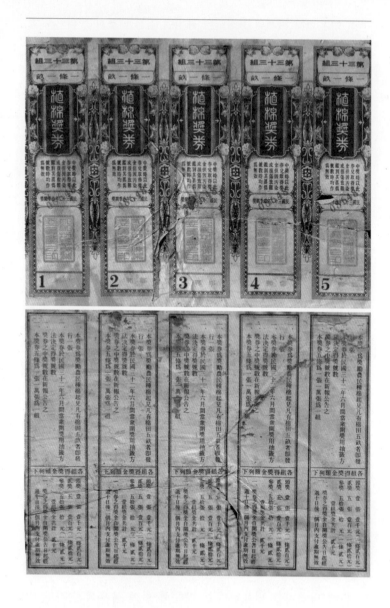

그림 3 한단면업邯鄲棉業위원회 식면植棉복권, 1943년(민국 32)

게 당첨 시 복권을 가져와야 당첨금을 수령할 수 있으며, 복권
이 오염되거나 손상되어 번호의 진위를 식별할 수 없을 경우
무효로 처리한다는 경고문을 덧붙였다. 뒤에는 다음과 같은 설
명문이 적혀 있다.

> 본 복권은 농민의 면화재배를 격려하기 위해 발행한 것으로
> 무릇 면전棉田 5무畝를 경작하고 있는 자에게 복권 1장을 발
> 급한다. 본 복권은 중화민국 32년 6월에 공개방식으로 당첨
> 자를 발표하며 당첨번호는 추첨을 통해 결정한다. 당첨번호
> 는 〈신보新報〉에 공고하겠다. 본 복권은 식면복권 5매가 1장,
> 1만 장이 1조組다.

즉 식면복권은 면전 5무를 경작하는 사람에게 한 장이 주
어졌으며 1만 장을 발행하고 나서야 당첨자를 뽑았다는 말이
다. 1등은 1명으로 상금은 1천 위안, 2등은 5명으로 상금은 1
백 위안, 3등은 50명으로 상금은 10위안이었다. 수치상 1등에
당첨될 기회가 1만분의 1에 불과했으니 당첨 확률이 매우 낮
았다. 현재 이 복권은 남아 있는 수량이 많지 않은 관계로 수
집애호가들 사이에서 장당 5백 위안 정도에 거래되고 있다.

29.

개항과 함께 불어 닥친
마권 바람

도박과 복권을 좋아하기로 어디 뒤지지 않는 중국인을 위해 도박과 복권을 한데 섞는다면 어떨까? 바로 마권이 그 해답이다. 물론 마권은 중국에서 발생하지도, 중국에서만 유행하지도 않았다. 하지만 중국인의 마권 열풍을 참으로 대단했다.

중국에서 마권은 상업복권과 마찬가지로 외국상인이 자주 찾던 상업도시나 조계에서 유행했다. **그림 1**과 **그림 2**는 각각 1933년(민국 22)에 발행된 톈진만국체육경마회 마권, 1944년(민국 33)에 발행된 칭다오靑島경마장 마권이다. **그림 3**은 비슷한 시기에 장자커우張家口경마회가 발행한 복요마권이다. 이들 모두 발행된 지 이미 60여 년이 넘었음에도 중국 내에서 절대 희귀한 물건이 아니다. 가격도 몇 십 위안에 불과하다. 그때 얼마나 대량으로 발행됐는지 여전히 많은 마권이 남아 있다.

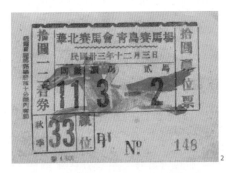

그림 1 톈진만국체육경마회 마권, 1933년(민국 22)
그림 2 화베이경마회 칭다오경마장 마권, 1944년(민국 33)
그림 3 장자커우경마회 복요福搖마권, 중화민국 시기

중국 마권 중 최고는 톈진 마권이다. 베이징조약으로 영국과 프랑스 등 9개국이 조계를 설치한 톈진은 외국상인과 중국상인 그리고 하역 노동자들이 대거 몰려들면서 도박이 성행했다. 그중에서도 경마가 가장 인기가 좋았다. 1901년(광서 27)에 톈진해관 세무사였던 드트링Detring이 세운 영상英商톈진경마장이 처음 문을 연 이래 경마와 마권은 순식간에 성장하여 1920년대부터 1930년대에 이르기까지 최전성기를 누렸다. 이 기간에 톈진에서 조직된 경마회는 7곳에 달했고, 경마회는 발 빠르게 마권을 찍어댔다. 톈진에서 발행되는 신문에는 마권 광고가 하루도 빠지지 않고 실렸다.

마권은 대개 경마회의 위임을 받은 마권 발매소인 표행票行이나 마권 대리점, 간혹 개인 대리상이 판매했다. 표행은 일반적으로 판매수수료 4퍼센트를 받았으며 때론 당첨자에게 별도로 수수료를 요구할 때도 있었다. 보통 마권 가격은 1위안 혹은 2위안이었으나, 샴페인 스테이크스—말을 시합에 출주시킨 마주들이 서로 돈을 걸던 특별 경주—마권은 10위안에 달할 정도로 비쌌다. 이외에도 런던대향빈大香檳, 영상대향빈, 미국자선향빈, 카이란향빈, 복락려福樂麗 등 각양각색 마권이 발행됐다. 당첨금 또한 몇천 위안에서 수십만 위안에 이르렀다.

그리고 흥미롭게도 오늘날 복권 당첨자가 신문에 실리듯 마권 당첨자도 신문에 게재됐다. 다만 표행과 마권을 홍보하는 성격이 강해 정보성 기사라기보다는 광고에 가까웠다. 예를 들어 '복락려 5477번은 당첨금을 찾아가시오' 혹은 '미국자선향빈 2684번은 영국조계지의 일침공사가 독점했다'는 식이었다.

마권이 성행한 톈진이었으니 복권이 성행한 것도 당연한 일. 톈진 복권산업 역시 다른 지역보다 훨씬 번성했다. 표행은 마권과 함께 복권도 다뤘는데, 우편판매를 통해 다른 지역 사람들에게까지 복권을 판매했다. 구매자가 복권을 주문하면 그날로 지체 없이 곧 발송하며 고객을 늘려갔다. 1920년대와 1930년대 사이, 톈진에서 가장 유명한 표행은 취원聚元표행이었다. 취원표행은 프랑스 조계지 내 녹패전차도綠牌電車道와 영국 조계지 광둥도廣東道에 각각 본사와 지사를 두고 마권과 복권으로 단기간에 부를 축적했고, 훗날 톈진에서 유명한 전장으로 성장했다. 1926년(민국 15), 전화번호부에 실린 취원표행 광고 내용은 다음과 같았다.

"민국정부의 항공도로 건설복권 및 기타 복권, 샴페인 스테이크스 마권 등 다양한 복권을 판매하고 있습니다."

어떤가, 복권산업이 번성했던 당시 상황이 생생하게 그려지지 않는가. 과거 중국 경제가 낙후됐던 건 사실이나, 아무리 가난한 사회라도 부자는 존재하기 마련이다. 경마장은 중국 부자들이 전율을 즐기기에 충분한 낙원이었다. 가난한 사람은 하루아침에 벼락부자가 되기를 항상 꿈꾸었으니, 어쩌다 한 번씩 인생을 운에 맡기는 심정으로 복권을 구매했다.

1949년 이후 인민정부가 균빈부均貧富, 이른바 빈부격차를 없애는 정책을 펴면서 경마장은 무용지물로 변했다. 경마장은 자본주의의 죄악을 상징하는 물건으로 간주됐고 몇 차례 정치

그림 4 마카오 남중국경견유예南華賽狗遊藝유한공사 득승得勝복권, 1930년대

운동을 거치며 빠른 속도로 사라졌다. 동시에 마권도 소리 소
문 없이 자취를 감췄다.

현재 중국은 경마를 재개했다. 경마회는 마권 발행을 위해
정부와 교섭하고 있지만 당분간 정부는 마권 발행을 허가하지
않을 태세다. 따라서 마권은 복권 중 아마 중국에서 가장 오랫
동안 발매가 중단될 듯하다.

마카오는 세계 최고 도박도시인만큼 각양각색 도박이 존
재한다. 그중 흔히 파오거우跑狗라 불리는 경견競犬은 매우 이색
적인 도박인데, 수많은 사람이 판돈을 건다. 경견은 경마와 비
슷한 형식으로 1930년대 마카오에서 처음 시작됐다. 1934년
(민국 23)에 마카오 남중국경견유예유한공사가 마카오정부에
대회 개최를 요청해 허가받았다. 이듬해 1월에 홍콩상인과 마
카오상인 공동주최로 열렬한 대중의 환영 속에 첫 번째 공식

대회가 열렸다. 이후 매주 토요일과 일요일 저녁에 8차례 경주를 진행했다.

그림 4는 마카오 남중국경견유예유한공사가 발행한 경견 복권인 득승복권이다. 연도가 기록되어 있지는 않으나, 1940년대 들어 중일전쟁이 마카오까지 확대되면서 경견대회가 중지됐으니 아마도 1930년대 후반쯤이지 않을까 싶다. 마카오에서 경견대회가 다시 열린 시기는 인도네시아 화교인 정쥔바오 鄭君豹가 마카오정부에 대회 재개를 신청하고 경견대회를 전문으로 운영하는 계약서를 체결한 1961년부터다. 지금도 경견은 마카오의 최고 명물 오락으로 손꼽히고 있다.

30.

서양이 건넨 덫,
아편

중국 근대사의 가장 아프고 추악한 단면은 아편이다. 아편은 속칭 대연大煙 또는 아부용阿芙蓉이라 부르던, 덜 익은 양귀비 열매에 상처를 내어 흘러나온 진액을 굳혀 말린 흑갈색 연고다. 예부터 아편은 환자를 치료할 때 강력한 마취제로 사용했는데, 대량으로 섭취할 경우 중독성이 매우 강한 마약으로 바뀌어 건강을 해쳤다.

중국에서 아편은 18세기 후반부터 문제가 되기 시작했다. 청나라가 광저우를 개항장으로 지정하며 문호를 개방하자 영국 상인들은 기쁨을 감추지 못했다. 영국은 일찍부터 차 문화가 발달했고 산업혁명을 거치며 차에 대한 소비가 급증하던 참이었다. 당시 영국인은 매일같이 중국에서 수입한 자기에 중국 차를 마시고 중국 비단옷을 입고 외출할 정도로 중국 문화가 최첨단 유행의 상징이었다. 마치 우리가 예전에 코카콜라를 마시고 해외 명품의류를 입었을 때 느끼던 우월감과 비슷한 기분이지 않았을까. 그렇게 문화개방과 함께 영국은 인도에서 생산한 모직물과 면화 등을 중국에 수출하고 차와 비단과 도자기 등을 수입했다.

하지만 영국인이 중국 문화를 향유할수록 나날이 양국 간 무역 불균형이 심해졌고 결제수단이던 백은은 자꾸 중국으로만 흘러들어 갔다. 이때 영국 상인들이 심한 무역적자를 해소하고자 꺼낸 카드가 바로 아편으로, 인도산 아편을 중국으로 밀매하여 원가 20루피짜리 아편 한 상자를 2천 루피 혹은 3천 루피로 비싸게 팔았다. 저자본으로 고수익을 올리는 훌륭한 사업이었다. 처음 중국으로 반입된 아편은 2백 상자에 불과했으나 어느새 1만 상자를 초과했다. 영국은 아편을 통해 막대한 양의 무역적자를 흑자로 돌릴 수 있었다. 중국을 서서히 동아병부東亞病夫 ─동아시아의 병든 나라─로 만들겠다는 영국의 악독한 속셈이 현실화되는 순간이었다. 중국의 아편중독자는 수백만 명으로 늘어났고, 런던 빈민가의 아편굴 모습이 중국 전역에 그대로 옮겨졌다. 뿐만 아니라 중국의 백은이 물 흐르듯 영국으로 빠져나가며 국고는 텅 비어 갔다.

1839년(도광 19년), 도광제는 임칙서에게 아편 몰수를 명령했다. 임칙서는 아편 2만여 상자를 모아 후먼虎門에서 모두 소각했다. 얼마나 막대한 양이었는지 다 타는 데 20여 일이 걸릴 정도였다. 청조가 금연령을 공포한 이래 가장 엄격하고 대규모

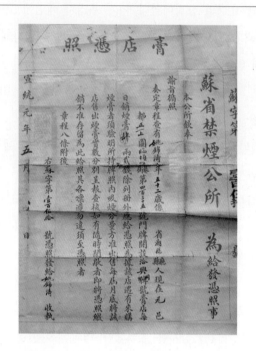

그림 1 아편관 영업허가증膏店憑照, 장쑤성 금연청, 1909년(선통 원년)

단속이었다. 바로 이 '후먼 아편소각'으로 아편전쟁이 발발했고, 중국은 전쟁에서 패배하며 1842년(도광 22)에 치욕적인 난징조약을 맺었다.

　　그림 1은 1909년(선통 원년)에 장쑤성 금연청이 발급한 고점빙조膏店憑照, 즉 아편관 영업허가증이다. 아편영업 및 판매허가를 공인하는 증서인 만큼 아편전쟁 이후 금연령이 해제되고 완벽하게 아편 합법화가 이루어진 상황을 적나라하게 드러낸다.

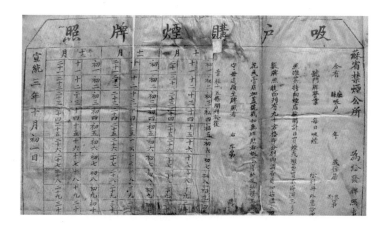

그림 2 아편 흡연면허증吸戶牌照, 장쑤성 금연청, 1911년(선통 3)

파는 것이 합법이니, 당연히 피우는 것도 합법이다. **그림 2**
는 1911년(선통 3)에 장쑤성 금연청이 발급한 흡호패조吸戶牌照,
즉 아편 흡연면허증이다. 눈여겨볼 대목은 아편을 정량제로 판
매하고 구매해야 한다는 내용과 통계표다. 이는 아편금지를 강
제할 수 없는, 그저 아편 흡연자에게 매입 가능한 분량을 정해
주는 등 약간의 장애물만 설치할 수 있던 청조의 굴욕과 치욕
을 담고 있다. 그래도 중국인의 건강을 염려하여 계획적 아편
소비를 제창했으니 그나마 다행인 것일까.

두 장 모두 아편전쟁으로부터 70여 년이 지난 이후에 발
급된 증서다. 근대 들어 무력하고 왜소하기만 했던 청나라의
위상과 똑 닮아 씁쓸하다. 논쟁 끝에 아편흡연이 합법화됐으나
양귀비 재배와 아편 제조를 통해 아편 수입을 막겠다는 이독

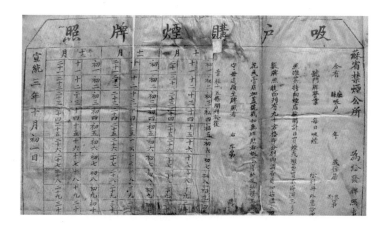

30 ─ 서양이 건넨 덫, 아편

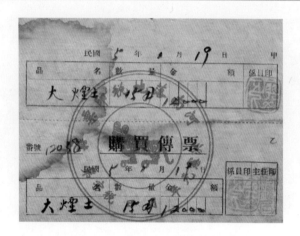

그림 3 아편구매전표購買傳票, 허난성 세무부, 1916년(민국 5)

양독以毒洋毒은 이루어지지 않았다. 오히려 더 많은 아편을 수입하며 백은을 대거 영국으로 보내고 있었다. 청조는 감히 영국 정부와 상인을 거스르지 못한 채 눈 가리고 아옹 식으로 소극적 아편정책을 펼 뿐이었다.

청나라 말에 불어 닥친 아편 바람은 중화민국 초에 잠시나마 잠잠해진다. 쑨원이 아편을 중국 발전의 최대 걸림돌이라고 여겨 금지를 주장하고 아편 일소에 힘썼기 때문이다. 그러나 1914년(민국 3)부터 아편이 다시 활개를 치기 시작한다. 각 지역 군벌들이 군비조달을 위해 가장 손쉬운 재원확보책으로 아편을 이용하면서 아편전매제도가 부활한 것이다.

그림 3은 1916년(민국 5)에 허난성 세무부가 발행한 아편 구매전표로, 품명을 비롯해 수량과 가격, 계원과 주임 공인이

그림 4 연익각아편고점延益閣鴉片膏店 종이봉투, 중화민국 초

보인다. **그림 4**는 연익각이란 고점에서 아편을 담아 판매하던 종이봉투다. '시단西單 구舊 형부가刑部街 갑1호'라는 주소와 '서2국 4644'라는 전화번호를 통해 대략 중화민국 초 물건임을 추측할 수 있다. 그런데 연익각은 가증스럽게도 독약인 아편을 건강약품으로 근사하게 포장하여 판매했다. 봉투 뒤에 적힌 광고 문구는 다음과 같다.

본 호號는 복날 햇볕을 쬔 최상급의 아편 진액을 채취하여 유명한 장인이 정성스럽게 가공했습니다.

냉용복수고의 효능: 비장을 건강케 하고 뇌를 맑게 하며 냉 증과 중서—더위 먹음—를 치료하고 풍과 장독을 제거하여 수명을 연장합니다. 만약 방문하셔서 이용해보면 이 말이 허 튼소리가 아님을 알 수 있습니다. 자전거 배달도 가능하오니 전화로 주문하시길 바랍니다.

냉용복수고冷龍福壽膏는 아편 상품 중 하나다. 과대포장이 오늘날 광고와 비교해도 손색이 없을 정도다. 아편을 신비한 만병통치약으로 소개하지만, 기껏해야 진통효과만 있을 뿐이 다. 예부터 중국에서는 배가 아플 때 아편을 조금 먹으면 낫는 다고들 하여 부잣집에서는 아편을 상비약으로 사두었다. 하지 만 아편은 여러 차례 복용하면 중독되고 한번 중독되면 쉽게 끊을 수 없는 마약임이 분명했다. 그럼에도 아편판매상들은 효 능효과만을 강조했지, 폐해에 대해서는 함구한 채 아편을 정정 당당하게 판매했다. 선진적인 판매방식인 주문배달도 가능했 다니, 참으로 놀라운 상술이지 않은가.

아편과의 전쟁,
금연 전성시대

1920년대에 아편이라는 독은 신분적 몰락, 반식민지 같은 정치현실에 대한 불만 등 근대화의 부정적인 측면과 맞물려 더 깊이 확산됐다. 아편 중독자가 걷잡을 수 없이 증가하자, 지식인을 중심으로 금연운동을 요구하는 목소리가 높아졌다. 1924년, 중화국민거독회中華國民拒毒會를 수립해 국제금연회의에서 아편금지에 대한 의지를 알리고 국민정부에 금연법을 제대로 시행하도록 촉구했다. 동시에 계몽운동도 펼쳤다.

1925년(민국 14)에 오진당悟眞堂이 발급한 **그림 1**의 금연금주증서를 살펴보자. 오진당은 베이징시에 있던 도교사원으로, 아편 중독자를 위한 금연운동을 전개했다.

진리를 구하는 길은 금연과 금주에 있다. 금연과 금주는 사

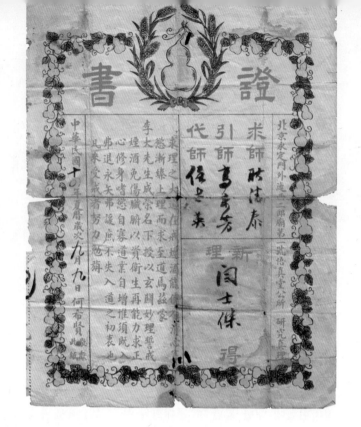

그림 1 금연금주증서, 베이징시 오진당悟眞堂, 1925년(민국 14)

람의 마음을 맑게 하고 욕망을 잠재운다. 이를 통해 점차 최고의 진리에 가까이 가고 도를 얻을 수 있다. 이청룽李成榮 선생 아래에서 오묘한 이치를 전수받아 금연과 금주를 맹세하고 오장육부를 상하지 않게 하니 건강에 도움이 된다. 더 나아가 힘써 마음을 바로잡고 수신하면 탐욕은 자연히 적어지고 반대로 도가 자연스럽게 늘어난다. 그러하니 반드시 금주금연을 지속하라. 처음에 세운 금연과 금주의 목표를 잃지 말고 힘써라.

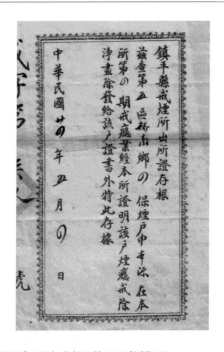

그림 2 계연소戒煙所 출소증서, 전핑鎭平현, 1935년(민국 24)

1931년, 아편을 의료학술적으로만 사용한다는 국제아편조약이 만들어졌다. 사회적으로도 계몽운동이 확산되면서 계연소戒煙所, 이른바 금연소에 자진해서 들어가 아편 중독에서 벗어나고자 하는 사람들이 잇따랐다.

그림 2는 1935년(민국 24)에 발급된 계연소 출소증서다. 이름은 알 수 없으나 한 명의 아편 중독자가 악의 구렁텅이에서 마침내 빠져나왔음을 증명한다. 어찌 보면 계연소는 아편이 탄생시킨 또 하나의 상업공간이라 할 수 있다. 어떤 이는 아편을

그림 3 아편금연증서, 칭다오시, 1947년(민국 36)

팔아 돈을 벌고, 어떤 이는 아편 중독을 막아 돈을 벌었으니
말이다.

　그림 3은 국민정부가 아편 중독자 구제에 적극적으로 나
선 상황을 담은 아편금연증서다. 1947년(민국 36)에 한 부부
가 동시에 발급받았는데, 당시는 중국인의 1/4이 아편 중독자
라는 말이 있을 정도로 부부가 함께 아편을 피우는 게 흔했다.
이 부부도 겉모습은 멀쩡해 보이지만, 마귀 같은 아편에 시달
리다 결국 함께 손을 잡고 계연소에서 갱생한 듯하다. 다만 앞

그림 4 계연성약戒煙聖藥 광고전단, 1930년대

증서와 달리 칭다오시립계연병원장이 공인하고 본원에 보내져 아편 중독을 끊었다는 문장이 적혀 있다. 이는 국민정부의 금연정책이 엿보이는 대목이다.

전국적으로 금연운동이 전개됨에 따라 아편 중독자를 위한 금연보조제도 다양하게 등장한다. 대표상품인 계연성약은 경천동지할 선단묘약으로 아편을 끊을 수 있는 기회라는 광고문구로 유명했다. **그림 4**는 계연성약 광고전단이다.

계연성약은 금연보조제로 과거 다른 지역에서 많이 팔렸으며 아편 중독자가 복용하여 아편을 끊은 사람이 수천 명에 이를 정도로 찬사가 자자합니다. 올해 봄과 여름 사이에 어떤 사람이 계연성약을 가져가 친지들에게 조금씩 나눠주었는데, 복용한 사람마다 약효가 다른 금연보조제보다 백배나 좋다고 합니다. 이렇게 입소문이 나서 구입하여 복용해 올해 아편을 끊은 사람만 벌써 수백 명에 달합니다. 전에는 너무 적게 들여온 탓에 사람들의 수요를 충족시키지 못해 크게 아쉬웠습니다. 저희 상점은 예전부터 아편 중독을 치료하는 데 효과 만점이고 고통도 주지 않는 이 금연보조제의 신기한 약효에 탄복했습니다. 그래서 저희는 여러분들의 요구에 호응하고자 꾸준히 이 제품을 들여와 판매하고 있습니다. 계연성약은 저희 상점에서만 판매합니다. 제품의 특징과 복용법은 별도로 첨부되어 있으며 아편에 중독된 분은 조금만이라도 드셔보면 광고가 거짓이 아니라는 사실을 알 수 있습니다.

성약聖藥이라 이름 붙인 이 금연보조제도 각 지역에서 겨우 아편 중독자 수천 명을 구했을 뿐이다. 역시 아편은 진정 마귀와 같아서 일단 몸에 달라붙으면 쉽게 끊을 수 없었던 것 같다.

대륙에 새겨진
일본이라는 상처

난징에 있는 난징대학살기념관은 중국에서 가장 중요한 애국주의 교육거점이다. 몇 차례에 걸쳐 새롭게 리노베이션을 했는데 그만큼 일본에게 당한 중국인의 아픈 역사를 분명하게 보여주는 곳은 없다.

여기서는 일본 괴뢰정부인 만주국과 중일전쟁 동안 일본 점령지역에서 발행된 증서들을 따로 모아 살펴본다.

그림 1은 타오난洮南현이 1936년(강덕 3)에 현립 소학교원에게 발급한 신분증명서다. 강덕 연호를 통해 지린성이 만주국 통치 아래 있었고 보라색으로 찍힌 '계契'와 현장 공인을 통해 현과 교원이 계약관계였음을 알 수 있다. 만주국 낙인은 일본의 발아래 놓였던 둥베이 지역의 처절함과 일본인의 잔인함을 동시에 떠오르게 하여 중국인의 상처를 들쑤신다.

그림 1 소학교원 신분증명서, 타오난洮南현, 1936년(강덕 3)

그림 2는 허베이성에 있던 병원부속 간호사학교가 1941년
(민국 30)에 발급한 졸업증서이자 근무허가증이다. 일본인 원장
과 일장기로 보아 일본계 병원인 듯하다. 그림 3과 그림 4는 평
톈奉天성에서 발급한 1941년(강덕 8)도 약제사양성소 졸업증서,
1943년(강덕 10)도 조산사시험위원회 합격증서다. 평톈은 선양
의 옛 이름이다. 세 장 모두 중일전쟁 때 생산물로, 당시 일본
은 이전양전以戰養戰 방식으로 전쟁을 치르고 있었다. 이전양전
이란 점령지역 인력으로 전력을 지탱한다는 뜻이다. 요컨대 대
륙 내에 실업학교를 세워 기술자나 의료진을 배양하고 공장을
지어 필요 물품을 제조하여 전쟁터에 공급했다.

　물론 일본이 직접 교육한 간호사와 약사와 조산사 등이
사회 수요와 공공의료 공백을 조금쯤 메운 것은 사실이다. 일

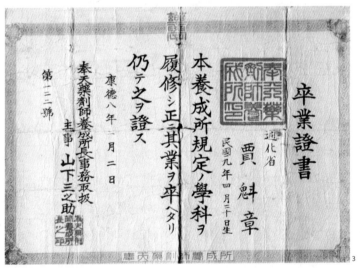

그림 2 정형탄광井陘炭鑛병원부속 간호사학교 졸업증서, 허베이성, 1941년(민국 30)
그림 3 약제사양성소 졸업증서, 펑톈奉天성, 1941년(강덕 8)

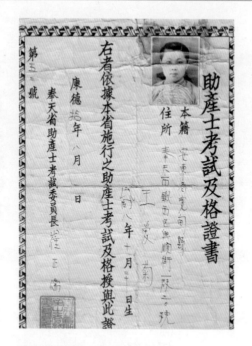

그림 4 조산사시험 합격증서, 펑톈성, 1943년(강덕 10)

례로 전통사회에서 산모를 도와 아이를 받은 이는 산파였다. 산파는 단순히 경험에 의지하여 아이를 받았을 뿐 의학 지식이 충분하지 못했기에 때론 난산 시 산모가 죽는 일도 있었다. 그래서 국민정부는 초기부터 무자격 산파를 통제하고 조산학교를 통해 근대적 조산사를 양성하는 데 주력했다. 그 바탕에는 턱없이 부족했던 인재를 '자아배양, 자아사용自我培養, 自我使用'하려는 직업교육 기본방침이 깔려 있다. 하지만 재정과 교사 부족, 계속된 국내외 전쟁으로 말미암아 난항을 겪을 수밖

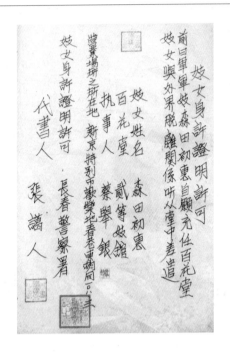

그림 5 일본군 군기 출신 기녀 신분증명서, 1944년(강덕 11)

에 없었다. 그런 점에서 일본이 도움을 주었다고 이야기하려면, 먼저 일본 때문에 고난이 더해졌던 점을 이야기해야 공정할 것이다.

위안부는 2차 세계대전 때 일본이 저지른 만행의 상징이자 아시아인에게는 결코 잊을 수 없는 단어다. 일본군은 아시아 곳곳에서 여성들을 강제로 끌고 와 유린하며 자신들의 성적 욕구를 채웠다. 기녀의 신분증명서인 **그림 5**를 주목해보자. 이 증명서의 기녀는 원래 일본군 군기軍妓였다.

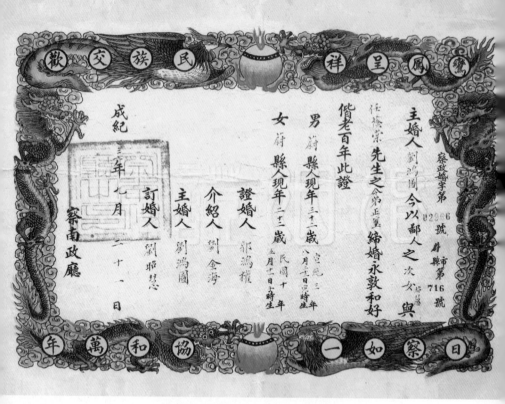

그림 6. 한족과 몽고족 통혼증서通婚文書, 차난정청察南政廳, 1943년(칭기즈칸기원 737)

일본군 군기인 모리타 하츠에森田初惠는 자원해서 백화당 기생이 되었다. 외부세계와 관계를 끊었으며 백화당의 명령을 듣는다.

군율을 어겨서 쫓겨났는지, 아니면 같은 일본인한테 받는 학대를 참을 수 없어 도망쳤는지, 일본인인 그녀가 군대를 벗어나 왜 기루로 왔는지 알 수 없는 점은 아쉽다. 어쨌든 우리는 신분증명서에서 일본 군국주의의 또 다른 잔인함을 엿볼

수 있다. 그들은 타국 여성뿐만 아니라 같은 동포인 일본 여성
까지 짓밟았다.

그림 6은 친일 괴뢰정부인 차난정청察南政廳이 발급한 혼인
증서다. 차난정청은 몽강연합자치정부의 하부기구로 칭기즈칸
기원을 사용했다. 위에 '민족교환民族交歡'과 아래 '일찰여일日察如
ㅡ'이란 문장이 이색적인데, 일찰여일은 '일본과 차하르(몽골 부
족)는 하나다'라는 뜻이다. 혼인증서의 주인공은 각각 한족과
몽골족, 그다지 드문 민족통혼도 아니었다.

복권 열풍에는 지방군벌과 국민정부만이 아니라 일본도
큰 몫을 했다. 일본은 타이완에 이어 둥베이·화베이 지역을 침
략한 후 점령지역에서 복권사업을 시작했다. 타이완에 발행기
관을 설립하고 둥베이에서 병농합작사 저축채권, 유민裕民복권
등을, 화베이에서 정무위원회 공익복권, 멍구蒙古자치정부 공유
채권 등을 발행했다. 복권은 대개 일본인 회사가 독점해 판매
했는데, 일례로 유민복권은 대흥공사大興公司라는 회사가 전적
으로 맡았다.

그림 7은 1943년(강덕 10)에 만주국이 발행한 일명 생쥐복
권이다. 생쥐가 그려져 있어서 처음에는 만주국이 쥐띠 해를
기념한 복권인 줄 알았다. 그러나 조사 결과 1943년은 쥐띠 해
가 아니라 양띠 해였고, 쥐띠 해에 생쥐는 길상吉祥의 상징이라
생쥐를 창으로 찌르는 그림을 싣는다는 건 있을 수 없는 일이
었다. 추측건대 생쥐로 인한 피해를 줄이기 위해 발행한 공익
복권임이 틀림없다. 생쥐는 예나 지금이나 공공의 적으로, 특

그림 7 생쥐복권鼠彩票, 지린성 창춘현, 1943년(강덕 10)

히 과거에는 생쥐 피해가 자주 발생했다. 중국인이 배를 주리던 시기, 겨우 남아 있는 식량마저 생쥐에게 빼앗기는 것을 막아 보려는 시도가 아니었을까.

그림 8과 그림 9는 1941년(민국 30)부터 1944년(민국 33) 사이, 중일전쟁 때 발행된 복권이다. 위에 적힌 '화베이정무위원회'를 통해 왕자오밍 정권이 발행했음을 알 수 있다. 일본은 중국을 통치하고자 수단과 방법을 가리지 않았고, 그중 군사력과 경제수단을 병행하는 책략을 많이 썼다. 요컨대 총포로 사람을 죽이는 강경책과 복권 등 물질적 보상으로 사람을 유혹하는 회유책을 동시에 실시했다. 이 복권들이 그 증거물이다.

그림 8 화베이정무위원회 공익복권, 1942년(민국 31)
그림 9 화베이정무위원회 공익복권, 1941년(민국 30)과 1944년(민국 33)

그림10 아편소각증서銷燬證, 펑톈금연임시지도국奉天禁煙善後局, 1930년대
그림11 영수증서, 타이위안太原금연국 타이구太穀현 사무소, 1944년(민국 33)

한편 일본은 군자금을 충당하고자 1932년(대동 원년)에 만주국을 중심으로 아편에 관한 법령을 제정하여 재배부터 수매, 판매, 흡연에 이르기까지 허가제를 통해 자체적인 전매정책을 시행한다. 그러다 무슨 이유인지 1938년(강덕 5)에 계연촉진위원회를 설치하고 계연정책을 표방함과 더불어 아편중독자 등록제 및 흡연증서 발급, 계연소 확충을 진행한다. **그림 10**은 그때 만주국이 발급한 아편소각증서로, 펑톈금연임시지도국이란 기관명이 적혀 있다. 타이위안太原금연국 타이구太穀현 사무소가 1944년(강덕 11)에 판공비 명목으로 발급한 영수증서인 **그림 11** 역시 일본의 아편정책을 보여주는 증거물이다. 아편은 누구나 걸리면 빠져나올 수 없는 늪이었으므로 중국인과 일본인 모두에게 공공의 적이었던 것이다.

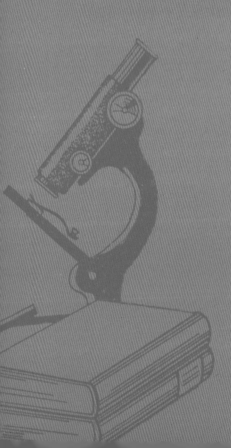

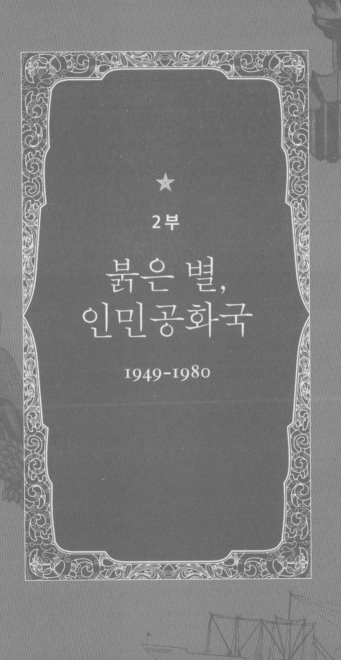

★

2부

붉은 별,
인민공화국

1949-1980

주요 사건 연표

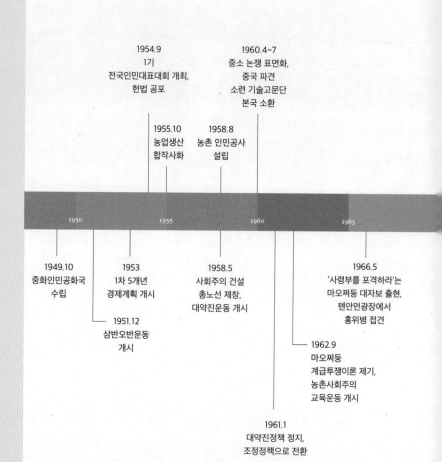

1954.9
1기
전국인민대표대회 개최,
헌법 공포

1960.4~7
중소 논쟁 표면화,
중국 파견
소련 기술고문단
본국 소환

1955.10
농업생산
합작사화

1958.8
농촌 인민공사
설립

1950   1955   1960   1965

1949.10
중화인민공화국
수립

1953
1차 5개년
경제계획 개시

1958.5
사회주의 건설
총노선 제창,
대약진운동 개시

1966.5
'사령부를 포격하라'는
마오쩌둥 대자보 출현,
톈안먼광장에서
홍위병 접견

1951.12
삼반오반운동
개시

1962.9
마오쩌둥
계급투쟁이론 제기,
농촌사회주의
교육운동 개시

1961.1
대약진정책 정지,
조정정책으로 전환

1973
10차 전국대표대회,
덩샤오핑 복권
탈마오쩌둥화 부상

1969.4
9차 전국대표대회

1976. 9
마오쩌둥 사망

1970　　　　1975　　　　1980　　　　1985

1968. 9
혁명위원회 설치

1976. 1
저우언라이 사망

1970.8
당 중앙 문혁소조
천보다 실각

1978. 12
11기 중앙위원회
3차 전체회의,
개혁·개방 시작

중화인민공화국 탄생

2차 세계대전에서 일본의 패배가 확실해지자 '항일' 목표 아래 맺은 국공합작에 균열이 생겼다. 국민당과 중국공산당은 동상이몽에 빠져 전쟁 후 누가 대륙을 지배할지를 두고 다른 생각을 품었고, 이는 1945년 8월 15일 일본의 항복 선언과 함께 표면으로 드러났다. 충칭에서 국민당과 중국공산당 간 평화 교섭을 위해 장제스와 마오쩌둥이 만나 내전을 피하고 부강한 중국을 건설하기로 합의했지만 이는 지연책일 뿐이었다.

각기 국민당과 중국공산당에 영향력을 행사하던 미국과 소련도 내전이 일어나지 않도록 노력했지만 시간이 갈수록 중국공산당과 국민당 양측의 긴장은 계속 높아졌다. 결국 1946년(민국 35) 6월, 장제스의 진격 명령이 떨어지자 국민당 군대는 중국공산당의 중원 해방구를 공격했다. 국공내전이 다시 시작되는 순간이었다.

사실 내전이 시작됐을 당시에는 마오쩌둥의 중국공산당보다 장제스의 국민당이 점령지와 병력에서 우세했다. 장제스가 1년 안에 중국공산당을 섬멸할 수 있다고 자신했을 정도였다. 실제로 처음 1년 남짓은 국민당이 승기를 잡은 것처럼 보였다. 하지만 장제스는 중국공산당의 저력을 과소평가했다. 중·일전쟁 때 일본군과 마찬가지로 국민당 군대는 잠시 도시를 점령할 뿐이었으며, 도시 바깥의 광대한 농촌에서는 중국공산당이 급속히 세력을 넓혀 갔다. 해방구에서 실시한 토지개혁 등으로 민심은 이미 중국공산당으로 향하고 있었다. 국민당 정권은 초반의 반짝 승기가 역전되면서 전투에서 연달아 패배하였으며, 부패 스캔들과 물가 폭등까지 더해져 고전했다. 중국인들 대다수가 혁명을 원하고 있었다. 내전 3년 만인 1949년 1월, 중국공산당은 드디어 중국 정치의 상징인 베이징에 입성했다.

승리를 확신한 중국공산당은 같은 해 9월, 중국인민정치협상회의를 열고 "중화인민공화국은 인민민주주의 국가"임을 규정하고 마오쩌둥을 정부 주석으로 선출했다. 마침내 10월 1일, 마오쩌둥은 베이징 톈안먼광장에 올라 중화인민공화국 수립을 공식 선포했다. 아직 장제스가 충칭에 머물러 있었지만, 30여 년에 걸친 국공내전의 최후 승자는 중국공산당이었다. 장제스와 국민당은 충칭에서 쫓겨난 끝에 12월에는 타이완으로 도주했다.

마오쩌둥의 혁명정부에 대한 중국인의 기대는 대단했다. 부강한 중국 건설은 물론 사회 평등이 곧 실현되리라고 믿었다. 그리고 마오쩌둥은 기대에 호응했다. 소련을 방문해 중소우호동맹상호원조조약을 체결한 데 이어 지주의 토지를 중농과 소농에게 분배하는 토지개혁을 실시하고 여성해방을 위해 혼인법을 개선해 제정하는 등 새로운 국가건설을 위해 발 빠르게 움직였다.

대약진운동

중화인민공화국 수립 이후 일련의 개혁으로 정권이 안정을 찾자 마오쩌둥은 경제로 눈을 돌렸다. 1953년부터 1957년까지 실시된 1차 5개년 계획이 그 시작이었다. 1차 5개년 계획은 많은 문제를 발생시키기도 했지만, 중국의 초보적인 공업화에 기여했다.

　스탈린 사후 마오쩌둥은 소련을 대신해 세계 공산주의 운동의 지도자를 지향하는 한편 "중국만의 새로운 사회주의 길"을 모색했다. 그는 크게 사회주의 경제 내용을 생산관계와 생산력, 두 가지 측면에서 생각했다. 생산관계는 사유제를 폐지하고 집단소유제라는 과도 단계를 거쳐 전 인민 소유제로 향하며, 생산력은 영국을 추월해 미국을 따라잡는 것이 목표였다.

　대약진운동은 1958년부터 약 5년간 2차 5개년 계획 기간 동안 마오쩌둥의 주도로 추진된 농공업 증산정책으로, 정상적인 국가의 경제정책이라기에는 다소 어처구니없는 내용으로 진행되었다. 자기 땅에서 농사를 짓던 농민들을 일시에 집단농장에 귀속시키고, 자본주의를 따라잡겠다며 철강생산을 독려해 마을마다 제철공장을 만드는 식이었다. 농기구는 물론 집안의 잡다한 쇠붙이들까지 녹여 만든 철은 어디에도 사용할 수 없는 수준이었다.

　농촌에서는 마을 단위로 인민공사를 발족시켰다. 인민정부는 각 농촌마다 집단농장과 집단합숙소, 집단탁아소 등을 세우고 가사노동으로부터 여성을 해방시키고 개인의 탐욕을 억제하면 생산력이 급격하게 향상되리라고 전망했다. 혁명 구호와 학습으로 대중 생산 의욕을 증폭시키면 생산의 대약진이 일어날 거라는 장밋빛 예상이었다. 극단적으로 노동력 동원에 집중하던 이때 "사회주의 건설의 총노선", "대약진", "인민공사"는 절대 구호였다.

하지만 대약진 운동의 결과물은 참담했다. 허술한 방식으로 생산된 중공업 제품은 상품으로서 아무런 가치가 없었고, 혹독한 노동에 비해 분배는 열악했다. 당의 독촉에 견디지 못한 간부들의 허위보고가 이어지면서 점점 더 현실과 괴리가 심해졌다. 안으로 산업 기반이 허약하고 밖으로 소련의 지원이 중단되면서 실패할 확률이 높았지만, 더 큰 문제는 전문기술보다 이념적 순수성만이 강조되었다는 점이다. 결국 대약진운동은 중국 농촌 경제를 혼란시키고 식량 부족으로 사망자 2천만 명 이상을 내는 비참한 결말로 끝이 났다.

문화대혁명

대약진운동의 실패로 잠시 주춤했던 마오쩌둥은 1965년 가을부터 10여 년 동안 '문화대혁명'을 주도하면서 다시 한 번 중국 사회를 뒤흔들었다. "무산계급 문화대혁명"이란 이름 아래 추진된 이 정치운동은 중국 사회는 물론 전세계에 충격을 줬다. 중국은 당시 문화대혁명을 "사람의 혼을 움직이는 혁명"이라고 강조하며 "중국 사회주의 혁명의 새로운 단계"라고 공식적으로 규정했다.

문화대혁명의 전개과정은 드라마틱하다. 최초 출발점은 마오쩌둥이 1962년 9월, 중앙위원회 전체회의에서 "절대로 계급과 계급투쟁을 잊지 말아야 한다"고 지시하면서부터다. 그 바탕에는 대약진운동 실패 이후 불거진 마오쩌둥의 대중노선과 류사오치劉少奇 등의 실용주의노선의 대립이 깔려 있다.

1965년 11월 10일, 상하이시 당위원회 서기 야오원위안姚文元이 역사학자이자 베이징 부시장 우한吳晗이 쓴 역사극 〈해서파관海瑞罷官〉을 비판하는 〈신편 역사극 해서파관을 평함〉이란 글을 발표했다. 마오쩌둥의 대약진운동을 규탄하다 해임된 펑더화이彭德懷 국방부장을 옹호한다는 이유에서였다. 문화대혁명의 서막을 알리는 순간이었다.

"혁명의 가장 큰 목표는 사회주의 사회에서 계급투쟁을 관철하고 당내 자본주의의 길을 걷는 한줌의 실권파를 송두리째 전복하는 것"이라는 마오쩌둥의 말을 행동지침으로 따르는 젊은 학생, 노동자들은 홍위병紅衛兵이 되어 '마오쩌둥 사상'의 첨병이 되었다. 1966년 8월 18일, 톈안먼광장에 모여 1회 1백만 명 집회를 연 홍위병들은 적극적으로 '마오쩌둥 사상'을 찬양하며 이를 사회 전체에 관철시킬 것을 결의하고 이후 전국 주요 도시에서 활동을 벌여 나갔다. 특히 홍위병들은 낡은 습성, 낡은 사상, 낡은 관습, 낡은 문화 등 사구타파四舊打破를 외치며 대학을 점령하고, 수정주의자를 색출하겠다며 당 관료들을 공개 비판하고 여론재판과 린치를 주도했다.

혁명가 흉내를 내던 홍위병은 불과 1년을 넘기지 못하고 각 분파끼리 정통 마오주의의 계승자를 자처하며 폭력적인 내분을 벌였다. 결국 마오쩌둥은 상황을 진정시키기 위해 1967년 초에 인민해방군의 전면 개입을 결정하고 홍위병 해산을 명령했다. 이어 1968년 9월에는 혁명 간부·군 대표·군중 대표가 모인 이른바 3결합 혁명위원회를 전국 1급 행정구에 모두 설치했다.

1969년 4월, 9차 전국대표대회에서 마오쩌둥의 절대 권위가 확립되고, 그의 후계자로 린뱌오林彪 국방장관이 옹립되며 문화대혁명은 절정을 맞았다.

그러나 1970년 8월에 문화대혁명을 추진한 실무자 중 하나였던 천보다陳伯達가 실각하고, 1971년에 린뱌오가 의문의 죽음을 맞으면서 마오쩌둥의 권위도 흔들리기 시작했다. 1973년에 덩샤오핑鄧小平이 저우언라이周恩來의 추천으로 권력에 복귀하고, 10차 전국대표대회를 통해 새로운 중앙 지도부가 선출되자 '마오쩌둥 체제하에서의 탈脫마오쩌둥화·탈문화대혁명'이 서서히 수면 위로 떠올랐다.

마오쩌둥을 따르는 '조류'와 탈마오쩌둥을 꿈꾸는 '반조류'가 내부적으로 각축하는 가운데, 1976년 1월에 저우언라이가 사망했다. 그해 4월 톈안먼광장에서 저우언라이를 추모하며 문화대혁명의 앞잡이로 불리던 4인방을 규탄하는 시위가 일어나자 마오쩌둥의 입지는 더욱 약화됐다. 마침내 9월에 마오쩌둥이 사망하고 문화대혁명에서 마오쩌둥의 손과 발 역할을 하던 4인방이 실각하면서 문화대혁명은 사실상 막을 내렸다.

I.

붉은 오각별과
낫과 망치

1949년 10월 1일, 중국공산당 주석 마오쩌둥은 톈안먼광장에서 국민당과의 내전에서 승리하고 새로운 정부를 수립했음을 선포했다. 장제스를 위시한 국민당 정권의 관료와 군인, 대지주와 자본가 그리고 그들을 따르는 수백 만 사람들이 타이완으로 쫓겨 가고 나머지 중국 전역이 공산당 정권의 지배하에 들어갔다.

1949년 중국에서 일어난 정권 교체는 단지 정부 책임자만 바뀌는 형태가 아니라 그 사회 존재방식 자체가 바뀌는 일대 사건이었다. 봉건주의와 식민주의, 자본주의가 묘하게 뒤섞인 채로 갈피를 못 잡고 있던 중국은 이제 그 모든 구악을 일소하고 사회주의로 나가기를 선언했다.

새로운 정부, 인민정부가 들어섰으니 그에 따라 모든 표

그림 1 합실合室학교 졸업증서, 루청潞城현, 1950년

식들도 바뀌었다. **그림 1**은 그러한 과도기의 증거 중 하나로 루청潞城현에 있던 합실학교 졸업증서다. 합실학교는 오늘날 소학교에 해당한다. 인민정부가 막 들어선 참이라 새로운 졸업증서를 다시 인쇄할 틈이 없었는지 임시방편으로 예전 국민정부 때 졸업증서를 폐기하지 않고 연도만 수정하여 재활용했다. 기

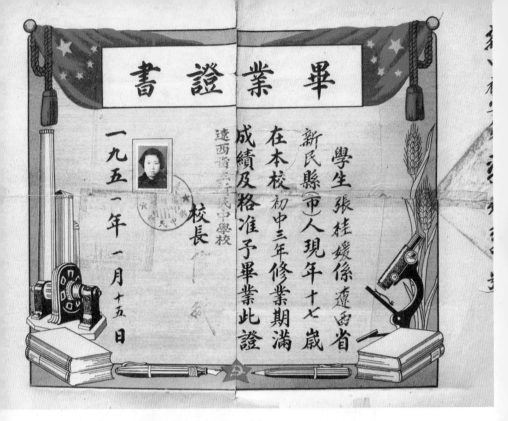

그림 2 랴오시遼西성립신민중학교 졸업증서, 1951년

존 민국 연호 위에 '공원公元' 즉 서기 1950년 2월 1일을 덧쓰는 형태로 국민정부 시절이 끝났음을 말하고 있다.

　　표지는 새로 인쇄해 붙였는데 표지 구성 요소를 통해 시대가 바뀌었음을 확실히 알 수 있다. 앞면에 마오쩌둥 초상과 함께 공산주의를 상징하는 붉은 오각별과 낫—농민—과 망치—노동자—를 그렸고 뒷면에 마오쩌둥의 말을 적었다.

　　세계에 존재하는 지식은 오로지 두 가지뿐으로 하나는 생산력을 높이는 투쟁에 관한 지식이며, 다른 하나는 계급투쟁에 관한 지식이다.

앞으로 사회주의 중국에서의 교육과 문화, 아니 사회 전체가 어떤 방향으로 나갈 것인지 잘 예시되어 있다. 소학교 졸업증서에까지 생산력, 계급투쟁 같은 말이 등장한 것인데, 학업을 무사히 마쳤음을 말하는 '필업증서畢業證書'라는 말만 아니라면 졸업증서인지 혁명 팸플릿인지 모를 정도다. 문화대혁명이 이미 이런 곳에서부터 예고됐다고 하면 너무 지나친 주장일까.

앞선 정부들과 마찬가지로 인민정부도 아주 특별한 문서나 증서가 아니면 대개 지역에서 따로 만들어 사용했다. 그렇지만 아무리 독자적으로 만들더라도 오각별이나 낫과 망치처럼 당대를 상징하는 공통된 이미지들은 있기 마련이다.

그림 2는 사회주의 상징이 한결 정교해졌음을 보여주는 좋은 예다. 현재 랴오닝성인 랴오시遼西성에 있는 성립신민중학교가 1951년에 발급한 졸업증서로, 상하좌우에 오성홍기, 낫과 망치가 그려진 오각별 그리고 굴뚝과 보리 이삭을 배치했다. 알다시피 오성홍기에서 제일 큰 별은 공산당을 나타내며, 나머지 작은 네 개 별은 노동자·농민·중소자본가·민족자본가를 뜻한다. 오각별 속 낫과 망치처럼 보리이삭과 굴뚝 역시 농민과 노동자를 상징한다.

재미있는 점은 사회주의 상징과 함께 사용된 나머지 요소들이다. 졸업증서니만큼 책은 특이할 일이 아니다. 그렇지만 현미경과 만년필은 지금 보면 조금 뜬금없다. 현미경은 고도 과학기술, 만년필은 지식인을 상징한다. 당대 과학기술로 고작 현미경을 내세운 것이다. 만년필은 1950년대에 교수나 대학생 사이에서 주머니에 꽂고 다니는 유행이 불면서 지식인을 상징하게 되었다. 당시 만년필은 오늘날 노트북 컴퓨터나 스마트폰에 버금갈 정도로 세련된 첨단 문화용품이었다.

지금은 많은 사람이 중학교 정도는 큰 어려움 없이 졸업한다. 중학교 졸업증서를 열심히 보관하는 일도 이제 보기 드물다. 그렇지만 1950년대만 해도 중학교 졸업증서는 동네에서 찾아보기 힘들 만큼 귀하고 소중한 물건이었다. 인구 비율로 계산하면 당시 중학생이 지금 대학생보다 숫자가 훨씬 적었다. 때문에 농촌 출신 중학교 졸업생이라도 당당히 신지식인으로서 행정 시스템 말단에서 일하는 간부가 될 수 있었다.

심지어 소학교 졸업생도 흔하지 않았다. 만약 소학교 졸업생이 도시로 나가지 않고 농업에 종사한다면 주변에서 자신의 가치를 썩히는 어리석은 행위라고 충고하기 일쑤였다. 소학교든 중학교든 아직 국가가 체계적으로 관리하면서 대중을 위한 기본 서비스로 제공하기에는 어려운 시기였던 탓이다.

여담이지만 그런 점에서 소학교를 졸업하고도 농촌에 남아 농업개혁에 매진했던 산둥성의 쉬젠춘徐建春이란 여성은 사회의 본보기가 될 만했다. 남들이 하지 않은 일에 자신의 역량을 쏟는 선전모델로 방송매체를 탔고 마오쩌둥이 친히 그녀를 만나 인정했을 정도다.

인민정부의
독한 공부법

문서나 증서, 벽보나 신문 등 눈에 뜨이는 데마다 구호와 상징을 넣는다고 혁명과 공산주의 가치가 대중들에게 스며들지는 못한다. 그래서 인민정부는 빠른 속도로 정치와 행정을 가다듬자 무엇보다 앞서 교육을 정비하기 시작했다. 인적자원의 재생산에 개입하고 그를 통제해야만 사회주의 중국에 맞는 인력들이 안정되게 공급되리라고 보고 공립교육 강화와 함께 혁명교육을 광범위하게 도입했다.

혁명교육을 시작하기 위해 먼저 지식인과 당 간부를 사회주의 재교육화 과정에 참여시켰다. 사회주의 내용과 정치경험에 능통한 선진 인력을 양산해 낙후된 중국 사회를 일신하는 제일 선봉대로 만들 계획이었다. 이들은 '혁명 재교육'이라는 명목하에 다시 학교로 돌아가 수많은 학습과 정치토론에 참여

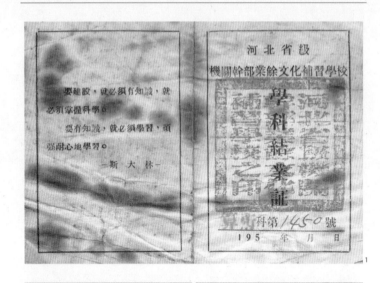

要建設，就必須有知識，就
必須掌握科學。
要有知識，就必須學習，頑
强耐心地學習。
—斯大林—

河北省級
機關幹部業餘文化補習學校

學科結業証

科第1450號

195 年 月 日

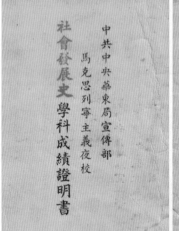

社會發展史學科成績證明書

中共中央華東局宣傳部
馬克思列寧主義夜校

朱繁泉 同志參加本部
馬克思列寧主義夜校
發展史 學科現已結業成績
乙等 特給此證

一九五一年十一月三十日

中共中央華東局宣傳部
馬克思列寧主義夜校

그림 1 기관간부업여機關幹部業餘문화보습학교 수료증서, 허베이성, 1950년대
그림 2 마르크스레닌주의馬克思列寧主義야간학교 성적증명서,
       중공중앙화둥국中共中央華東局, 1951년

하거나 새로운 지식과 기술을 배웠다.

　　그림 1은 허베이성이 설립한 기관간부업여문화보습학교가 1950년대 발급한 학과목 수료증서다. 학교명에 포함된 '업여業餘'라는 말을 통해 근무시간 외에 다니는 학교임을 알 수 있다. 인민정부 초, 당 간부 가운데 문화 수준이 높은 사람이 적었기에 지방정부는 보습학교나 야간학교를 세우고 간부들이 근무시간 외에 다니도록 유도했다. 이들 학교는 오늘날 검정고시와 비슷하게 과목별로 수료를 인정했다. 이를 통해 간부들의 문화 수준은 물론 근무 능력이 향상됐다.

　　이 수료증서는 수학 과목에서 발급했고, 허베이 지역에서만 벌써 1천4백50명이 수업을 수강한 사실을 알 수 있다. 정확한 발급연도는 적혀 있지 않다. 다만 증서의 다른 면에 스탈린斯大林 어록이 적혀 있는 점으로 보아 아마도 중소 양국 관계가 악화되기 이전인 1950년대 초반이나 중반이지 않을까 싶다. 여기 적힌 스탈린의 말은 다음과 같다.

> 새로운 사회를 건설하기 위해서는 반드시 지식을 갖춰야하고, 과학에 정통해야 한다. 그러한 지식을 갖추기 위해서는 인내심을 갖고 필사적으로 공부해야 한다.

　　그림 2는 화둥華東 지역을 관리하던 중공중앙화둥국 선전부가 운영한 마르크스레닌주의야간학교가 1951년도에 발행한 성적증명서다. 기관간부업여문화보습학교가 지방의 당 간부나

관료들에게 기본 문화 소양을 제공하는 것이 목적이라면, 마르크스레닌주의야간학교 같은 경우는 보다 분명하게 사회주의 핵심가치와 철학, 계급투쟁사, 중국공산당 정치경험 등을 공유하는 학습기관이었다. 사회주의 중국을 건설하기 위해서는 마르크스레닌주의의 기본 가르침에 투철한 당 간부가 많이 필요했다. 상층 간부들이 마르크스레닌주의에 정통한 엘리트 출신인데 비해 하급이나 지역 간부로 내려갈수록 그렇지 않은 경우가 많았기에 이런 학습기관은 절대적으로 필요했다. 수료증서의 주인인 간부는 사회발전사 과목에서 '을'의 성적으로 과목을 수료했다.

앞서 말했듯 당시 당 간부는 저녁 시간을 이용해 공부하는 게 근무의 일환이었다. 지금처럼 여덟 시간 근무제는커녕 일요일 휴식이라는 개념도 없는, 밤낮을 가리지 않고 일하고 공부하는 게 보통이었다. 그것이 새로운 사회주의 중국이 필요로 하고 원하는 당 간부의 모습이었다.

3.

문화인,
천 개 문자를 아는 자

사회주의 중국에서 교육의 중요 과제 중 하나는 수천 년 동안 공부와 학습 기회에서 배제된 농민과 빈민에게 최소한의 교육 기회를 제공해 문맹 탈출을 돕는 것이었다. 인민정부 초에 시행한 문화학습운동이 그 사례라 할 수 있다.

문화학습운동은 사회발전의 주체인 노동자와 농민이 빈곤한 생활과 낮은 지위로 글자를 배우지 못해 문맹상태에 머물러 있음을 개탄하며 1950년부터 시행한 학습운동이다. 중국공산당과 인민정부가 실시한 토지개혁은 농민들에게 경제와 신분에서 해방을 가져다주었다지만, 지주의 땅을 나누었을 뿐 그들의 문화까지 나누어 갖지는 못했다. 무산계급 권력을 공고히 하고 국가 재건을 위해서는 무엇보다 문화학습운동처럼 인민의 머리를 틔우고, 이들이 혁명 지지세력이 되게끔 독려할 필

그림 1 민판교사民辦教師 복무증, 산둥성 자오위안현, 1951년

요가 있었다.

　그림 1은 1951년에 산둥성 자오위안현 인민정부가 발행한 민판교사民辦教師 복무증이다. 민판교사란 소학교와 중학교에서 가르치는 교사 가운데 국가교원편제에 들어 있지 않은 교사를 말한다. 문화학습운동 때 부족한 교사를 충원하기 위해 탄생했다. 민판교사가 되려면 본인 지원과 함께 대중 추천과 정부 심사 등을 거쳐야 했고, 복무증은 성이나 현이 일괄 발급했다.

　당시 농촌에서는 수준을 갖춘 교사를 찾거나 구하기가 매우 어려웠다. 그런 상황에서 현장이나 향장은 조금이라도 글을 아는 사람이 있으면 민판교사로 임명하고, 농촌 소학교에서 가르칠 것을 부탁했다. 민판교사는 일반 교사처럼 아이들 대상이

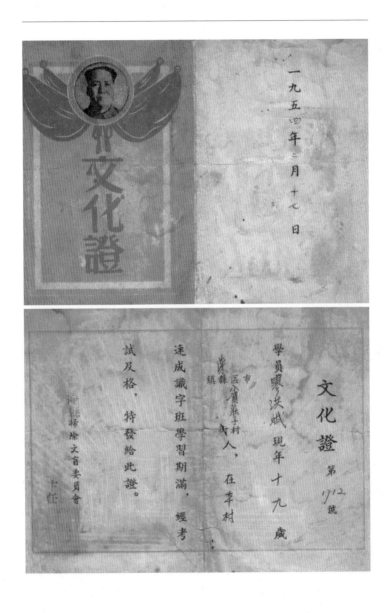

그림 2 문화증文化證, 문맹척결掃除文盲위원회, 1954년

아니라 글을 모르는 농민들을 가르쳤다. 내 기억으론 1950년대 학교가 부족한 농촌에서는 보통 남녀를 나눠 낮에는 여자들이, 저녁에는 남자들이 공부했다. 학생들은 성별에 따라 나눴지만 민판교사는 낮과 밤에 걸쳐 두 차례 수업했다. 사람은 멈춰도 말은 멈추지 않는다는 옛말이 있는데, 이때 민판교사는 사람이 아닌 말처럼 쉬지 않고 노동에 매진해야 했다.

그림 2는 1954년에 문맹척결위원회가 발급한 문화증으로, 증서치고는 참 애매한 분야를 공증했다. 문화증이라니, 쉽게 풀면 문화 교양을 갖춘 인재에게 수여한 증서다. 그런데 어떤 사람이 얼마만큼 문화 교양을 갖췄는지, 또 과연 누가 그 수준을 어떻게 측정했는지 자못 궁금할 따름이다. 힌트가 하나 있다면 과거 사람들은 종종 문자와 문화를 구분하지 못했다는 사실일 테다. 문맹률이 80퍼센트를 웃돌던 1950년대 중국에서는 어떤 사람이 천 개의 문자만 알아도 문화 교양을 지녔다고 생각했다. 그런 생각은 농촌으로 갈수록 심했다. 그들 기준에 따르면 문맹이라는 모자를 벗는 것이 곧 문화를 지닌 것이고, 문자를 아는 사람이 곧 문화인이었다.

문화학습운동은 농촌뿐만 아니라 도시에서도 성행했다. 그림 3은 1956년에 루완瀘灣제8노동자여가소학이 발급한 군중교사초빙장으로, 역시 당시 시대상을 고스란히 담고 있다. 여가학교는 당 간부들이 다니는 야간학교나 업여학교처럼 말 그대로 여가, 노동자가 일을 끝낸 후에 공부하러 다니는 학교였다. 그런데 여가학교는 대부분 노동조합이 자체 설립한 탓에 공인

그림 3 루완瀘灣제8노동자여가소학 군중교사群衆敎師초빙장, 상하이시, 1956년

교육기관이 아니었다. 수업을 담당하는 교사 또한 대부분 비전문가였다. 조금이라도 가르쳐본 경험이 있거나, 그것도 아니면 속성으로 배워서 바로 교사로 투입할 수 있는 사람을 주로 선발했다.

더불어 증서 모서리에 인민정부의 네 주인인 망치를 멘 노동자, 괭이를 든 농민, 총을 든 해방군, 책을 보는 지식인이 그려 있다. 이때만 해도 지식인은 사회에서 존경받는 계급이었다. 이후 문화대혁명 시기에는 반동분자로 몰려 곤욕을 치르지

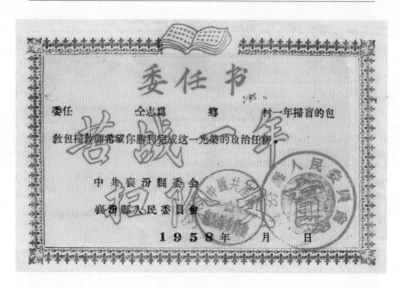

그림 4 문맹퇴치교사包敎包掃 위임서, 샹펀襄汾현, 1958년

만 말이다.

1958년에 대약진운동이 시작하자 문화학습운동도 예외 없이 영향을 받았다. 전국 각급 행정부는 중앙정부의 압박으로 포교포소包敎包掃교사, 즉 문맹퇴치교사를 서둘러 대거 임명했다. **그림 4**의 샹펀襄汾현 인민위원회가 1958년에 발급한 위임서는 그런 배경을 담고 있다. 많은 성과 현에서 교사 임명을 남발하면서 순식간에 문맹퇴치교사가 급증했다. 웬만한 마을에는 문맹퇴치교사가 한두 명은 존재했다. 그들은 문자를 가르칠 뿐 아니라 학생이 문자를 완전히 이해해야 하는, 즉 글을 완벽히 읽고 쓸 수 있도록 만들 책임이 있었다. 한 마을에서

그림 5 식자증識字證, 웨이자후통魏家胡同여가학교, 1958년

문맹을 완전히 퇴치해야 비로소 임무를 완수했다고 봤다. 대약
진운동 때 모든 분야는 정치와 연결돼 있었고, 문맹퇴치 역시
정치 임무 중 하나였다. 그래서 문맹퇴치교사 위임서에는 "○
○동지를 ○○촌에 문맹퇴치를 위한 교사로 임명하며, 이 영
광스러운 정치소임을 잘 완수하여 승리하기 바란다"란 문구가
들어갔다.

　　문맹퇴치교사 가운데 대부분이 몇 개월 만에 임무를 완수
했다. 심지어 열흘이나 보름 만에 임무를 완수했다고 인민정부
에 보고하며 마을을 떠나는 경우도 있었다. 모두들 속으론 불
가능한 일이라고 여겼지만, 누구도 입 밖으로 꺼내지 않았다.

이때 중국에서는 대약진운동으로 인한 허위와 허풍, 결과 부풀리기 풍토가 너무나도 만연했다.

앞서 살펴본 문화증과 고작 4년밖에 시차가 나지 않는 **그림 5**를 주목해보자. 베이징시에 있던 웨이자후통여가학교가 1958년에 발급한 식자증인데, 1954년에서 1958년 사이 사람들이 문화를 새롭게 인식했음을 드러낸다. 더 이상 단순히 문자 몇 개를 안다고 증서를 발급하지 않고, 나름 증서 명칭에 걸맞는 위상을 갖추고 기준을 세워 발급했다. 가운데 적힌 '문화를 향하여 진군하자, 과학기술을 향하여 진군하자'라는 구호가 증거다. 그렇다고 해도 '과학기술'이라는 새로운 단어에 눈떴을 뿐 비료를 사용해 농사를 짓는 일을 과학기술로 인정할 정도로 여전히 낮은 수준에 머물러 있었다.

우습게도 대약진운동 때 만들어진 많은 물건과 기록 자료가 대부분 가짜로 판명났다. 철강부터 각종 증서에 이르기까지 뭐 하나 제대로 된 물건이 없던 시기였다. 1958년생인 이 식자증 역시 제 가치를 판단하기는 어렵다.

능숙한 기술자가
필요해

서구식 발전이 지체된 중국에서 근대화에 속도를 붙이려
면 사회 각 분야에서 생산력 발전을 이끌 수 있는 기술인력이
절대적으로 필요했다. 인민정부는 1950년부터 각종 사립학교
와 외국학교를 폐지하거나 접수한 다음 소련을 모델 삼아 교
과목을 바꾸고 기술전문학교를 설립했다. 1958년부터는 노동
현장에서 일하면서 학습하는 반공반독半工半讀, 반농반독半農半讀
의 중등교육 정책을 시행했다.

인민정부가 기술교육에 방점을 찍으면서 다양한 기술전
문학교가 생겼는데, **그림 1**의 수료증서를 발급한 중앙세무학교
도 그중 하나다. 중앙세무학교는 재정이나 회계 업무를 담당하
는 국가공무원을 양성하는 학교로서 '충성忠誠·박실樸實·염결廉
潔·근능勤能'이란 교훈을 내세웠다. 이 교훈이 여전히 중국사회

그림 1 중앙세무학교 수료증서結業証書, 1951년

에서 가치와 의미를 갖는 것처럼 1951년에 발급된, 손바닥보
다도 작은 수료증서는 사료로서 가치가 꽤 높은 편이다.

그림 2의 영화방영훈련반 졸업증서는 1950년에 발행됐다.
접이식 포켓형으로 오늘날 졸업증서와 비교해도 참 멋지고 정

그림 2 영화방영電影放映훈련반 졸업증서, 1950년

교한데, 금박으로 인쇄된 '영화방영훈련반'이란 명칭과 중앙 인민정부 문화부 영화국이 찍은 커다란 공인이 돋보인다.

1950년대에 영화는 중국인에게 매우 신기하고 궁금한 분야였고, 문화부가 진행한 방영훈련은 확실한 목적을 지니고 있었다. 바로 소련의 경험을 참고삼아 영화를 통해 인민에 대한 사회주의 선전교육을 강화하려는 속셈이었다. 이러한 정책을 통해 영화와 관련된 인재가 대거 배출되었으며, 1949년 이후 중국에서 제작되고 보급된 영화는 대부분 혁명 사상을 품은 교육영화의 성격이 강했다. 그리하여 중국인은 영화를 보며 공산주의 사상과 혁명정신에 자연스레 물들었다.

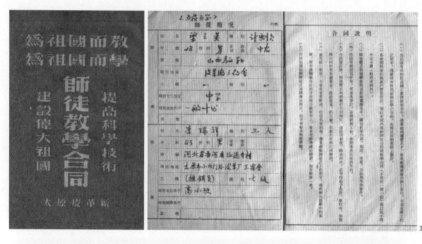

그림 3 타이위안피혁공장 사제교학師弟教學계약서, 1950년대
그림 4 홍전紅專학원 졸업증서, 베이징시 우편국, 1959년

2부 ― 붉은 별, 인민공화국

붉은 바탕에 노란 글자가 돋보이는 **그림 3**의 증서는 타이위안피혁공장이 작성한 사제교학계약서다. 피혁공장 내에 설치된 강습반을 맡아 수업할 교사와 맺은 일종의 복무계약인 듯한데, 여러모로 조사했음에도 탄생연도를 알아내지 못했다. 어째서 연월일을 쓰지 않은 계약서가 존재하게 됐는지가 지금까지 궁금할 따름이다. 날짜가 적히지 않은 계약서가 도대체 어떤 효력을 발휘할 수 있단 말인가. 나쁘게 마음먹고 조작해도 당당히 시치미를 뗄 수 있는 이런 허술한 계약서는 아마 형식에 불과했지 싶다. 어쨌든 1950년대의 증서로 추측된다. 증서에 인민정부 초기 유행하던 교육구호는 보이지만, 문화대혁명 때처럼 정치적 색채가 강한 혁명구호는 없기 때문이다.

그림 4는 베이징시 우편국이 운영한 홍전학원이 1959년에 발급한 졸업증서다. '홍전紅專'이란 1950년대와 1960년대 사이에 많이 쓰이던 말로 사회주의 사상으로 무장되어 있는 동시에 자기 분야에서 뛰어난 능력을 갖추었다는 뜻이다. 각 사업영역마다 홍전학원이라는 말을 단 학습기관들이 생겨 사상교육과 기술교육을 담당했다. 당시 인민정부가 기술적으로 숙련되면서 사회주의에 정통한 노동력에 얼마나 굶주렸는지 알 수 있는 대목이다.

인민정부는 하루빨리 신지식과 신기술을 인민이 습득해서 국가 재건에 보탬이 되길 기대했다. 하지만 그것은 정부의 노력만으로는 한계가 있었다. 그리하여 공립학교 강화에 따라 잠시 위축됐던 사립학교가 투자 대비 실용가치가 높은 인재를

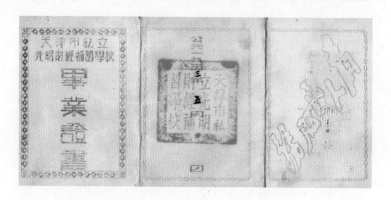

그림 5 사립광명재경私立光明財經보습학교 졸업증서, 톈진시, 1953년

양성하기에 적합한 보습학교 형태로 하나둘 다시 등장했다. 그림 5의 사립광명재경보습학교 졸업증서가 바로 그 증거다.

학교 명칭을 통해 아마도 회계나 세무를 가르치지 않았을까 조심스레 유추해본다. 이때 졸업증서는 단지 배웠다는 사실만 증명하면 됐기에 도안이 촌스럽든 볼품없든 상관없었다. 1953년에 발급된 이 졸업증서도 그렇다. 저렴한 인쇄방식인 등사기로 밀어 찍은 탓에 문자도 흐릿하고 도안도 보잘것없다. 그렇지만 해당 분야에 대한 학업을 마쳤다는 것만은 틀림없이 증명하고 있다. 정치성을 증명하기 위해서는 온갖 공을 들이지만 이렇게 실용 차원으로 내려오면 한없이 대범해질 수 있는 것 또한 중국이다.

5.
'노동'이라는
학습과목

혁명 후 중국에서 노동은 두 가지 이유로 중요하게 취급
됐다. 하나는 사회주의 국가의 정체성에 기인하는 것으로 노동
자, 농민 등 생산근로 대중이 사회와 역사를 발전시킨다는 명
제가 다른 무엇보다 중요했다. 노동 자체가 신성한 가치이자
덕목으로 취급받은 것이다. 또 하나는 보다 실용적인 이유로,
중일전쟁과 국공내전으로 파탄난 국가경제를 살리기 위해서는
어린아이와 노인의 노동력에까지 손을 벌려야 할 정도로 노동
력이 심각하게 부족했다.

따라서 1950년대에는 어린아이부터 노인에 이르기까지,
농촌과 도시를 막론하고 조금이라도 힘을 쓸 수 있다면 노동
전선에 나서야 했다. 본업만이 아니라 부업도 마다치 않았다.
가정과 직장은 물론 공부하는 학교에서도 그랬다. 내 어릴 적

그림 1 베이징사범학교 농업노동상장農業生産工作獎狀, 허베이성, 1951년

을 봐도, 소학교 때부터 대학에 이르기까지 노동에서 벗어난 적이 없다. 노동은 학생의 필수과목이자 품행을 평가하는 덕목이었다.

그림 1은 1951년에 왕쯔옌王子燕이란 사람이 받은 농업노동상장이다. 그는 학교에서 농업노동에 매진하여 2등이란 좋은 성적을 거둔 덕분에 상장까지 받았다. 발급기관은 허베이성 베이징사범학교다. 왕쯔옌의 직업이 교사인지 일반직원인지는 불분명하다. 상장에는 그저 동지라고만 적혀 있다. 어찌 됐든 지금 기준으로 보면 학교와 농업은 아무런 상관이 없다. 하지만 앞에서 말했듯 1950년대는 학교와 노동이 특별한 관계를 맺고 있었다. 그리고 이러한 생각은 훗날 대약진운동 시기

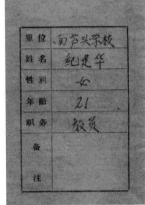

그림 2 난루터우南蘆頭학교 교사노동수첩敎師勞動手冊, 1958년

의 교육방침인 '무산계급의 정치를 위해 봉사하는 교육, 교육 과 생산노동의 결합'으로 발전했다.

그런데 베이징사범학교가 허베이성에 있다니, 조금 이상 하지 않은가? 중국 수도였던 베이징이 허베이성의 하부행정단

위로 돼 있으니 말이다. 아마도 건국 초기라 인민정부의 행정
구획이 합리적으로 구분되지 못했던 것으로 추측해본다.

　　교육과 생산노동의 상호결합, 대약진운동 때 교육방침을
제대로 담은 **그림 2**의 교사노동수첩을 눈여겨보자. 1958년에
소속 교사에게 발급됐는데, 종류에 제한 없이 물 대기, 풀 뽑
기, 나무 심기 등 노동 범위와 노동 시간이 자세하게 적혀 있
다. 한 달에 5~6차례에 걸쳐 매번 3~4시간 노동을 했다니, 이
때 교사는 교실과 들판을 동시에 돌보는 반농민의 신세였다.
더 중요한 건 당시에 이 노동 점수가 교사의 운명을 좌우했다
는 사실이다. 교장 같은 상급자의 눈에는 수업태도보다 노동태
도가 중요했고, 노동수첩 기록내용은 교사의 업무심사와 직급
승진에 중요한 판단기준이 됐다.

마오쩌둥을 외우고
또 외워라

　　대약진운동이 주로 경제 분야에서 거행된 모험주의이자 공상주의에 가까운 실패작이었다면 1966년에 시작해 10년을 지속한 문화대혁명은 중국의 역사 자체를 후퇴시켰다. 경제, 정치, 문화, 교육 등 사회 전체에서 중국은 그저 비틀거린 것이 아니라 후퇴하고 말았다. 이 시기에 인민들은 언제 어디서나 《마오쩌둥어록》의 말들과 만나야 했고, 누가 시작했는지도 모르는 '최고지시'에 따라야 했다.

　　문화대혁명은 마오쩌둥 사망으로 겨우 막을 내렸다. 1976년에 마오쩌둥이 사망했을 때 나는 농촌에 있었다. 텔레비전이 지금은 어느 집에나 하나씩 있는 필수품이지만 당시만 해도 일반 가정에서 만날 수 없는 진귀한 물건이었다. 그 주변 마을을 통틀어 텔레비전이 하나밖에 없어서 장례식을 방영하자 여

그림 1 베이징방송대학 졸업증서, 1965년

러 마을에서 사람들이 몰려들었다. 수백 명이 컴퓨터 모니터보다도 작은 텔레비전 화면을 둘러싸고 마오쩌둥의 장례식 광경을 지켜봤다. 화면 상태가 좋지 않아 눈이 내리는 듯했지만 아무도 개의치 않았다.

　　그림 1의 흥미로운 졸업증서를 소개하기 위한 전사가 길어졌다. 베이징방송대학이 1965년 7월에 발급한 졸업증서로, 교장으로 서명한 사람 이름을 눈여겨볼 필요가 있다. 바로 우한이다. 중국의 역사가이자 정치가였던 우한은 1960년에 마오쩌둥의 요청으로 역사극 〈해서파관〉을 써서 호평받았으나 몇 년 후 상황이 바뀌면서 비극의 주인공이 됐다. 1965년 11월, 문화대혁명을 이끈 사인방 중 한 명인 야오원위안은 〈신편 역사극

해서파관을 평함〉이라는 글에서 〈해서파관〉이 마오쩌둥을 비판하다 파직당한 펑더화이 국방부장을 비호한다고 비판했다. 이 글이 기폭제가 되어 일어난 문화대혁명은 이후 10여 년간 광풍처럼 불며 중국을 폭력과 혼돈이 난무하는 무질서로 이끌었고 교육, 문화, 예술 등 사회 전 분야에 짙은 상흔을 남겼다. 우한은 자기비판과 감금 등을 당하며 지내다 1968년에 투옥됐으며 이듬해인 1969년 10월에 원인불명으로 감옥 안에서 사망했다. 이 졸업증서는 우한 개인에게 좋았던 시절의 마지막 기록인 셈이다.

문화대혁명은 졸업증서에도 뚜렷한 궤적을 새겼다. **그림 2**와 **그림 3**은 1968년 혁명위원회가 발급한 스자좡시 철로운수학교 졸업증서와 난양南陽시 제5초급중학 졸업증서다. 두 장 모두 마오쩌둥 초상과 혁명구호 그리고 최고지시 등 정치 색채가 농후하게 깔렸다.

그림 4는 광시廣西성 산더우중학교의 1969년도 졸업증서다. 작은 크기지만 한 장이 아닌 여러 장으로 구성된 형식인데, 표지에는 마오쩌둥의 서명과 '인민을 위하여 복무하라'는 어록 한마디가 적혀 있다. 본문 첫 장을 펼치면 최고지시가 가장 먼저 눈에 들어온다.

우리 사업을 이끄는 핵심역량은 중국 공산당이다. 우리를 이끄는 이론적 기초는 마르크스레닌주의다. 밑천을 까먹지 말고 새로운 공적을 세워야 한다. 개인주의, 수정주의에 맞서 싸우자.

그림 2 철로운수학교 졸업증서, 스자좡시, 1968년
그림 3 제5초급중학 졸업증서, 난양南陽시, 1968년

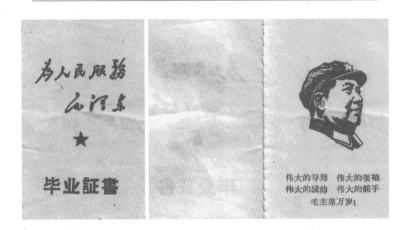

그림 4 산더우三都중학교 졸업증서, 광시廣西성, 1969년

    둘째 장부터 다섯째 장까지는 《마오쩌둥어록》 발췌문이 가득 담겼으며, 마지막 장을 넘겨서야 겨우 졸업증서를 확인할 수 있다. 문화대혁명 시절에는 이렇게 때와 장소를 가리지 않고 《마오쩌둥어록》과 최고지시, 혁명구호가 빼곡하게 나열되는 일이 비일비재했다.

    《마오쩌둥어록》은 1964년에 린뱌오가 마오쩌둥이 쓴 글이나 강연에서 한 말, 지시 내린 말 중에서 뽑아 엮은 책으로, 문화대혁명 당시 모든 이들의 행동지침이자 마오쩌둥 신격화의 상징이었다. 《마오쩌둥어록》은 학교나 군대에서 학습되고 산업현장에서도 생산규범으로 이용되는 등 사회전반에 영향력을 미쳤다. 전 세계에서 성경 다음으로 많이 팔린 것으로도 유명하다.

그림 5 통배증通背證, 산시陝西성 옌안延安지구 마오쩌둥사상毛澤東思想선전대, 1968년

마오쩌둥 외우기 광풍의 또 다른 증거로는 마오쩌둥의 저작을 암송하는 사람에게 발급되던 **그림 5**의 통배증이 있다. '통배通背'는 책 한 권이나 글 한 편을 처음부터 끝까지 막힘없이 외움을 뜻하는 말이다. 마오쩌둥이 항일전쟁 때 저술한 세 편의 짧은 글을 모은 《노삼편老三篇》이나 《마오쩌둥선집毛澤東選集》 전문을 모두 암송한 이에게 이 증서를 수여했다. 1968년에 산시陝西성 옌안지구 마오쩌둥사상선전대가 마오쩌둥선집 제1권에서 제4권을 암기했으므로 특별히 수여한다는 내용이다. 오늘날 젊은이들은 전후맥락을 전혀 파악할 수조차 없는 괴상한 증서라 할 수 있다.

혁명이야말로
최고의 여행상품

정치가 모든 것을 수렴했던 대약진운동과 문화대혁명 시기, 여행이라고 다르지 않았다. 이미 인민정부 출범 직후부터 여행은 사회주의와 중국혁명사를 배우는 체험교육처럼 여겨졌다. 1960년대도 마찬가지로 여행은 혁명 기념지를 찾거나 생산혁명 모범지역을 참관하는 등 혁명교육의 맥락이 더 강조되었다. 특히 마오쩌둥 저작을 학습하고 마오쩌둥을 기리는 행동이 일상다반사였던 문화대혁명 때는 마오쩌둥의 과거 행적을 따라 혁명여행을 떠나는 일도 부지기수였다.

그림 1과 **그림 2**는 혁명여행에 발맞추어 1970년대에 제작된 입장권들이다. 마오쩌둥이 주도했던 광저우시 농민운동강습소 구지舊址 입장권은 '혁명의 경각심을 높이고 관내 질서를 준수하자'란 문장이 시대 특색을 압축해 보여주고, 마오쩌둥의

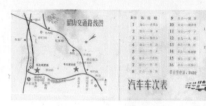

그림 1 광저우시 농민운동강습소 구지 입장권, 1970년대
그림 2 사오韶산 입장권, 1970년대
그림 3 기차승차권鐵路乘車證, 전국 공업은 다칭에서 배우자全國工業學大慶 회의대표, 1960년대

고향인 후난성 사오韶산 입장권은 상세한 버스 노선과 주변 약
도가 사오산으로 대변되는 마오쩌둥의 위상을 다시금 강조하
고 있다.

　　그림 3은 이름부터 거창한 전국 공업은 다칭大慶에서 배우
자 회의대표가 제공한 기차승차권이다. 다칭은 1950년대 후
반에 유전이 발견된 지역으로 노동자들이 변변한 설비도 없이

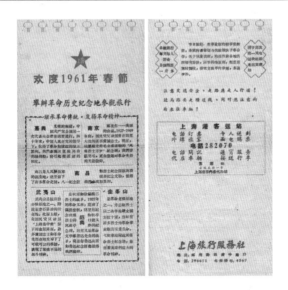

그림 4 상하이여행사 춘절여행 신문광고, 1960년

혹독한 날씨 속에서 맨손으로 임무를 완수한 끝에 1963년부터 석유 생산을 시작한 유전마을이다. 생산을 시작하자마자 중국 공업을 떠받치는 원동력이라 불렸는데 1964년에 마오쩌둥이 공업모델로 선언하면서 "공업은 다칭에서 배우자"는 운동이 중국 전역을 휩쓸었다. 이 기차승차권은 그렇게 다칭을 배우러 떠나는 혁명전사에게 주어진 혜택이었다.

　　그림 4는 춘절을 앞두고 상하이여행사가 1960년에 내보낸 광고전단으로, 혁명 기념지를 여행하며 춘절을 보내자고 독려하고 있다. 왜 하필이면 혁명 기념지였을까? 중국인에게 여행과 관광은 다른 의미였다. 여행의 行行은 관광과 달리 "혁명

전통을 계승하여 혁명정신을 드높이자!"는 학습의 목적을 강조한다. 다시 말해 여행이란 오늘날 옛 혁명 유적지들을 돌아보는 '붉은 여행'과 같았다. 그리하여 상하이여행사는 정치 색채가 물씬 풍기는 광고 문구를 내걸고 고객을 유혹했다.

자싱嘉興: 중국공산당 제1차 대표대회가 진행됐던 영광스런 난후南湖가 있습니다. 우리 모두 이곳의 비단배를 참관하여 옛 추억을 떠올립시다.

난징: 중국의 많은 혁명선열이 희생된 우화대雨花臺로 오십시오. 마오쩌둥이 친히 쓴 순국열사 만세기념비에서 혁명선열을 추모하면 그들에 대한 무한한 존경심이 우러나올 것입니다.

난창南昌: 중국인민해방군 탄생지입니다. 8·1기념관과 열사기념관에 진열된 수많은 기념 문물은 우리가 방문해볼 만한 충분한 가치를 지닙니다.

우이武夷산: 항일근거지 중 한 곳이며, 북쪽으로 국민당 반동파들의 상라오上饒집중영이 있습니다. 많은 애국지사와 혁명선열이 감동적인 사적을 남겼고 불굴의 전투정신을 표현했습니다.

구이펑圭峰산: 팡즈민方志敏 열사가 혁명군을 건립했으며 과양弋陽터미널 부근의 혁명열사 기념탑은 영웅의 위대한 혁명정신을 상징합니다.

사오싱: 추진秋瑾과 쉬시린徐錫麟의 고향입니다. 추진을 기념하

는 기념비가 있습니다. 또한 혁명문학가 루쉰의 고향으로 루쉰기념관과 옛집은 참관할 만한 충분한 가치를 지닙니다.

사실 이 광고를 보자마자 옛사람들의 한가함에 탄복할 수밖에 없었다. 왜냐하면 1960년을 전후로 흉작이 심각하여 너무나 많은 사람이 굶어 죽었으니까 말이다. 그럼에도 사람들은 굶주린 배를 움켜쥐고 광고에 적힌 대로 '1인당 매일 전국 식량배급표 1근 이상이 필요한' 혁명여행을 떠났다. 이는 혁명정신과 결합된 관광산업의 끈질기고 강한 생명력을 증명한다. 큰 재해가 들어 경제상황은 악화일로였지만, 사람들은 여행을 멈추지 않았다.

혁명 기념지라면 옌안을 빼먹을 수 없다. 옌안은 마오쩌둥이 지휘한 공농홍군이 2만 5천 리 대장정을 마치고 항일운동과 해방운동을 완수했던 혁명 성지다. **그림 5**는 1960년에 상하이청년궁이 주최한 옌안시대 혁명생활전람회 입장권이다. 혁명교육은 흉년이 들었다고 해서 기세가 꺾이기는커녕 오히려 뚜렷한 목적을 품고 더 활활 타올랐다. 바로 옌안시절 힘들었던 생활을 인민에게 보여줘 지금의 곤궁함을 희석하려는 속셈이었다. 팔각탑과 측백나무 사이로 붉은 기와 함께 크게 적힌 '혁명의 이름으로 과거를 생각합시다'란 문장을 통해 은유적으로 표현했다.

그런 의도가 먹힌 것인지 고생스런 지난날을 회상하면서 오늘의 행복을 소중하게 여기자는 생각은 기근을 넘겨야 하

그림 5 옌안시대 혁명생활전람회 입장권, 상하이청년궁, 1960년

는 사람들에게 신비의 명약이 되었다. "혁명의 이름으로 과거를 생각합시다"는 한 아동극에서 레닌이 했던 대사인데, 1960년대 말까지 포스터나 표어에 자주 활용되며 사람들의 입에 오르내렸다. 비슷한 뜻으로 '힘들다면 공농홍군 장정 2만 5천 리를 생각하라, 피곤하다면 혁명 선배들을 생각하라'란 문장도 있다.

옌안이 찬양의 대상이었다면, 반대로 한때 국민정부 수도였던 충칭은 비극의 대상으로 기록됐다. 바로 국공내전 때 공산주의자들을 가두고 학살했던 국민정부와 미국이 함께 세운 중미합작강제수용소가 있었다. 해방 이후 인민정부는 순교자 기념비를 세우고 성지 순례하듯 **그림 6**의 입장권을 배포하여

그림 6 중미합작강제수용소中美合作所集中營 입장권, 충칭시, 1960년대

사람들의 방문을 유도했다. 특히 '공산주의의 교과서'로 손꼽히던 소설 《홍옌紅巖》이 대중적으로 널리 알려진 후 가극과 영화로도 제작되면서 중미합작강제수용소는 더욱더 화제를 모았다. 장제江姐와 쉬윈펑許雲峰의 영웅적인 행동과 지옥에서나 겪을 법한 잔혹한 형벌이 심금을 울리면서 결국 중요한 애국주의 교육장소로 자리매김했다. 붉은색 바탕 위에 커다랗게 박힌 '미국과 장제스의 범죄전시관'이란 문구가 기념관의 설립취지를 제대로 짚고 있다.

혁명교육 중심에는 혁명영웅이 있기 마련이다. 인민정부는 혁명시기 영웅의 투쟁을 담은 홍색경전紅色經典 같은 문학작품으로 혁명영웅을 부각시켰다. 불과 15세 나이로 국민당 군대

그림 7 류후란劉胡蘭기념관 입장권, 원수이文水현, 1972년

에 살해 당한 류후란劉胡蘭도 그중 한 명이다. 마오쩌둥은 "위대한 삶, 영광스러운 죽음"이란 문장으로 그녀를 애도했고, 1956년에 원수이文水현에 류후란촌을 만들어 류후란기념관을 세웠다. **그림 7**은 혁명 교육장이었던 류후란기념관 입장권이다. 앞면에 마오쩌둥이 바친 글과 그녀의 조각상을, 뒷면에 그녀가 체포된 장소와 희생돼 묻힌 장소를 안내하고 기념관 전시구역 지도를 배치해 관람객이 류후란의 영웅적인 행적을 알기 쉽도록 했다. 아쉽게도 발행연도는 보이지 않으나, 뒷면에 적힌 '류후란 열사 희생 25주년'이란 공인이 문화대혁명이 한창이던 1972년에 발행됐음을 알려준다.

인민이여,
다자이에서 배우자

산시山西성 타이항太行산 기슭에 위치한, 1백 가구도 채 살지 않던 작은 마을 다자이大寨는 1964년부터 1978년까지 하나의 신화였다. 마오쩌둥이 직접 "공업은 다칭에서 배우고, 농업은 다자이에서 배우자"라고 말을 할 정도였으니 그 위세가 어땠을까. 농업생산 모델이자 무산계급 성공신화로 떠받들어진 다자이는 심지어 일개 향촌 지도자였던 천융구이陳永貴를 국무원 부총리 자리에까지 오르게 만들었다.

그런데 10년이 넘도록 전국에 울려 퍼진 '농업은 다자이에서 배우자'는 도대체 무엇을 배우자던 것일까? 짐작건대 몇몇 사람 외에는 정확한 해답을 내리지 못할 것이다. 중심에 섰던 천융구이는 〈런민일보人民日報〉에 실은 '다자이의 길'이란 글에서 "집체노동과 지혜에 의거해 자연을 정복하고 농민의 혁명정신을 동원해 3대 혁명인 계급투쟁, 생산투쟁, 과학실험투쟁에서 승리하는 것"이라고 주장했다. 사회주의 사상으로 농민의 두뇌를 무장시켜야만 토지와 기술의 변화가 가능하다는 뜻이었다.

마오쩌둥의 지시로 다자이를 치켜세웠던 저우언라이가 제3기 전국인민대표대회 정부사업보고서에 장중하게 써넣은 최종 해석은 이랬다.

"다자이가 견지하는, 정치가 이끌고 사상이 인도한다는 원칙, 자력갱생과 고군분투의 정신, 국가를 사랑하고 집단을 사랑하는 공산주의 품격은 모두 대대적으로 제창할 만한 가치를 지닌다."

1960년 〈런민일보〉에 혁명정신으로 중국 역사상 가장 큰 기적을 일으킨 마을로 소개된 이래 다자이는 생생한 교육현장이자 여행명소가 되었다. 전국 농촌 간부들과 농민들은 '다자이에서 배우자' 말 그대로 다자이의 경험과 정신을 대대적으로 학습했다. 다자이 배우기 운동은 1960년대 중반부터 1970년대 후반까지 장장 15년 동안이나 이어졌지만, 별다른 성과를 얻지는 못했다. 통계에 따르면 그 사이 국내에서만 29개 성과 시 등지에서 9백60만 명에 달하는 간부들이 방문했으며, 해외에서는 1백34개 국가에서 2만 5천여 명이 방문했다.

사실 다자이 자체는 문제가 없었다. 선전하던 내용은 모두 사실이었고 '악전고투하여 자력갱생하자'는 다자이의 정신은 이치에 맞았다. 다만 다자이에서 실행한 방법이 전국 모든 농촌에 정확하게 들어맞을 수 없었을 뿐이다. 기후와 지형과 풍토가 다 제각각인 대륙에서 각 농촌마다 처한 상황이 다를 수밖에 없는데 어떻게 천편일률로 다자이 방식을 적용하려 했는지 도통 이해할 수가 없다.

어쨌거나 농촌 간부들은 다자이 방식을 배워서 본인이 이끄는 지역 농토를 다자이의 밭처럼 개량하려고 노력했지만, 새로운 농촌건설은 쉽지 않았다. 끊임없는 격무에 피곤해진 그들은 잠시 휴식을 원했고 그 빌미를 찾지 못하자 다자이 참관단이란 명목으로 공금을 쓰며 당당하게 여행을 가는 일이 생겨났다. 오늘날 말썽거리 중 하나인 이른바 '공금 관광'이 탄생하는 순간이었다. 이런 불법행위가 일찍이 다자이 배우기 운동에서 시작할 거라고 누가 짐작이나 했겠는가?

그림 1은 다자이 참관의 파생물이자 기념물로, 기차비 증명서다. 증명서를 보고 고작 비용이 17위안 8자오밖에 안 되는구나 싶겠지만, 앞서 소개한 명승지 입장료가 1위안이었다는 사실을 생각하면 꽤 비싼 여행이었다. 참관 시기는 톈진시 베이자오北郊혁명위원회가 공증한 것으로 보아 문화대혁명 때인 것 같다. 혁명위원회는 문화대혁명 시기인 1968년에 전국적으로 세워졌다.

'다자이기념大寨留念'이란 문구가 찍힌 그림 2의 기념인장은 참으로 기발하여 탄성이 절로 나올 정도다. 작은 종이쪼가리에 인장 하나만 찍었을 뿐인데, 역사적 가치가 생겨버렸다. 이러한 기념인장은 문화대혁명 시기에 우연히 만들어졌다. 당

그림 1 다자이大寨참관 기차비 증명서, 문화대혁명 시기
그림 2 다자이참관 기념인장, 문화대혁명 시기
그림 3 위부터 마오쩌둥 구거진열관舊居陳列館 기념인장, 중국공산당 후난위원회 구지舊地
　　　　기념인장, 후난자수대학 구지 기념인장, 문화대혁명 시기

第三届全国农业学大寨
展览于一九七八年　月　日
至　月　日在我馆展出。届
时敬请　光临指导。
　　　　全国农业展览馆

1978　4 月
17日至19日有效

展出时间上午八时半至十一时半下午二时至五时（每东五人）

그림 4 제3회 전국 농업은 다자이에서 배우자全國農業學大寨 전람회 초대장,
　　　전국농업전람관, 1978년

시 여행지로 각광받던 혁명 기념지는 대부분 무료입장이라 수입이 없었다. 인민정부도 재정을 책임져주지 못한 탓에 기념품은커녕 입장권조차 제대로 제작할 돈이 없었다. 벌이가 없으니 어쩔 수 없었지만, 방문객이라면 누구나 기념할 만한 무언가를 남기고 싶어 했다. 그러던 중 어떤 이가 문제 해결방안으로 중국 전통의 도장기술을 혁명화한 기념인장을 떠올린 것이 아닐까. 어쨌든 이를 통해 입장권 대신 기념관과 붉은 기와 붉은 태양 등이 찍힌 훌륭한 기념품이 방문객들에게 주어졌다. 그

림 3 역시 돈 없이도 방문객이 만족할 만한 기념품으로 거듭난 문화대혁명 때의 기념인장들이다.

다자이를 배우자는 운동이 끝난 지도 30년이 넘었지만 오늘날도 심심치 않게 다자이를 선전한 그림과 사진, 책과 영화를 만날 수 있다. 그 종류가 몇 가지에 이르는지 아무도 모를 일이다. 아마 전국적으로 한 데 모으면 어지간한 작은 도시 하나는 메울 만큼의 양일 것이다. **그림 4**도 그런 자료중 하나다. 1978년에 제작된 제3회 전국 농업은 다자이에서 배우자 전람회 단체 초대장인데, 1978년 4월에 전람회가 열리며 초대장한 장으로 5명이 함께 입장할 수 있다는 내용이다. 초대장이라기에는 심심한 정도가 아니라 아예 초라해 보이기까지 하다. 그 이유는 전년도에 마오쩌둥이 사망하고 문화대혁명이 공식적으로 종료됐기 때문이리라.

교양이 없어서 혁명가?
공선대와 군선대

문화대혁명이 시작될 때 계급투쟁의 최전선은 공장이나 군대가 아니라 바로 학교였다. 곧이어 이 최전선은 실제 전쟁터로, 구호에 불과했던 혈전血戰은 실제 목숨을 바쳐야 하는 전쟁으로 바뀐다. "자산계급의 반동적인 교육노선을 파쇄하자." 이 구호에 따라 1960년대와 1970년대 사이 각급 학교는 잠정 폐쇄됐고 교장과 간부는 자본주의자, 교수와 교사는 반동분자로 몰렸다. 책은 타파해야 할 악습 중 하나로 지목되었고, 평범한 문서조차 반동문건으로 취급당했다.

이러한 활동 선두에 중고생과 대학생으로 구성된 홍위병이 있었다. 홍위병이란 명칭은 칭화대학 부속중학교에서 맨 처음 만들어졌으며 마오쩌둥의 붉은 수비병이란 의미다. 그러나 모든 반동분자와 악습을 타도했다고 착각한 홍위병은 사상적

그림 1 칭화대학 공선대工宣隊 대원증宣傳員證, 1969년
그림 2 베이징대학 공선대와 군선대軍宣隊 대원증, 1969년

차이로 우파와 좌파 두 개 세력으로 분열되고 이어 다른 세력
들이 개입하면서 극심한 내홍을 겪는다. 파벌투쟁은 점차 격심
해졌고 홍위병은 진짜 병사가 됐다. 구호와 글로 투쟁하던 혁
명은 칼이 반짝이는 살기등등한 혁명으로 바뀌었다. 사상적 차
이만을 드러내던 제자백가식 행태에서 무장한 채 서로를 적으

로 여기는 군사 파벌의 시기로 접어든 것이다.

결국 1968년 마오쩌둥은 "노동계급이 모든 것을 지도한 다"며 홍위병에게 농촌 하방下放을 지시하고 각 학교에 노동자 마오쩌둥사상 선전대(이하 공선대)와 군인 마오쩌둥사상 선전대 (이하 군선대)를 파견한다. 공선대와 군선대는 혁명 주체인 인민 해방군과 노동자 중심으로 만들어졌기에 학생들은 그들 지시 를 따를 수밖에 없었다. 만약 따르지 않을 경우 군선대가 무력 으로 진압했다. 문화대혁명의 풍운아였던 홍위병은 그렇게 역 사의 뒤안길로 사라져갔다.

당시 베이징대학과 칭화대학은 홍위병의 주요 전장이었 다. 베이징대학은 당과 대학 간부들을 비판하는 대자보가 처 음 붙었고, 칭화대학은 무장투쟁이 가장 심했다. 그리하여 마 오쩌둥은 제일 먼저 칭화대학에 공선대와 군선대를 보내 본보 기로 삼았다. **그림 1**은 칭화대학에 주둔하던 공선대가 1969년 에 발급한 대원증이고, **그림 2**는 베이징대학에 주둔하던 군선 대와 공선대가 함께 같은 해에 발급한 대원증이다. 둘 다 '최고 지시', '인민을 위해 복무하라' 같은 혁명구호가 적혀 있다.

오늘날 많은 이들이 공선대와 군선대를 비웃는다. 사실 그 들은 정말로 교양이 없었다. 그러나 교양이 없다는 게 당시에 는 그들의 최고 장점이었다. 교양이 없다는 것은 사회주의적 으로 다시 한 번 개량할 필요가 없는, 즉 그들이 문화적으로도 이미 무산계급이라는 뜻이 아니겠는가.

홍위병의 무력투쟁을 저지하려고 설립된 공선대와 군선대

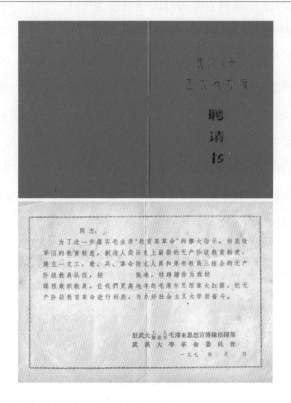

그림 3 우한대학 공농병工農兵 교사초빙서, 1970년대

는 이른바 '기간 한정' 조직이었다. 학교 권력을 장악하고 질서를 회복하면 해체될 운명이었다. 그래서 마오쩌둥 사상 선전이란 애초 목표를 달성하기 위해 그들 중 일부는 공농병 교사로 자리를 바꿨다. 보다 장기적이고 전문적인 교육을 진행하기 위해서였다. 이처럼 문화대혁명 때는 지식인 집단에 새바람을 일으키고자 종종 노동자, 농민, 군인과 함께 섞어 넣는 경우가 있

었다. 이때 만들어진 표현이 '모래를 흙에 섞다掺沙子'로 자기들끼리만 뭉치거나 배타적 경향이 있는 무리에 전혀 성격이 다른 새 사람을 넣어 원래의 성질을 변화시킨다는 말이다.

그림 3의 우한대학 공농병 교사초빙서는 문화대혁명 때 교사라는 지식인 집단에 이루어진 구조조정을 구체적으로 설명해준다. 아직 작성하지 않은 초빙서라서 비준자 이름과 과목명과 발행연도가 공백으로 처리되어 있다.

봉건적인 교육제도를 철저히 개혁하여 인류 역사상 완전히 새로운 무산계급 교육제도를 만들자. 노동자·농민·병사·혁명 기술자와 원래 교사를 합친 무산계급 교사대오를 건립하자. ○○ 비준을 거쳐 당신을 우리 학교 ○○ 과목 겸임교수로 청함.

우한대학 주둔 노동자·해방군 마오쩌둥사상 선전대 지휘부

우한대학혁명위원회 197○년 ○월 ○일

자, 어떤가? 사용한 어휘며 명령법에 가까운 어법을 통해 공선대와 군선대의 강한 의지가 뼛속 깊이 느껴지지 않는가. 어쨌거나 크게는 문화대혁명의 질서회복, 작게는 교사의 구조조정까지 그들은 맡은 바 임무를 다했다.

새 술은 새 부대에
'혁명위원회가 좋다'

문화대혁명 초기는 기세가 매우 거셌다. 특히 중앙 및 지방정부 차원에서 권력을 갖고 있던 기존 당 간부 및 관료세력을 대신해 급진파가 권력을 잡는 일이 주요 과제였다. 1967년에 '상하이 1월 폭풍'을 시작으로 조반造返―반역, 항거, 저항을 뜻함―파는 마오쩌둥의 지지를 받으며 전국 각지에서 권력을 장악했지만, 얼마 안 돼 혁명위원회에 흡수되고 말았다. 혁명위원회는 문화대혁명이 한창이던 1968년에 인민해방군, 홍위병, 공산당 대표가 모여 만든 새로운 권력기구로 전국적으로 설치되어 각 지역에서 질서회복과 행정업무를 담당했다.

잡지 〈홍치紅旗〉는 '혁명적 세 결합'이란 사설 첫머리에 마오쩌둥의 말을 인용하여 혁명위원회를 찬양했다.

"권한을 빼앗을 필요가 있는 지방과 단위는 반드시 혁명

그림 1 국영쑹링松陵기계공장 혁명위원회 설립대회 초대장, 설립경축대회 준비소조小組, 1968년

적 세 결합 방침을 실행하여 혁명적이되 대표성을 갖는 무산
계급을 주축으로 한 임시권력기구를 건립한다. 이 기구의 명칭
은 혁명위원회라 하면 좋겠다.”

이때부터 '혁명위원회가 좋다'는 말이 문화대혁명 시대의
또 다른 구호가 되었다. 당시 혁명위원회의 설립은 무산계급이
다시 권력투쟁에서 승리했음을 상징하는 장면이었기에 각 지
역이나 부문별로 혁명위원회 탄생을 대대적으로 경축했다.

그림 1은 1968년에 국영쑹링松陵기계공장이 혁명위원회 설
립경축대회를 개최하며 발송한 초대장으로, 앞뒤 표지에 마오
쩌둥 초상과 함께 전서체로 쓴 '경축 마오쩌둥 주석 만수무강'
이란 문구와 충忠자가 새겨진 붉은 심장 모양이 3개 보인다. 본
문에는 쌍희자를 배경으로 다음과 같은 내용이 적혀 있다.

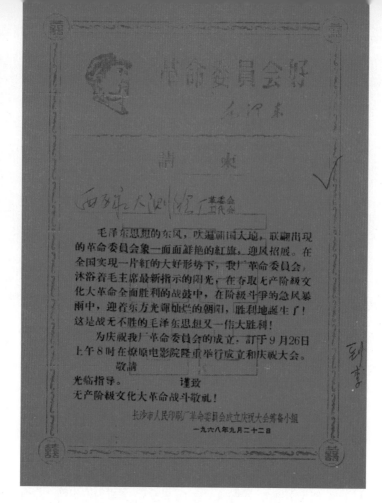

그림 2 창샤長沙인민인쇄공장 혁명위원회 설립대회 초대장, 설립경축대회 준비소조, 1968년

최고지시

혁명위원회가 좋다.

마오쩌둥 주석을 수뇌로, 린林 부주석을 그다음으로 하는 무
산계급 사령부의 영명한 지도하에 그리고 선양군구와 성시省市
혁명위원회의 친절한 보살핌과 도움으로 계급투쟁의 폭풍 속

에서 우리 공장 혁명위원회는 탄생했습니다. 이것은 모든 전쟁에서 승리하는 마오쩌둥 사상의 위대한 승리입니다! 그리고 중국인민해방군 삼지三支, 양군兩軍사업의 또 다른 대단한 성과입니다!

우리 공장 혁명위원회의 탄생을 열렬히 환호하고자 1968년 6월 30일 오전 8시, 싼타이쯔三臺子 쑹링운동장에서 설립 및 경축대회를 성대히 개최하오니 필히 참석하여 지도해주길 바랍니다.

국영쑹링기계공장 혁명위원회 설립경축대회 준비소조

그림 2도 같은 해에 설립된 창샤長沙인민인쇄공장 혁명위원회 설립경축대회 초대장인데, 앞의 초대장과 형식은 흡사하나 서정성이 돋보여 감상해볼 만하다.

마오쩌둥 사상의 바람은 조국의 대지 위에 불고 혁명위원회는 화려한 붉은 깃발처럼 그 바람을 맞아 펄럭이고 있습니다. 전국이 한 덩이 붉은 빛깔이 된 경사스러운 상황에서 우리 공장 혁명위원회는 마오쩌둥 주석의 최고지시라는 햇살 아래 무산계급 문화대혁명의 전면 승리를 쟁취하는 전고戰鼓와 계급투쟁의 폭풍우 속에서 찬란히 빛나는 동쪽 아침 태양빛을 받으며 탄생했습니다! 이것은 전쟁에서 항상 승리하는 마오쩌둥 사상의 또 하나의 위대한 승리입니다!

우리 공장 혁명위원회의 설립을 경축하기 위해 9월 26일 오

1962

그림 3 양판희樣板戱 공연초대장, 병단兵團타이위안연극단, 1968년

전 8시 랴오위안燎原영화관에서 설립 및 경축대회를 거행합니다. 공손히 초대하니 와서 지도해주길 바랍니다.
무산계급 문화대혁명 전투 경례!

그림 3은 1968년에 병단타이위안연극단 징강산공사가 배포한 혁명모범극 공연초대장이다. '병단兵團', '공사公社' 같은 단어는 문화대혁명의 주요세력인 조반파가 자주 쓰던 명칭이다. 내용은《노삼편》중 〈베쑨을 기념하며〉를 연극으로 만들어 연습공연을 진행하니 관람하러 오라는 것인데, '장칭江青 동지의 호소에 호응하기 위해'라는 문장이 눈길을 끈다. 도대체 연극 관람과 장칭 동지의 호소랑 무슨 관계가 있는 건지 당시의 맥락을 모르는 젊은이들은 궁금할 것도 같다.

마오쩌둥의 부인이자 사인방 중 한 명인 장칭은 문화대혁명 당시 '경애하는 기수旗手'라는 명예를 얻었다. 그녀는 문화계에 종사하며 한동안 전국 문예사업과 선전사업을 장악했고 경극의 한 종류이자 혁명모범극을 의미하는 전설의 '양판희'를 만들었다. '양판희'는 문화대혁명 때는 누구나 몇 번은 들어봤을 정도로 유행했기에 50세 이상은 웬만하면 두서너 마디 곡조 정도는 흥얼거릴 수 있다. 초대장에 '장칭 동지의 호소에 호응하자'는 문구가 적혀 있는 이유다.

II.

아무데나 붙는
마오쩌둥 최고지시

마오쩌둥 혹은 당에서부터 내려온 최고지시와 이런저런 마오쩌둥 말들은 문화대혁명의 낙인과도 같이 온 사방에 흔적을 남겼다. 그림 1은 1960년대 혹은 1970년대의 전보다. 당연하다는 듯이 인쇄된 《마오쩌둥어록》 발췌문을 통해 문화대혁명 때 전보로 짐작해본다. 당시에는 소소한 전보에까지 관례에 의하여 '최고지시'와 '마오쩌둥의 책을 읽고, 마오쩌둥의 말을 들으며, 마오쩌둥의 지시에 따라 일을 처리한다'는 내용이 반드시 기재됐다.

저우언라이가 1천5백 킬로미터에 이르는 인공수로 홍기거紅箕渠와 함께 인민정부 2대 기적으로 꼽은 난징창장南京長江대교는 1960년에 착공하여 선진 건축기술로 1969년에 완공됐다. 길이 6천7백 미터로 당시 중국에서 가장 긴 다리였던 만큼

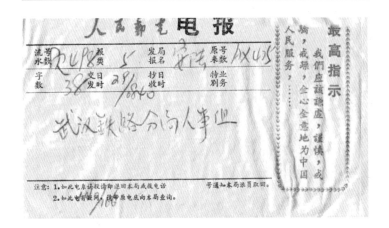

그림 1 전보, 1960년대~1970년대

여러모로 사건사고가 끊이지 않았다. 착공한 해인 1960년은 심각한 자연재해를 입어 기근에 시달리느라 인부들은 굶주림을 참으며 다리를 건설했다. 마무리될 시점에는 문화대혁명이 일어나 마오쩌둥을 중심으로 한 극좌파, 소위 조반파가 난입해 건설현장을 아수라장으로 만들었다.

하지만 저우언라이가 온 힘을 다해 혼란 국면을 안정시킨 덕분에 다행히 완성됐고 훗날 기네스북에까지 올랐다. 건축물을 두고 '굳어진 역사'라고 표현들 하는데 그 말처럼 난징창장대교는 중국 현대사의 한 토막을 기록한다. **그림 2**의 개통대회 참가증에는 난징창장대교 탄생에 공헌한 저우언라이 대신 그걸 망칠 뻔한 조반파의 우두머리 격인 마오쩌둥 초상과 어록에서 뽑은 말이 인쇄되어 있다.

그림 2　난징창장대교 개통대회 참가증, 난징시혁명위원회 경축창장대교 전노선개통대회
　　　　기획위원회, 1968년

다리가 높이 남북을 가로지르니, 천연의 요새도 탄탄대로로
바뀌었구나.

　　오늘날 베이징에서 용무를 보러 나갈 때 수고도 적고 시
간도 단축되는 현명한 교통수단은 지하철이다. 수도 베이징은
1965년에 최초로 지하철 공사를 시작했고, 4년 뒤 1969년 10
월에 1기 공사가 끝나 운영에 들어갔다. 이로써 혁명과 내전,
한국전쟁 등 주요한 전쟁 때마다 땅굴을 이용한 전술을 주로
사용했던 나라에 마침내 땅속 도로인 지하철이 생겼다. **그림 3**
은 문화대혁명이 한창이던 1969년에 제작된 베이징지하철 마

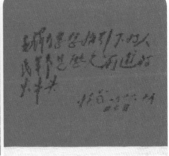

그림 3 베이징지하철 마오쩌둥지시 4주년 기념표, 1969년
그림 4 베이징지하철 개통 기념표, 1969년

오쩌둥지시 4주년 기념표다. 마오쩌둥 주석이 지하철공사 착공을 친필로 지시한 지 4주년이 됐음을 열렬하게 경축한다는 내용이다. 이 정도면 마오쩌둥과 정치가 얼마나 우선시됐는지 보여주기에 충분하지 않은가. 당시 어떤 이들은 마오쩌둥의 최고지시를 각종 공문서에 인쇄할 뿐만 아니라, 거기에 곡을 붙여 이상야릇한 어록가를 창작해 부르기까지 했다.

　그림 4 또한 1969년에 제작된 베이징지하철 개통을 축하하는 기념표로, '수도지하철도개통기념'이란 글을 비롯해 마오쩌둥 사진과 최고지시, 그리고 군사천재라 불리는 린뱌오의 격려가 적혀 있다. 마오쩌둥의 최고지시는 다음과 같다.

　심혈을 기울여 설계하고 정성껏 시공하라. 건설 과정 중 분명 적지 않은 착오와 실패가 있을 것이니 수시로 주의하고 고쳐 나가라.

혁명,
이혼을 부채질했나?

당연한 말이겠지만 사회주의 혁명은 정치와 경제만 바꾸지 않았다. 혁명은 수천 년 역사를 거쳐 오며 정교하게 다듬어진 문화와 전통, 관습에 변화를 일으켰고, 사람들의 일상을 바꾸었다. 그것이 혁명의 진정한 효과였다.

결혼제도도 예외가 아니었다. 옛말에 "열 개의 사당을 허물더라도 하나의 가정이라도 허물어서는 안 된다"라는 게 있다. 사당은 조상의 영혼이 머무는 곳이다. 그 사당을 허문다는 것은 전통사회에서 상상도 할 수 없을 만큼 큰 죄에 해당했다. 한 가정을 허무는 일은 열 개의 사당을 허무는 것보다 더 큰 죄를 짓는 일이었다. 이렇게 이혼에 대한 평가가 냉정한데 누가 감히 이혼을 할 수 있었겠는가?

그러나 쌀이나 땔감 같은 생필품조차 구하기 어려운 사람들에게 결혼생활 유지는 쉽지 않은 일이었다. 역사의 어느 시대고 그런 경우에는 가정이 파탄 나기 마련이다. 한편 경제적 이유말고 다른 이유로 이혼한다고 해도 전통시대에는 사실상 이혼을 요구할 권리가 남자 쪽에만 주어졌다. 때문에 일방적으로 여자가 내쫓김을 당하기 일쑤였다. 합의이혼 같은 것은 상상도 할 수 없었다.

중국에서 이혼이 현실적으로 가능해진 시기는 혁명 이후 1950년대에 들어서면서부터다. 이와 함께 가정법원 출두증서, 이혼판결서, 이혼증서, 재결합증서 등 과거에는 상상도 하지 못할 증서들이 등장했다. 이때는 공교롭게도 혁명의 여파로 사당과 사원이 허물어지거나 다른 용도로 개조되던 시기였다. 중국인들은 지주의 재산을 몰수하는 한편 신령이 깃들었다고 믿던 사당을 뒤엎어버리며 전에 없던 정신적 해방을 맛보는 중이었다.

이러한 사회 분위기 속에서 인민정부는 새로운 혼인법을 제정해 발표했다. 그 내용 중 하나가 이혼에 관련한 건으로 쌍방이 동의하는 것만으로 간단히 이혼할 수 있도록 배려했다. 혼인법 시행 초기에 얼마나 많은 이혼이 이루어졌는지 농민들은 혼인법을 '이혼법'이라 부르기도 했다.

그림 1은 1950년에 우이武冫현 인민정부 사법과가 발급한 이혼판결서다. 판결일은 혼인법이 막 시행된 5월 20일로 남편 20세, 아내 23세로 나이 어린 부부다. 혼인법 시행 전부터 이미 젊은이들 사이에 '혼인자유, 남녀평등' 사상이 어느 정도 뿌

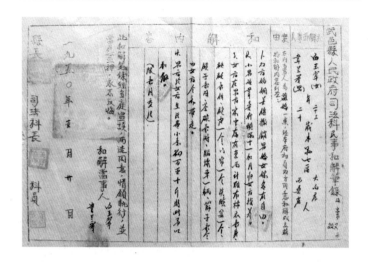

그림 1 이혼판결서, 우이현 인민정부 사법과, 1950년

리내렸음을 알려준다. 앞면에 깔끔한 붓글씨로 기록한 협의내용은 이혼 후 아내가 분할 받게 될 재산 목록인데, 행간에 당시 생활 수준이 담겨 있어 음미해볼 만하다.

남편 집에 있는 아내 물건: 광목솜옷 1벌, 겹저고리 1벌, 두루마기 1벌, 문발 1개, 세숫대야 1개, 거울 1쌍, 찻잔 1쌍, 물레 1대, 체 1개
이상의 생필품은 모두 부인이 소유함.

또한 위부터 순서대로 현장, 사법과장, 담당직원 공인이 찍혀 있다. 현의 최고지도자인 현장까지 판결서에 공인을 찍는

그림 2 이혼증서, 산둥성 인민정부, 1955년

3급 책임제를 도입할 만큼 이혼을 주요 행정업무로 다루었다. 1955년에 산둥성 인민정부가 남편 쪽에 발급한 이혼증서인 그림 2에도 공인이 보인다.

당시 이혼을 중요하게 처리한 이유는 몇 가지가 있다. 첫째, 예부터 혼인을 인륜지대사로 여겼으니 그 혼인을 깨는 이혼을 소홀하게 여길 수가 없었다. 아무리 봉건적 혼인제 철폐에 방점을 찍더라도 멋대로 이유 없이 이혼하게 내버려둘 수는 없었을 것이다. 둘째, 1950년부터 1953년까지 혼인법이 규정한 대로 이혼이 평등하게 이루어지도록 중앙정부가 지방정부에 각별한 주의를 요청했다. 고대부터 지방정부는 광대한 영토를 효과적으로 통제하고자 중앙정부로부터 통치권한을 상당수 이전받아 지역의 대소사, 가사와 행정과 사법 등 실생활과 관련된 전반적인 업무를 담당했다. 인민정부 초기에도 이러한 틀이 그대로 유지되어 성장, 현장, 구장, 향장 같은 지방관리가 지역의 대소사를 책임졌다. 게다가 1950년대 초기, 농촌사회는 농업과 수공업을 중심으로 공동체를 이룬 탓에 현장의 업무범위가 그다지 넓고 다양하지 않았다. 그러니 현장이 이혼사유의 타당성을 검토하고 이혼판결서에 공인을 찍어 직접 재가하는 것이 당연했다.

1950년대 중반이 되면 이제 이혼은 더 이상 특별한 일이 아니라 누구에게나 일어날 수 있는 현실이 되었다. 이혼을 법원에 호소하는 일이 잦아졌고 종종 이혼 후 다시 재결합하는 부부도 생겨났다.

그림 3은 톈진시 제4구 인민법원이 이혼안건을 처리하기 위해 발부한 법원출두증이며, 그림 4는 상하이시 서우청壽成구가 발급한 결혼회복증이다. 부부의 사진까지 붙어 있는 결혼회복증이라니, 실로 놀랍기 그지없다. 남편과 아내가 각각 1924년과 1927년 출생으로, 무슨 연유에서인지 이혼했다가 1956년에 다시 재결합했다. '서로 사랑하고 존경하며 화목 단결하여 한 마음으로 노동생산에 협력하라'는 문구가 이들의 앞날을 축복해주는 듯하다.

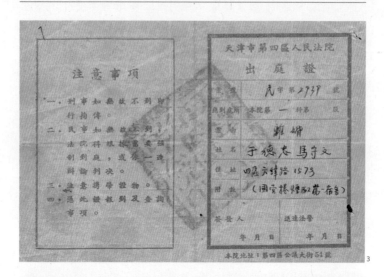

그림 3 법원출두증法院出庭證, 톈진시 제4구 인민법원, 1950년대
그림 4 결혼회복증恢復結婚證, 상하이시, 1956년

어쨌든 이혼이란 단어를 거리낌 없이 사용한다는 것은 사회의 진보를 나타낸다. 전통사회에서 '아내를 버린다'는 말에 아무도 특별한 느낌을 담지 않았다. 여자는 폭력을 당하거나 팔려가도 그저 순응할 뿐 이혼할 권한조차 전혀 없는 보잘것 없는 존재였다. 하지만 사회는 진보하고 사람도 진보한다. 이혼판결서나 이혼증서 속 여자들은 일찍이 이혼할 권리를 쟁취했던 사람들이다. 그녀들은 남녀평등을 깨닫고 평생 남편에게 복종할 필요가 없음을 몸소 실천했다. 가정을 기업에 비유하자면, 남성이 여성을 해고하듯 여성도 남성을 해고할 수 있지 않은가.

13.

신랑신부보다
정치가 중요해

문화대혁명의 광풍은 결혼에도 영향을 미쳤다. 이미 1949
년 인민정부 성립 이후 결혼문화는 빠르게 변화하기 시작한
터였다. 자유결혼이란 기초 위에서 혼례는 간략해졌고 예복은
군복이나 인민복을 입었다. 성대하게 차리던 구시대 결혼식에
비해 사탕과 찻물, 담배만을 준비해 손님을 초대했다.

1966년 이후, 문화대혁명 시절에는 마오쩌둥 초상과 양
가 부모에게 차례로 인사하고 마지막으로 부부가 서로 경례
하면 그걸로 결혼식이 끝이 났다. 결혼식이 간소해졌다기보다
는 아예 혁명화한 것이다. 혼인증서 또한 시대상을 반영해 뚜
렷한 정치성을 품었다. 오성홍기와 국가휘장 그리고《마오쩌둥
어록》이 적혔을 뿐 원앙이나 꽃 같은 장식은 전혀 보이지 않는
다. 심지어 혼인에 빠져서는 안 될 쌍희囍는커녕 희喜자 한 글

자조차 찾아볼 수 없다.

　　그림 1은 문화대혁명이 한창이던 1969년에 제작된 청첩장이다. 마오쩌둥 초상과 함께 《마오쩌둥어록》 발췌문이 4/5를 차지하고 결혼식 일정과 장소는 아래에 조그맣게 적혀 있다. 청첩장 수준이 이러하니, 결혼식 자체는 어떠했을지 가히 짐작할 만하다. 당시 혁명화한 결혼식을 치르도록 인민정부가 앞장서 설파했고, 그에 따라 신랑신부는 친척과 친구 몇몇을 불러 혁명화한 예식 순서에 따라 식을 올렸다. 먼저 마오쩌둥 주석 사진이나 초상화에 허리 굽혀 인사한 신랑신부가 서로 인사한 다음, 피로연에서 《마오쩌둥어록》을 예물로 주고받고 암송하거나 하객과 함께 마오쩌둥 저작을 학습한 소감을 나누는 식이었다. 이게 무슨 결혼식인가! 완전히 마오쩌둥의 최고지시를 학습하고 선전하는 정치활동의 복사판일 뿐이었다.

그림 1 청첩장, 1969년

그림 2 만혼증서晩婚證, 문화대혁명 시기

그림 2도 문화대혁명이 낳은 이단아, 만혼증서다. 늦게 결혼했음을 증명하는 문서랄까. 문화대혁명 때 인민정부는 남녀 젊은이에게 혁명을 위해 늦게 결혼하라고 호소했다. 한 가구에 아이 한 명밖에 갖지 못하게 결혼연령을 늦추려는 속셈이었다. 1960년대에 이미 중국은 인구증가를 억제하고자 가족계획 관리부서를 설립할 정도로 인구문제에 골머리를 앓고 있었다. 만혼만육晩婚晩育은 인민정부가 나름대로 고안한 인구 억제정책이었다.

혁명을 싣고
달리는 기차

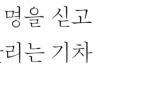

혁명은 종종 기차나 전기 같은 근대문명 확산에 비유된다. 러시아혁명의 아버지인 레닌은 사회주의를 전기와 소비에트의 결합이라고 불렀고, 혁명열차를 편성해 러시아 곳곳으로 혁명 열기를 전파시켰다. 중국에서도 혁명 이후 철도 등 교통수단과 통신수단은 혁명 성과를 전파하기 위한 중요한 수단이었다.

그림 1은 중화인민공화국 건국 한 달 전인 1949년 9월 1일에 배포된 기차시각표로, 중국인민혁명군사위원회 산하 철도부 명의로 발표했다. 운행구간은 베이징과 톈진을 중심으로 한 화베이 지역이다. 화베이 지역은 1949년 초 이미 인민해방군이 점령하여 통치하고 있었다. 다만 아직 정식으로 인민정부가 발족하지 않은 탓에 정부기관으로서의 철도부 대신 군대 조직의 한 부서로 철도부를 만들었다. 물론 민간인도 이용했지

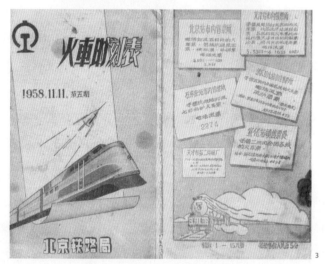

그림 1 기차시각표火車時刻表, 중국인민혁명군사위원회 철도부, 1949년
그림 2 톈란天蘭철도 개통경축대회 참가증觀禮證, 1952년
그림 3 제5기 기차시각표, 베이징철로국, 1958년

만 전시상황에서 철도는 물자수송부터 군부대 이전까지 책임지는 주요 군사도구였다. 그래서 철도 관리는 혁명군의 주요 임무중 하나였다.

인민정부는 원활한 경제발전을 이루려면 대륙을 잇는 철도가 필요하다는 생각에 건국과 함께 전쟁으로 파괴된 철도노선 복구와 새로운 철도노선 건설에 돌입했다. 먼저 큰 성과가 나타난 것이 동쪽 톈수이天水에서 서부 관문도시인 란저우蘭州를 잇는 톈란철도다. 톈란철도가 개통되면서 대륙 동부에서 중부 그리고 서부까지 관통하는 노선이 비로소 완성됐다. **그림 2**는 1952년에 중화인민공화국 건국 3주년을 겸한 톈란철도 개통경축대회 참가증이다. 두 가지 경사를 함께 축하하여 기쁨에 기쁨을 더하는 방법은 검소한 생활습관을 가진 사람만이 생각할 수 있다. 하지만 사실 건국기념일은 중국 최대 기념일로 가끔 철도건설 같은 대형사업을 건국기념일에 맞추어 완공일자를 잡고 공사기한을 재촉할 때도 있었다.

그림 3은 1958년에 베이징철로국이 발행한 제5기 기차시각표다. 가격은 5펀이며 베이징과 톈진, 장자커우와 스자좡 시내기차표 판매소 광고가 적혀 있다. 광고는 전화로 2일이나 5일, 혹은 7일 내 기차표를 예약할 수 있으며 표 배달도 가능하다는 내용으로 대동소이하다. 더불어 톈진에 있는 제2인쇄공장도 광고하고 있다. **그림 4**는 기차에서 잘 때 필요한 베개나 이불 등을 이용하는 표인 침대칸 침구표와 기차 안에는 들어갈 수 없는 플랫폼 입장권으로, 둘 다 1960년대에 발행됐다.

그림 4 침대칸 침구표臥具票와 플랫폼 입장권站台票, 1950년대~1960년대
그림 5 민주3호 여객선 운항재개 기념광고, 상하이시 해운관리국, 1955년

가격은 각각 5자오와 1자오였다.

　그림 5는 1955년에 상하이시 해운관리국이 여객선 민주3호의 운항재개를 기념하여 배포한 광고전단으로 여객선의 사진 뒷면에 민주3호가 겪은 사건을 일목요연하게 정리해 놓았다. 내용은 1955년 4월에 불행히도 암초에 부딪혀 침몰했으나 인민해방군의 발 빠른 구호조치로 사망자가 없었고 인양해 수리한 후 8개월이 지나 닝보寧波시로 가는 운항을 다시 재개했다는 거였다. 여객선 부족에 시달렸던 상하이시로서는 민주3호의 부활이 기쁘기 그지없는 일이었다. 그래서 광고전단까지 제작해 자축하는 한편 대중들에게 소식을 전해 영업했다.

15.

인민의
튼튼한 발

과거 중국을 상징하는 대표 문물 중 하나가 바로 자전거
다. 베이징의 톈안먼광장 앞 수 차로에 걸쳐 수백 수천 대 자
전거 무리가 달려가는 모습은 인상적인 풍경 중 하나였다. 이
전에는 고가의 물건이었던 자전거는 혁명 이후 대량으로 생산
되면서 점점 가격이 낮아져 인민들의 생필품에 가깝게 되었다.
전차와 버스 등도 많이 보급됐지만 그래도 근거리 교통수단으
로는 비용 대비 효과로 자전거만한 게 없었다.

   그림 1은 자전거의 상품가치를 상징하는 증서다. 1950년
대에 칭다오자전거공장이 발행한 보험증서인데, 이름만 보험
증서일 뿐 실제는 제품설명서 혹은 품질보증서에 가깝다. 보험
이란 중국인에게 아직 생소한 분야였고 보험증서는 그저 제품
을 환불할 수 있는, 즉 물건 구입 때 걱정을 덜어주는 증서 정

그림 1 국방표國防牌 가중加重자전거 보험증서保險單, 칭다오자전거공장, 1950년대

도로 인식됐다.

　아무튼 이 보험증서의 주인공은 국방표 28형으로 1952년에 새로 출시된 화물용 자전거다. 조사해보니 국방표 자전거는 명품 중의 명품이었다. 중량은 조금 무거웠지만 워낙 튼튼하게 만들어서 쉽게 망가지지 않았다. 1953년도에는 자전거 출하 가격이 약 1백52위안에 판매가격은 약 1백57위안이었다. 보통 노동자 월급이 20위안에서 30위안 사이였음을 감안하면 아직도 비싼 편에 속했기에 보험 같은 안전장치가 있어야 사람들

그림 2 자전거 추차요금영수증, 인민정부, 1950년대~1960년대

이 구입했을 것 같다. 예부터 중국인은 물건은 기본이요 며느리를 고를 때조차도 튼튼함을 최우선 조건으로 삼았다. 약골은 고전소설 《홍루몽紅樓夢》 여주인공 임대옥林黛玉처럼 예쁘더라도 농사일을 못 한다는 이유로 환영받지 못했으니, 오래 쓸 수 있는 건강한 자전거를 원한 것은 합당한 처사였다.

　　그림 2는 자전거 주차요금영수증이다. 위 두 장은 1950년대에 발급된 증서로 자전거 보관수수료가 3백 위안이었다. 얼핏 비싸다고 느껴지지만, 런민비人民幣의 변천사를 생각하면 꼭 그렇지는 않다. 1948년에 처음 발행된 1판 런민비와 1955년에

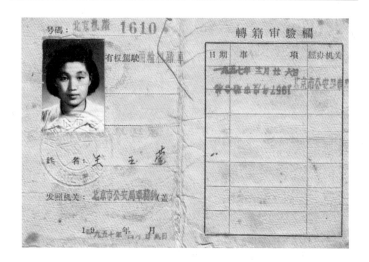

그림 3 오토바이 운전면허증, 베이징시 공안국, 1957년

발행된 2판 런민비 사이에 화폐가치가 달라져서 1판의 1만 위안은 2판의 1위안이었다. 따라서 3백 위안은 3펀 정도에 불과했다. 런민비는 이후 1962년에 3판, 1987년에 4판, 1999년에 5판을 발행했지만, 대체로 2판과 1대1의 화폐가치를 유지했다.

1950년대 후반부터 경제가 농업 중심에서 중공업 중심으로 변모하자 트랙터와 더불어 오토바이가 교통에 첨단 바람을 불어넣었다. 그림 3은 1957년에 베이징 공안국이 발행한 오토바이 운전면허증이다. 처음 들어올 때 오토바이는 기계가 움직이는 차란 뜻으로 2륜기답차兩輪機踏車라 칭했는데, 이 명칭은 아마도 자전거의 별칭인 각답차에서 파생된 것 같다. 때론 자전거보다 훨씬 속도가 빠르다고 발득쾌發得快 혹은 사고가 생겨서 빨리 죽는다고 사득쾌死得快라고 불렸다. 오토바이는 자동차에 비해 최첨단 교통수단은 아니었지만, 젊은이들에게 큰 인기를 끌며 개혁개방 초기 한때 잘 나갔다. 베이징 도심에서 오토바이가 좌충우돌하며 돌진하는 모습도 여기저기에서 자주 목격됐다. 그러나 지금은 대도시에서 행적을 감춘 지 오래다. 그게 환경오염 탓이었는지 아니면 이름 그대로 휙 하고 지나간 것인지는 알 수 없는 일이다.

도시에서 사용되는 교통수단은 아니지만 트랙터는 한때 지금의 위치와 달리 꽤 첨단 문물로 대접받았다. 2003년 10월 15일, 중국은 처음 유인우주선을 발사했다. 그리고 양리웨이楊利偉는 지구를 벗어나 우주에 간 최초 중국인으로서 남녀노소를 불문하고 중국인이라면 누구나 아는 이름이 됐다. 만약 예전 사람들 가운데 양리웨이와 비교할 만한 사람을 꼽는다면, 나는 주저 없이 량쥔梁軍이라고 대답하겠다. 량쥔은 중국 최초 여성 트랙터 운전사로 1950년대 중국 전역에 이름이 널리 퍼져 모르는 사람이 없었다. 1960년대에는 트랙터를 탄 그녀 모습이 수많은 중국인 손에 들어갔다. 1962년에 발행된 3판 런민비 1위안짜리인 **그림 4**의 모델이 그녀였다. 둘 모두 당대 최고 인기를 누렸을 뿐더러 결국 운전사라는 점에서는 우주선이나 트랙터나 큰 차이가 없었다.

1950년대 초까지 트랙터 운전사는 보통 학교나 국영공장에 있는 트랙터 교습반에서 교육받았다. 그러다 1955년에 인민해방군이 후방지원부서의 하나로 자동차·트랙터 관리부를

그림 4 런민비 1위안, 중국인민은행, 1962년
그림 5 자동차·트랙터汽車·拖拉機 관리학교 상장수여식 출석증, 중국인민해방군, 1956년

설치하면서 바뀌기 시작한다. 곧이어 트랙터에 대한 관리를 강화하고 전문인재를 양성하기 위해 자동차·트랙터 전문학교가 만들어졌다. **그림 5**는 인민해방군 산하 자동차·트랙터 관리학교의 1956년도 상장수여식 출석증으로 트랙터와 인민해방군의 관계를 엿볼 수 있다. 인민해방군은 트랙터가 군대에 없어서는 안 될 중요한 장비라고 판단하고 본격적으로 트랙터 운전사 양성에 나섰다. 그 일환으로 학생들에게 학습에 대한 열정과 동기를 심어주고자 시상식을 개최해 우수학생을 표창했

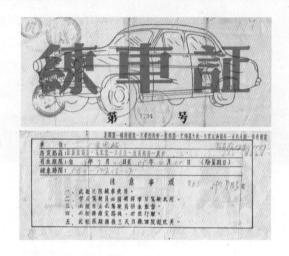

그림 6 도로연수증練車證, 베이징시 공안국 교통관리과, 1959년

다. 그 결과 일정한 수준을 갖춘 양질의 트랙터 운전사가 많이 배출됨으로써 군대뿐만 아니라 농촌도 많은 도움을 받았다.

기록에 따르면 최초 트랙터 운전사는 1950년에 탄생했다. 이에 비해 'Made in China'를 붙인 최초 트랙터는 그보다 9년 늦게 대약진운동이 한창이던 1959년에 생산됐다. 허난성 뤄양洛陽시에 있던 제1트랙터 제조공장에서 국가기술검정위원회의 검정을 받고 생산에 돌입하여 동방홍東方紅이란 상표를 부착했다. 이때 만들어진 첫 제품은 뤄양시 룬허潤河인민공사에 선물했다. 당시 대약진운동이 인민공사를 중심으로 이루어지고 있던 만큼 홍보 효과를 노린 전략적 선물이었다.

자전거가 사치품이고 트랙터가 첨단을 달리던 시절이었으

니 자동차는 또 어땠을까. 자동차는 이미 예전부터 최고 사치품 중 하나로 행여 동네에 출몰하면 주민 모두가 구경을 나갈 정도였다. 나는 어린 시절을 시골에서 보냈지만, 운 좋게도 몇 차례 자동차를 직접 구경하고 경적소리까지 들은 적이 있다. 그 느낌을 굳이 말하자면 두보의 시구 "이 가락 응당 하늘에 있을 것이, 인간 세상에 몇 번이나 들려올까" 정도로 표현될 듯싶다. 지금은 자동차의 경적소리가 그저 소음일 뿐이지만, 1950년대에는 이런 소음을 누리는 기회조차 얻기 어려웠다.

　　그림 6은 1959년에 발행된 도로연수증으로 일종의 도로주행 연습면허증이다. 지금 상식으로는 운전을 배울 때 커다란 운동장이나 아무것도 없는 야외에서 연습하기 마련이지만, 예전에는 실제 도로 위에서 연습했다. 증서에 적힌 내용은 도로연수 시간과 노선을 명확히 설명하고 도로연수생은 반드시 연습면허를 받아야 한다고 규정하고 있다. 당시는 자동차가 많지 않은데다 운전을 배울 정도로 경제사정이 좋은 사람들도 적었기에 운전교육은 대개 사숙과 비슷한 개인교습소에서 이루어졌다. 따라서 개인교사와 함께 도로를 교실 삼아 운전을 배우는 교육방식이 성행했다. 아마 그 무렵에 운전학원이 생겼다면 수익을 내지 못하고 고전했을 게 뻔하다.

전보 울렁증에서
벗어나다

전기가 대륙 곳곳으로 보급되면서 전기를 이용한 통신수
단인 전보와 전화도 더 많이 보급됐다. 전보는 속도가 빠르고
가격이 저렴하며 신뢰성이 높은 통신수단으로 예전 세대들이
'때때로' 이용하던 통신수단이었다. 여기서 '때때로'란 단어를
일상적이란 의미로 받아들여서는 곤란하다. 불과 30여 년 전
만 해도 설치된 곳이 많지 않던 전화와 비교해 전보를 몇 번
보내봤다는 뜻에서 '때때로'라고 표현했다.

과거에는 집에 급한 일이 생기거나 멀리 사는 친척에게
소식을 전할 때 전보 이외에 다른 선택의 여지가 없었다. 전보
를 보낼 만큼 서둘러야 할 소식이란 대개 좋은 소식보다는 집
에 불이 났다든가 누군가 죽었다든가 하는 나쁜 소식이 대부
분이었다. 가장 흔한 전보는 "모친이 편찮으니 속히 돌아와라"

그림 1 서신전보書信電報 광고카드, 선양시 보화報話국, 1950년대 초기

같은 내용이었다. 사무실 밖에서 전보가 왔다는 소리가 들리면 호명된 자는 자신도 모르게 불안감에 손발을 떨었다.

전보업무를 처리하는 전보대루電報大樓는 베이징 시단西單에 위치하며 1950년대 지어진 건물로 베이징 10대 건축물 중 하나로 꼽힌다. 비록 전보를 불길한 물건으로 여기기는 했으나, 당대에 빛나는 첨단산업임은 분명했다. 그래서 전보대루는 문을 열자마자 문전성시를 이루었다.

그림 1은 1950년대 초기에 선양시 보화국이 제작한 서신

전보 광고카드다. 서신전보는 보통 전보에 비하여 요금이 저렴하고 전송 및 배달에 관해 특별규정이 적용되는 전보를 일컫는다. 제작일이 적혀 있지 않으나, 뒤에 적힌 '항미원조, 보가위국抗美援朝, 保家衛國'이란 문구를 통해 한국전쟁이 한창인 1950년대 초일 듯하다. 여하튼 저렴한 요금으로 정확한 서신전보를 보내자며, 전보는 도달하지 못하는 지역 없이 전국 각지로 배달되며 요금은 평소 절반만 받는다는 내용이다. 요컨대 신제품인 서신전보를 할인가격으로 내놓았으니 많이

그림 2 국내전보 요금표價目表, 선양시 전보국, 1956년

사용해달라는 말로, 전보 시장을 더욱 개척하여 일반 사무용으로 보급시키려는 의도가 깔려 있다.

　　그림 2 역시 선양시 전보국이 1956년에 제작한 요금표로, 앞의 광고카드와 비교해 몇 가지 변화가 있다. 우선 보화국이란 명칭이 전보국으로 바뀌었고 요금기준이 경내境內와 경외境外 2개로 나뉘었다. '둥베이 지역으로 보내는 것을 경내, 산하이관山海關 이내로 보내는 것을 경외'로 한다는 주注도 달려 있

다. 보통 대륙을 경내, 해외를 경외로 구분하는 오늘날과는 지역을 구분하는 기준 자체가 달랐던 것 같다. 이 증서를 접하기 전까지 나는 중국의 전보통신이 지역제로 시행됐을 거라고는 생각하지 못했다. 그렇다면 광고카드에 적힌 '전보는 도달하지 못하는 지역 없이 전국 각지로 배달되며'라는 문장은 잘못된 것이 아닌가. 결국 두 증서는 몇 개로 구분된 큰 지역구 간에도 전보를 제대로 연결하지 못했던 과거 통신 수준을 적나라하게 드러내고 있다.

한편 전보가 자리 잡으면서 꼭 불길한 일만 알리지 않게 되었다. 손님을 맞이하러 기차역으로 가라는 등 일상적인 일도 전보를 통해 전달했다. 전보가 중국인의 생활 속으로 스며들면서 전보 공포증도 차츰 사라져갔다.

전보는 글자 수에 따라 요금을 지불했기에 사람들은 돈을 아끼려고 전보의 글자 수를 최대한 줄여서 사용했다. 예를 들어 '모병속귀母病速歸', 이 글자에는 수신자에게 보내는 2가지 내용이 담겨 있다. 첫째, 모친이 병에 걸렸으며 둘째, 빨리 돌아오라. 물론 모친이 어떤 병에 걸렸는지, 증상은 어느 정도로 심각한지, 언제 어떻게 돌아가야 하는지는 언급할 수 없었다. 구구절절 늘어놓으면 몇 배의 돈을 더 내야 했다.

그래서 수신자는 불분명한 내용으로 말미암아 항상 마음을 졸였다. 중국의 성급 행정구역과 큰 도시 몇 개는 약칭이 있는데, 내 생각에 그 역시 전보문 작성 시 필요했기 때문이 아닐까 싶다. 이런 연유로 예전 사람들은 '글이 간결하다'는 평

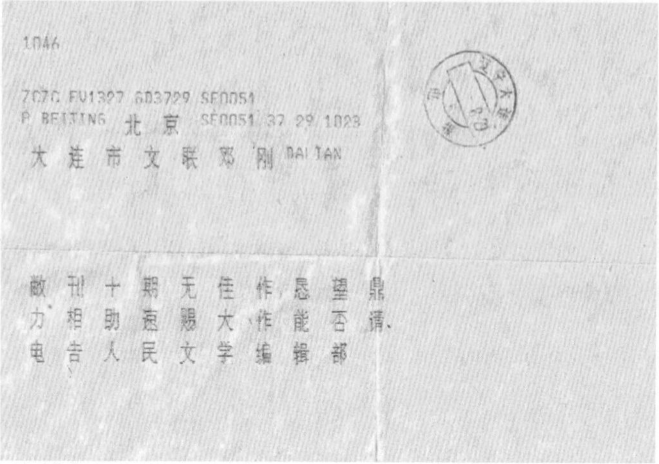

그림 3 원고청탁 서신전보, 인민정부 시기

가를 '전보문과 흡사하다'는 식으로 비유했다. 전보의 가장 취약한 점은 마치 몹시 야위어 뼈만 앙상하게 남은 사람처럼 내용이 너무 간략하다는 점이다.

그림 3은 문학잡지 〈런민문학人民文學〉이 다롄시 문학예술계연합회의 유명작가 덩강鄧剛에게 원고를 청탁하며 발송한 전보로, '저희 잡지 10기에 좋은 작품이 없습니다. 좋은 작품을 보내주실 수 있는지 여부를 런민문학 편집부로 알려주시길 바랍니다'라는 내용이다. 다른 전보에 비해 무언가 내용이 충실해진 듯하지 않은가. 이것은 업무용 전보지만 편지형태의 전보와 비슷하여 '서신전보'라 불렸다.

집은 물론 사무실에도 전화기가 없던 이때, 설사 전화기가 있다 해도 직원은 마음대로 장거리전화를 걸 수 없었다. 장거리전화를 걸 수 있다 해도 상대방한테 전화기가 없다면 무용지물이었다. 그런 점에서 서신전보는 전하고 싶은 말을 정확하고 완전하게 전하는 경제적인 방법이었다. 전보처럼 빠르면서도 더 많은 정보를 담을 수 있었다. 우리가 볼 때 이 전보문도 충분히 간결하다고 여기겠지만, 일반 전보와 비교하면 참으로 수다스럽다. '간망정력상조懇望鼎力相助' 즉 '힘써 도와주시기 바랍니다'라는 말을 삭제해도 의사전달에 무리가 없지 않나.

나도 여러 차례 서신전보를 발송해본 적이 있다. 1986년에 탄생한 〈중국과기보中國科技報〉 산둥성 주재기자로 일하던 때로, 신문 창간호에 싣는 첫 번째 원고를 서신전보로 보냈다. 신문에 실리는 글에는 흔히 출처가 표시되는데, 이 기사에는 지난濟南에서 전보로 보내졌다는 뜻으로 '본보지난전本報濟南電'이란 출처가 표시됐다. 내 기억으론 원고는 6백자를 넘지 않았고 베이징으로 전달하는 과정에서 한참 실랑이를 벌였다. 그 과정은 이랬다. 우선 내가 원고내용 전체를 빠짐없이 전보용지에다 써넣은 다음 우체국 직원이 다시 원고를 한 글자 한 글자씩 전신암호로 바꿔 전신기를 통해 베이징으로 보냈고, 베이징우체국은 그것을 다시 지난에서와 완전히 반대되는 작업을 통해 원래 원고 형태로 복원하여 신문사로 전달했다. 이렇게 주저리주저리 이야기하는 것은 이메일이나 전화에 비해 전보가 얼마나 번거로운 매체였는지 설명하기 위해서다.

전화를 빨리 받아
애국하자

전화도 혁명 이후 사치품에서 점차 일상의 물건으로 보급되기 시작했다. **그림 1**은 1950년 6월에 베이징전신국이 배포한 시내전화 월임대료납부 수첩이다. 예전에는 전화가입자가 납부고지서를 직접 가지고 가서 요금을 납부했다. 1950년 6월은 중국에서 사회주의 경제건설이 막 시작되던 시기다. 증서에 적혀 있는 '월조비전표月租費傳票'는 월임대료표를 말한다.

전화기 기종을 표시하는 칸에는 '정장기1구正墻機一具'라고 적혀 있는데, 구식 벽걸이 전화기라는 뜻이다. 초기의 전화기는 현재와 달리 대부분 벽걸이식이었고, 전화를 걸어 상대방과 통화하려면 먼저 수화기를 들고 전화를 향해 말을 해야 했다. 벽걸이식에 이어 탁상전화기가 출현했고, 지금은 더 간편한 휴대전화를 주머니에 넣고 다니게 됐다. 현대 중국어는 전화기의

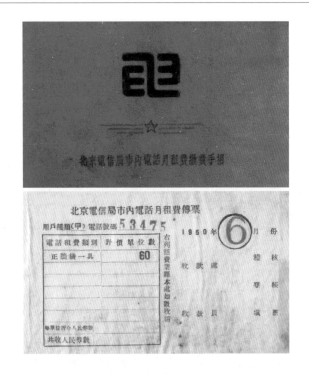

그림 1 시내전화 월임대료납부月租費繳費 수첩과 전표

개수를 셀 때 부部를 사용하지만, 이때만 해도 중화민국 시기에 사용했던 구具를 사용했다. 이런 작은 표현의 차이가 현대인에게는 매우 낯설게 느껴진다. 그리고 전화요금을 수납하는 전화요금 및 장거리 전화비 납부처가 베이징에 총 18개밖에 없었다는 점이 신기하다. 이토록 넓은 베이징에도 전화가 많이 보급되지 않았던 것이다.

1950년대 중국에서 사회주의 건설이 시작됨과 동시에 전

그림 2 전화절약 선전포스터, 상하이우정국, 1950년대

화와 관련된 문서 디자인도 크게 변화했다. 그 디자인의 변화
는 시대적 변화를 반영하고 있다. **그림 2**의 비눗갑만한 선전
포스터들의 주제는 절약이다. 두 장 모두 상하이우정국의 도
장이 찍힌 것으로 보아 우체국에서 공식 배포한 홍보카드임이
분명하다. 위 카드의 주제는 '전화벨이 울리면 즉시 전화를 받

자'로, 다음과 같은 해설이 곁들여 있다.

국가 총 노선의 빛이 비치는 오늘날, 여러분들은 시간에 충
실하자는 차원에서 전화 벨소리를 1초라도 짧게 울리게 해야
한다. 통계에 의하면 만약 가장 바쁜 시간대에 매번 1초의 통
화시간을 단축한다면 나라의 기본건설 투자자금을 1백억 위
안 넘게 절약할 수 있다.

당시는 전화요금 계산방법이 지금과 매우 달랐다. 지금은
벨이 울리더라도 전화를 받지 않으면 당연히 요금이 부과되지
않지만, 이때는 지금과 같은 기계식이 아니라 일일이 사람이
연결하는 방식이었다. 즉 벨이 울리는 동안에도 사람의 노동이
투입됐기에 전화를 받든 안 받든 상관없이 요금이 청구됐다.
이때 1억 위안은 이후의 1만 위안에 해당되는 금액이었으니, 1
백억 위안은 1백만 위안이다. 다만 어떻게 1백억 위안을 절약
할 수 있는지는 언급하지 않고 있다. 당시 사람들은 관대했던
지, 아니면 무지했던지 이런 불분명한 내용에 대해 트집 잡지
않았던 모양이다.

아래 카드의 주제는 '인사치례로 하는 말을 줄이고 통화시
간을 단축해서 다른 전화의 통화가 잘되도록 하여 중요한 일
에 지장을 주지 말자'이다. 생산력이 미숙한 수준이었기에 새
로운 것을 개척하는 것보다 절약하는 것이 더욱 중요한 시기
였다. 전화벨을 몇 번 덜 울리게 하는 일 역시 큰 절약이었다.

화상회의의 원조,
전화회의

중국 국토 면적은 9백5십9만 6천9백61제곱킬로미터. 러시아, 캐나다에 이어 세계 3위를 자랑한다. 인구수는 당연히 세계 1위. 국내외 모두 공식적으로는 13억 5천만 명 정도에 맞추고 있지만 발표기관에 따라서는 15억이라고도 하고 심지어 17억이라고도 한다. 어쨌든 세계 1위인 것은 분명하다. 그래서 오래전부터 중국을 부를 때는 지대인다地大人多, 즉 땅은 넓고 사람은 많다고 하였다. 이렇게 큰 나라다 보니 전국 단위 회의를 할 일도 많고 회의에 따르는 애로사항도 많지 않았을까.

오늘날 일부 정부기관이 화상으로 진행하는 전국회의가 가끔 뉴스에 등장한다. 서로 얼굴까지 비추며 하는 화상회의의 전신을 거슬러 찾아보면 전화회의로 이어진다. 전화회의가 언제 처음 등장했는지는 확인하기 어렵지만, 과거 몇십 년 동안

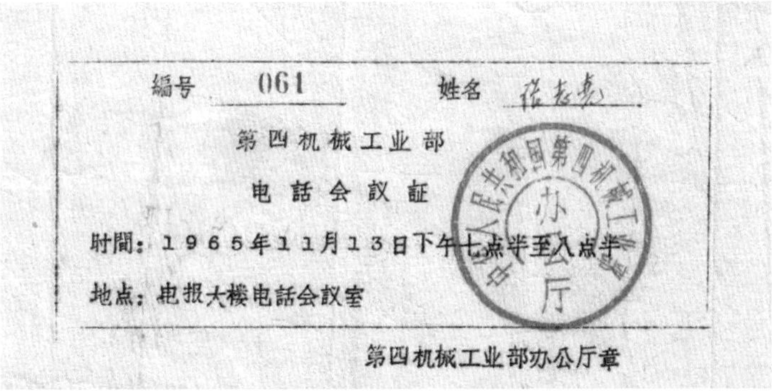

그림 1 전화회의증, 제4기계 공업부, 1965년

전화회의는 줄곧 정중한 분위기 속에서 진행됐다. 국가 각 부部와 위원회는 전화회의를 통해 중앙의 새로운 정책을 지방 관련 부처에 전달했고 각 지방에서는 다시 한 단계 한 단계씩 아래로 그 내용을 하달했다.

그림 1은 제4기계 공업부의 전화회의증이다. 이용기간은 1965년 11월 13일 오후 7시 30분에서 8시 30분까지, 당시에는 8시간 근무제는 물론 주말 2일 휴무라는 개념이 없었다. 전화회의를 저녁 시간대로 배치한 이유는 통신서비스의 처지가 어려웠기 때문이다. 비록 위풍당당한 중앙 부처라 하더라도 관리들은 앞서 소개한 전보대루 회의실을 임시로 빌려 전국전화회의를 개최했고, 회의내용은 전화선을 통해 각 성도省都의 하부 회의장으로 전달됐다. 하부 회의장에서는 많은 사람이 함께 청취할 수 있도록 전화기에다 마이크를 달아 회의내용을 방송

했다. 전화선 하나에 의존해 전국회의를 개최하다니, 불가능하지 않았나 싶다. 실제로 회의가 원활하게 진행됐는지 궁금할 따름이다.

대약진운동 때 내 고향에서도 통신시설이 아주 빠르게 발전했다. 당시 고향 마을의 행정부도 이때 처음 벽걸이식 전화기를 설치했다. 당시 정부는 전화선을 절약하려는 목적으로 여러 마을 전화를 직렬로 연결했다. 만약 전화가 걸려오면 대여섯 개 마을에서 전화기가 동시에 울렸다. 그러면 각 마을 사람들이 거의 동시에 전화를 받았고 수화기 안은 여러 사람이 제각기 '여보세요' 하는 소리로 시끄러웠다. 마치 떠들썩한 재래시장에 온 듯 크게 소리를 쳐야만 다른 사람을 제치고 전화교환대에 전화연결을 부탁할 수 있었다.

그리고 전화연결이 되어도 또다시 여러 마을에서 전화가 동시에 울리고 여러 사람들이 동시에 전화를 받았으므로, 큰 소리로 '어떤 마을의 누구를 찾는다'고 외쳐야 그 마을 사람이 듣고 그 사람에게 전할 수 있었다. 당시 전화 통화는 회의에서 발표하는 것과 비슷했다. 두 사람 대화를 다른 마을 사람 몇 명이 전화를 끊지 않고 같이 듣고 있었다. 때론 대화에 끼어드는 사람도 있었고 논쟁거리에 맞장구치는 사람도 있었다.

도시에서 고등학교에 다니던 시절, 방학을 맞아 시골집에 내려갔을 때가 기억난다. 그때 같은 마을 사람 한 명이 타향에서 집으로 전화를 걸었다. 아마도 내 고향 마을 최초 장거리 전화였을 것이다. 그 집 사람들은 중요한 전화를 제대로 받지

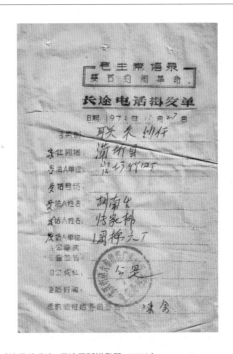

그림 2 장거리전화 통화내역표長途電話掛發單, 1972년

못할까 걱정하며 세상물정을 좀더 경험해본 나에게 도움을 청
했다. 전화연결은 엉망진창이라 전화교환원 한 명 한 명을 거
쳐 상대방 말이 나에게 전해졌는데, 앵무새가 남의 말을 따라
하는 것과 흡사했다. 이 앵무새들은 다시 내가 한 말을 전화선
을 통해 상대방에게 전했다. 그 와중에 전화가 몇 차례나 끊기
자 사람들은 야단법석을 떨었다. 나도 진땀이 났지만, 간신히
통화를 마무리했다.

　　그림 2의 '장도전화괘발단長途電話掛發單'이라 불리는 장거리

전화 통화내역표는 내가 처음 장거리전화를 걸었던 때부터 수십 년이 지난 후인 1972년에 제작됐다. 적어도 회사 단위별로는 모두 전화기가 설치됐지만, 사람 힘에 의지하는 수동 제어 방식의 전화연결법은 아직도 그대로였다. 그동안 사회발전은 제자리걸음이었다.

정말이지 전화 거는 절차가 너무도 번거로웠다. 우선 전화교환대에 등록한 후 교환원이 전화를 연결하면 상대편 전화 업무 담당자가 다시 통화하고자 하는 사람에게 전화가 왔음을 알렸다. 그리고 상대방 담당자가 전화를 받을 사람을 찾았음을 전화를 건 사람에게 알린 후에야 양쪽 통화가 정식으로 시작됐다. 교환원이 가운데서 내가 한 말을 상대편에 전해주고, 상대편 말을 나에게 전해주는 중개인 역할을 했다. 즉 중간 다리 역할을 하는 제3자가 없으면 장거리전화를 걸 수 없었다.

게다가 전화기는 오로지 정부기관을 비롯한 국가기관, 공공단체나 큰 회사 등에서만 설치해 사용할 수 있었지, 개인은 설령 돈이 있더라도 설치할 수 없었다. 물론 돈이 없는 사람들이 더 많았던 게 사실이지만 말이다.

19.

굶지 않게 되니
여행과 유람이다

속담 중에 '만 권의 책을 읽어도 만 리를 떠나본 것만 못하다'는 말이 있다. 이 말처럼 중국인들은 고금을 막론하고 여행을 기쁨과 배움을 주는 유익한 경험이라고 찬양했다. 하지만 인민의 다수가 가난했던 전통시대에는 여행이야말로 일부 계층의 사치품일 수밖에 없었다. 공산당정권의 최대 치적으로 꼽는 것 중 하나가 적어도 전 인민의 배를 굶게 하지는 않았다는 것이다. 물론 대약진운동 기간에 대규모 아사가 벌어지는 등과 같은 일이 있긴 했지만 이전 역사에 비해 확실히 절대 빈곤으로 인한 대규모 사회 참극은 많이 사라진 게 사실이다. 이처럼 많은 인민이 굶는 걱정에서 자유로워지자 차츰 개인의 취향과 여가에 대한 관심이 일기 시작했다. 바야흐로 많은 중국인들이 여행에 나선 것도 이때부터라고 할 수 있다.

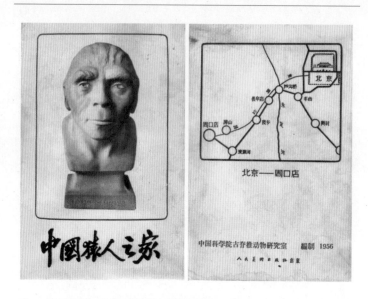

그림 1 저우커우뎬周口店 중국원인의 집 입장권, 베이징시, 1956년

그림 1은 저우커우뎬周口店 중국원인의 집 입장권이다. 저우커우뎬은 1929년(민국 18)에 저명한 고고학자이자 인류학자인 페이원중裵文中과 자란포賈蘭坡가 50만 년 전 베이징인 두개골을 발굴하며 유명해졌다. 이를 기념하고자 1956년에 중국원인의집을 세웠으며 훗날 베이징인유적박물관으로 개칭했다. 참고로 1987년, 유네스코는 인류학적으로 매우 가치 있는 발견임을 인정하며 저우커우뎬 베이징원인유적을 세계문화유산으로 지정했다.

이 입장권은 박물관이 막 건립된 1956년에 발행됐다. 앞면에는 지금도 교과서나 학술서에 삽입자료로 널리 활용되는

그림 2 이궁유람離宮遊覽券, 청더시 이궁관리사무소, 1958년

베이징인 두상을 배치하고, 뒷면에는 중국과학원 고척추동물 연구실이 직접 제작한 베이징에서 저우커우뎬으로 가는 약도를 담아 편의성을 높였다.

그림 2는 1958년에 발행된 이궁유람권으로, 즉 피더산장을 둘러볼 수 있는 입장권이다. 피더산장은 강희제가 1703년(강희 42)에 착공하여 건륭제가 1790년(건륭 55) 완공한, 현재 중국에 남아 있는 가장 큰 규모의 별궁이다. 87년이란 시간을 들여 건축한 만큼 궁전과 다리, 정자와 전각, 누각과 회랑, 탑과 묘 등 1백20개의 웅장한 건축물이 수려한 풍경을 자랑한다. 특히 정원과 연못이 아름다워 가히 한 폭의 정교하고 뛰어난

그림 3 서악西嶽 화華산 전도全圖, 1950년대

입체화라 칭송받으며 지금도 중국인이 여름에 많이 놀러 가는 명소 중 하나다. 베이징에 자금성이 있다면, 청더에는 피더산장이 있다는 말이 전해질 정도다.

'오악五嶽에서 돌아오면 산을 보러 다니지 않고, 청더에서 돌아오면 사묘寺廟를 보지 않는다'는 말이 있을 정도로 청더는 '사당의 도시'였다. 청나라 때는 사찰과 사원을 성 안팎으로 널리 세워 묘회─사원 주변에서 열리는 민속활동─와 제사가 매일같이 열렸다. 중심지역과 근교로 범위를 한정해도 청나라가 건축하고 조정이 직접 관리한 사묘 32곳과 지방관서와 민간에서 돈을 모아 세운 사묘 91곳, 총 123곳에 사묘가 있었다.

그리하여 각지에서 몰려온 사람들이 피우는 향이 엄청나서 여기저기 끊임없이 연기가 피어올랐다. 그중 궁궐을 둘러싼 사당인 외팔묘外八廟는 한족, 몽골족, 티베트족, 위구르족 등 여러 민족을 아우르는 건축미와 더불어 불교문화까지 더해진 전통 건축예술의 최고봉이자 최대 황실 사묘군이다. 그러나 안타깝게도 급격한 도시화를 거치며 현재 청더에는 과거의 1/3에 해당하는 사묘만이 남아 있을 뿐이다.

명승지와 더불어 인기 여행지였던 명산, 그중 산시성의 북악北嶽 헝恒산과 서악西嶽 화華산, 허난성의 중악中嶽 쑹嵩산, 산둥성의 동악東嶽 타이泰산, 후난성의 남악南嶽 헝衡산은 오악五嶽이라 불리며 명성을 떨쳤다. **그림 3**은 서악 화산 전도全圖로, 험난하지만 수려한 정경을 자랑하는 화산의 산세를 중심으로 나팔꽃을 모서리에 그려 넣었다. 이 화산 전도는 지금은 보기 드문 전통 방식의 수작업으로 만들었는데, 먼저 도안을 목판 혹은 석판 위에 새긴 다음 안료를 발라 종이 위에 찍어냈다. 이러한 다색 목판인쇄나 석판인쇄는 색의 수대로 판을 짜고 그 수만큼 여러 차례 찍어내야 하는 번거로운 작업이었다. 따라서 고해상도 고속출력이 가능한 인쇄기나 복사기가 대량 보급되자 예술분야 외에는 차츰 자취를 감췄다. 서악 화산 전도는 화산의 옛 모습을 간직함과 동시에 인쇄의 옛 모습을 간직한 귀한 사료인 셈이다.

칭다오시에 있는 라오嶗산도 도교와 관련된 신화와 전설이 많아서 신선이 사는 신성한 장소로 여겨지며 사랑받은 명

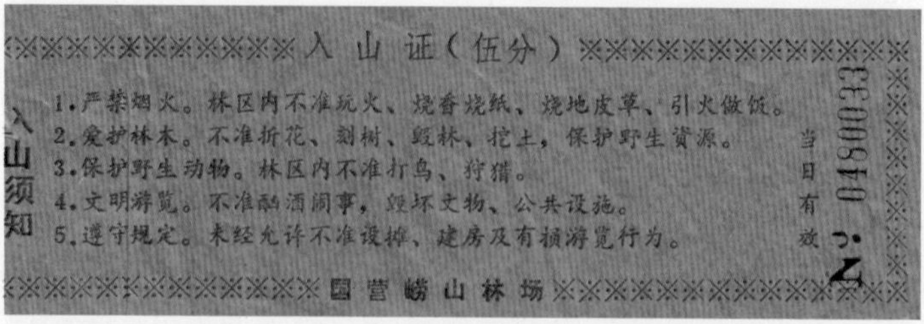
入山证（伍分）
入山须知
1.严禁烟火。林区内不准玩火、烧香烧纸、烧地皮草、引火做饭。
2.爱护林木。不准折花、刻树、毁林、挖土，保护野生资源。
3.保护野生动物。林区内不准打鸟、狩猎。
4.文明游览。不准酗酒闹事，毁坏文物、公共设施。
5.遵守规定。未经允许不准设摊、建房及有损游览行为。
当日有效
№ 0480033
國营崂山林场

그림 4 라오嶗산 입산증入山證, 국영라오산림장國營嶗山林場, 1950~1956년

산이다. **그림 4**는 라오산 입산증으로, 먼저 5개 항목으로 이루어진 입산수칙이 눈에 띈다. 불을 피우지 말 것, 야생동물과 문물을 보호할 것 같은 수칙이 인민정부의 자연보호정책은 물론 중국 내 생태여행의 초창기 모습을 잘 보여준다. 발행연도는 적혀 있지 않으나, '국영라오산림장'이란 단어를 통해 1950년에서 1956년 사이에 발행되지 않았을까 짐작해본다. 산림국유화로 인해 1950년에 설립된 국영라오산림장은 1956년에 칭다오라오산림장으로 이름을 바꾸었기 때문이다.

오늘날에는 여행의 테마나 방식이 개인의 취향에 따라 다양하지만 1960년대까지만 해도 여행 자체가 그다지 보편화되지 않았다. 먹고살기에 바쁜 대부분의 사람들은 가까운 공원이나 동물원을 찾는 게 고작이었고, 가장 오래되고 가장 많은 동물을 사육하는 베이징동물원은 최고의 나들이 장소였다. 사실 베이징동물원은 설립되고 30여 년이 지나도록 일반인에게는 풍문으로만 접할 수 있는 비밀의 공원이었다. 청나라 때인

그림 5 베이징동물원 안내서導遊畵, 1955년

1906년(광서 32)에 황실 동물원인 만생원萬牲園으로 출발했고 청조 멸망 이후에도 출입을 제한했기 때문이다. 이후 1950년에 처음 일반인에게 공개하였으며 1955년에 대대적인 정비를 거쳐 지금은 6백50여 종 5천여 마리에 달하는 동물을 볼 수 있게 되었다. **그림 5**는 베이징동물원이 1955년에 제작하여 배포한 안내서로, 표지에 판다를 비롯해 단정학, 호랑이 등 중국 고유의 진귀한 동물들 사진을 싣고 있다.

　　어떤 이는 동물원을 동물 감옥이라 칭한다. 대자연에서 동물원으로 붙잡혀온 동물은 자유를 잃어버린 그 순간부터 더

그림 6 위부터 고궁박물원 참관권, 팔달령八達嶺 입장권, 정릉定陵박물관 참관권,
　　　　장릉長陵 참관권, 1980년대 초

이상 자연이라 부를 수 없게 됐으니 그 말은 맞다. 동물원에 갇힌 동물은 인간의 포로이거나 그 포로의 후손이다. 약육강식에서 벗어난 그 포로들은 공연을 펼치며 관람객을 즐겁게 해주지만, 그들 스스로가 즐거운지 아닌지는 알 수 없다. 하지만 감옥에도 좋은 점은 있으니, 바로 사육사들이 모두 훌륭한 간수라서 동물들을 성심성의껏 보살피고 돌보는 것이 다행이면 다행이라고 말할 수 있지 않을까.

그림 6은 1980년대에 고궁박물원, 만리장성의 일부인 팔달령, 정릉박물관, 장릉 등 내가 직접 다니면서 모은 명승지 입장권들이다. 입장료는 적으면 1자오, 많아도 몇 자오였을 정도로 대체로 저렴했다. 1자오는 당시 음식점에서 국수 한 그릇을 사먹을 수 있는 돈이었으니, 어쨌든 오늘날 입장료에 비하면 엄청나게 싼 셈이다. 이처럼 저렴한 입장료는 개혁·개방 초기 중국 관광산업의 실상을 고스란히 담고 있다. 만리장성의 입장권이 1자오라니, 사람들은 만리장성을 국수 한 그릇의 가치밖에 없다고 여겼던 것일까. 그건 아니라고 생각한다. 밥을 하늘로 여긴다以食爲天고, 어려운 경제사정으로 끼니조차 해결하지 못할 때라 마음의 양식은 눈에 들어오지 않았을 뿐이다. 부유한 자에게는 문화가 필수불가결한 존재지만, 가난한 자에게는 없어도 그만인 존재다. 명승지 입장료의 상승은 중국이 그만큼 경제발전을 이룩했다는 의미기도 하지만 문물의 가치 또한 그만큼 높아졌다는 의미기도 하다.

20.

건국기념일의
여러 표정

지금도 그렇지만 국경절은 예로부터 중국 최대의 기념일이었다. **그림 1**은 조금 특별한 증서로, 중화인민공화국 건국기념위원회가 1954년에 발급한 자동차증이다. 말은 자동차증이지만 사실은 주차증이다. 앞면은 증서명과 발급기관 그리고 공인이 찍힌 깔끔한 구성이지만, 뒷면은 1954년 건국기념일 운전노선도와 '한 시간 전에 주차장에 도착해야 하며 이 증명서를 소지하면 문화관에 주차할 수 있다'는 등의 주의사항으로 가득하다. 그해 건국기념일 행사가 얼마나 성대하게 열렸는지를 어렴풋이 그려볼 수 있다.

그림 2는 1959년도 중화인민공화국 건국 10주년 경축대회 초대장인데, 당시 인민정부의 주요 지도자들이 누구였는지 확인할 수 있는 진귀한 자료다. 국가와 당을 이끌어가는 여

그림 1 자동차증汽車證, 중화인민공화국 건국기념위원회, 1954년
그림 2 중화인민공화국 건국 10주년 경축대회 초대장, 1959년

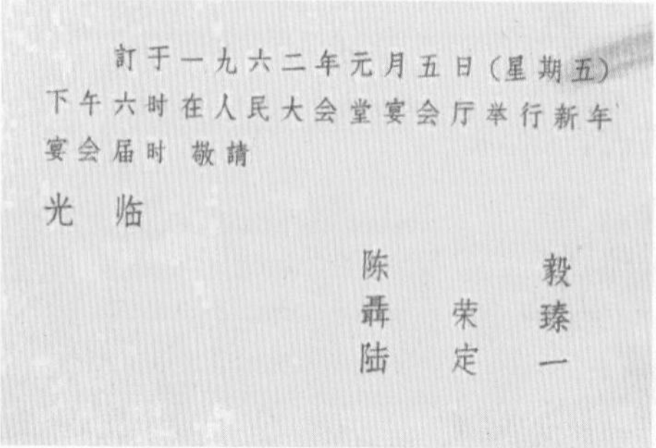

訂于一九六二年元月五日 (星期五)
下午六时在人民大会堂宴会厅举行新年
宴会届时 敬請

光 临

陈　　　　毅
聶　荣　臻
陆　定　一

3

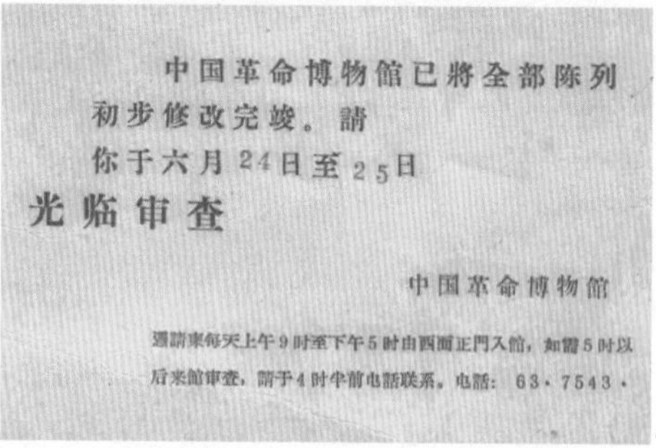

中国革命博物館已將全部陈列
初步修改完竣。請
你于六月24日至25日
光临审查

中国革命博物館

週請来每天上午9时至下午5时由西面正門入館，如需5时以
后来館審查，請于4时半前电話联系。电話：63·7543·

4

그림 3 신년연회 초대장, 1962년
그림 4 중국혁명박물관 개관 식전행사 초대장, 1961년

섯 명의 지도자, 즉 중국공산당중앙 마오쩌둥 주석과 류사오치
국가주석, 쑹칭링과 둥비우董必武 국가부주석, 인민대표대회 주
더 위원장, 저우언라이 총리가 연명連名으로 초대했다. 이 초대
장을 받은 사람도 큰 영광이었지 싶다. 경축대회는 1959년 9
월 29일 오후 2시 반, 인민대회당에서 열렸다. **그림 3**도 위 초
대장처럼 1962년에 천이陳毅, 녜룽전聶榮臻, 루딩이陸定- 연명으
로 보낸 신년연회 초대장으로, 당시는 이런 초대장이 드문 일

이 아니었음을 엿볼 수 있다.

한편 1959년 10월 1일, 국경절에는 베이징 톈안먼광장에서 건국 10주년 경축대회가 거행됐다. 11만 명이나 되는 군중이 각양각색의 꽃을 들고 거대한 문양과 '1949-1959' 숫자를 만들어 축하했으며 '온 힘을 다하여 노력하자', '선진 대열에 진입하기 위해 힘쓰자', '즐겁고 신속하게 사회주의 건설하자' 같은 구호 외에도 시대상을 반영하는 '인민공사 만세, 대약진 만세' 같은 표어들이 거리를 채웠다.

그림 4는 1961년에 중국혁명박물관이 발송한 개관 식전 행사 초대장이다. 중국혁명박물관은 오늘날 중국국가박물관의 전신 중 하나로 톈안먼광장 동쪽에 위치했다. 1950년에 중앙혁명박물관 준비위원회를 퇀성團城에 세웠으나 자금성 무영전武英殿으로 옮겨졌고, 이후 1959년에 준공했다. 1961년 7월에 정식 개관한 이래 근대사와 현대사 속 공산당의 발자취를 연구하며 그와 관련된 문물과 자료를 소장하고 전시했다. 이 초대장은 7월 정식 개관하여 일반인에게 공개하기 전, 각계 인사들에게 먼저 박물관을 공개했음을 알려준다. 중국혁명박물관이 실내장식과 기본적인 진열을 끝냈으니 6월 24일과 25일에 왕림해주길 바란다는 내용이다.

중화인민공화국 건국 후 국경절 경축행사는 형식상 몇 차례 변화를 겪었다. 1950년부터 1959년까지는 매년 대대적으로 축하행사와 열병식閱兵式을 함께 거행했고, 1960년부터 1970년까지는 톈안먼광장에서 성대한 군중집회와 군중행진

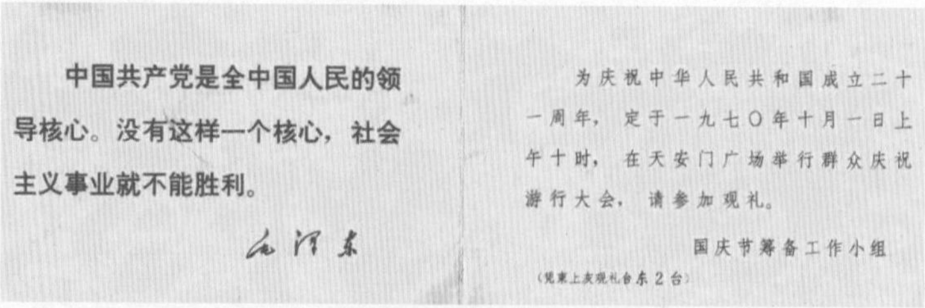

中国共产党是全中国人民的领导核心。没有这样一个核心，社会主义事业就不能胜利。

毛泽东

为庆祝中华人民共和国成立二十一周年，定于一九七〇年十月一日上午十时，在天安门广场举行群众庆祝游行大会，请参加观礼。

国庆节筹备工作小组

（凭本上天观礼台东2台）

그림 5 중화인민공화국 건국 21주년 행진대회 관람초대장, 국경절기획공작소조, 1970년

을 거행했을 뿐 열병식은 하지 않았다. **그림 5**는 1970년에 국경절기획공작소조, 즉 국경절기획준비위원회가 발송한 행진대회 관람초대장으로, 사회 및 정치영역의 대표들에게 톈안먼 성루에 올라 행진대회를 관람하라는 내용이다. 이후 15년 가까이 대규모 군중집회는 열리지 않았으니, 국경절 경축행사의 한 대목을 기록한 셈이다.

세상물정을
한눈에

모든 증서와 문서는 발행된 시대의 정치, 경제, 사회, 문화를 여러모로 반영하고 있기 마련이다. 가령 문화대혁명 때 만들어진 증서라고 해서 모두 정치적인 내용만 반영하고 있을 거라고 생각하면 오산이다. 거기에는 가격이나 성격 등을 통해 당시의 경제상황이나 문화현상 등을 짐작할 수 있는 내용이 담겨 있다. 즉 시대상을 입체적으로 조망할 수 있는 귀한 역사 자료들인 셈이다.

하루는 골동품시장을 한가롭게 거닐다가 우연히 **그림 1**의 1966년도 중앙미술학원 공회工會—동업조합—회비징수카드를 발견했다. 중앙미술학원은 1950년 베이징에 설립된 중국 유일의 교육부 직속 미술대학이며 중앙미술학원 역사가 곧 중국 현대미술사라고 할 정도로 저명한 미술가들을 많이 배출했

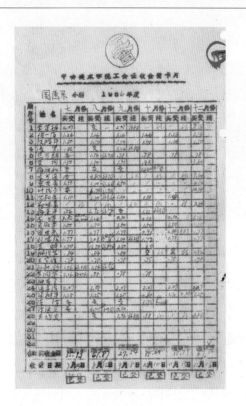

그림 1 중앙미술학원 공회工會 회비징수카드徵收會費卡片, 1966년

다. 회비징수카드에서도 미술계 대가들의 이름을 발견할 수 있었다.

중국화 전공: 리쿠찬李苦禪, 장자오허蔣兆和, 리커란李可染, 예첸위葉淺予

유화 전공: 뤄궁류羅工柳, 우쮜런吳作人, 둥시원董希文

판화 전공: 구위안古元, 황융위黃永玉 등등

郵電部北京電信局
公用電話通話證
公字第 458663 號
通話收費 元正
管經理人
（簽字或蓋章）

2

最高指示
为人民服务
北京市电信局
人民电话报销凭证
通话一次
话费四分

3

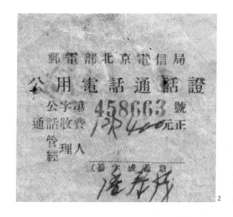

그림 2 공중전화 이용영수증, 베이징전신국, 1950년대
그림 3 공중전화 이용영수증, 베이징전신국, 1970년대

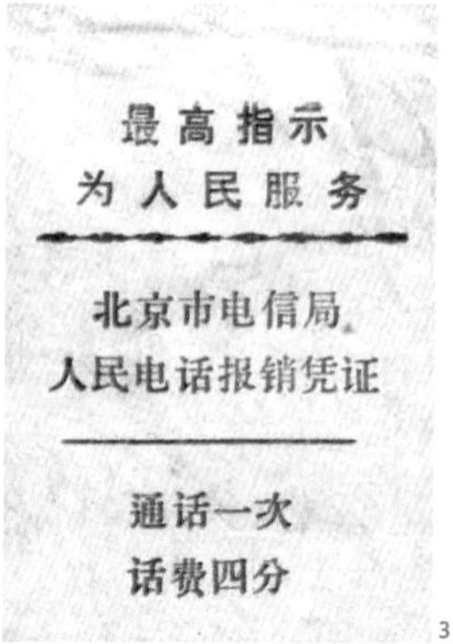

이들은 공회에 많게는 매달 3위안 남짓, 적게는 1위안 남짓 납부했다. 회비는 월급의 1퍼센트로, 이를 바탕으로 대략 계산해보면 1966년에 교수 월급은 1백 위안에서 3백 위안 사이였다. 40년이 지난 후에 다시 보니 참으로 만감이 교차한다. 카드 속 대가들은 거의 작고했으나, 그들의 작품은 적게는 수만 위안에서 비싸게는 수백 만 위안이란 가격으로 팔리고 있다. 자신이 받았던 월급보다 몇 백 배, 아니 몇 만 배에 달하는 높은 금액으로 말이다. 만약 지하에서 대가들이 이 소식을 접한다면 믿지 못하여 혹은 매우 기뻐서 눈물을 흘리지 않을까. 오늘날 보물로 취급받는 것들은 예전에는 보물이 아니었다. 지독하게 가난한 나머지 문화나 예술적 취향은 사치로 취급됐고, 오로지 먹을거리만이 중요한 시대였다.

공중전화 이용영수증을 보자. **그림 2**는 1950년대 초기의 영수증으로 이용료가 4백 위안이다. 이는 당시 엄청난 인플레이션을 반영한 것으로 지금으로 치면 4편에 해당하는 금액이다. **그림 3**은 문화대혁명이 한창이던 1970년대 영수증으로 '최고지시'라는 단어가 아주 선명하다. 이용료는 역시 4편이다. 약 20여 년이 지났음에도 전화요금은 조금도 인상되지 않았다. 시장의 변덕이 아니라 국가의 통제가 중요했던 만큼 물가는 안정적이었나 보다.

월표月票, 이른바 월정기권은 중국인이라면 누구나 한번은 들어보고 사용해봤을 테지만, **그림 4**의 버스·전차 월정기권은 아마 생소하지 않을까 싶다. 한 장으로 한 명이 사용하는 일반 방식이 아니라 여러 사람이 함께 사용할 수 있는 월정기권이다. 중앙에 찍힌 '베이징 방송기자재공장 사청공작대'라는 단체이름에서 대략 탄생 시기를 짐작할 수 있다. '사청四清'은 정치·경제·조직·사상을 깨끗이 하자는 뜻으로, 1963년부터 1966년까지 진행된 사회주의 교육운동의 모토였다. **그림 5**의 1967년도 월정기권이 3위안 5자오인데 반해, 여러 명이 사용하는 데도 7위안으로 가격이 쌌다. 단체용 월정기권이 등장하자 이용권한이 없는 사람들까지 너도나도 이 정기권을 가진 사람과 함께 몰래 승차하는 일이 빈번했다.

물가와는 상관없어도 예전 경제상황이 어떠했는지 증명해주는 증서도 많다. **그림 6**과 **그림 7**은 새로 건조된 선박 두 척의 진수 기념표다. 각각 1960년에 제작된 1만 톤급 원양선과

2부 ― 붉은 별, 인민공화국

그림 4 버스·전차 단체 월정기권月票, 베이징시, 1966년
그림 5 버스·전차 월정기권, 베이징시, 1967년

1971년에 제작된 2만 톤급 화물선으로, 인민정부는 1960년대
부터 1970년대까지 이 대형선박 두 척을 대대적으로 선전했
다. 지금 눈으로 보면 보잘것없는 물건을 새삼스레 떠들어대는
일로 보일 테지만, 당시만 해도 중국인에게 1만 톤급 이상 선
박은 그야말로 꿈의 배이자 천문학적 숫자였다. 나중에 그리
자랑할 만큼 대단한 물건이 아니었음을 깨닫고 우스갯소리로
작은 배라 놀리게 될 줄은 미처 몰랐을 것이다. 게다가 그토록
자랑하던 1만 톤급 선박은 1963년에 일본으로 항해하던 중 암
초에 부딪혀 고작 세 살의 나이로 바다 속으로 가라앉았다.

　　그림 8은 참으로 이색적인 증서로 1983년에 위신식품영

그림 6 1만 톤급 원양선 진수기념표下水紀念票, 장난조선공장, 1960년
그림 7 2만 톤급 화물선 창펑長風호 진수기념표, 1971년

업소가 발행한 달걀매입경품권이다. 달걀 5근을 사면 경품권
한 장을 주고 4천 장이 발매되면 당첨자를 발표한다는 내용이
다. 1등은 1명으로 경품은 상하이보석화 손목시계 한 개였다.
당시 손목시계는 최고의 선물에 속했고, 몇 개밖에 없는 손목
시계 브랜드 가운데 상하이보석화는 꽤 인기가 높은 브랜드였
다. 자동차로 말하자면 중국산 제타승용차와 비슷했다. 2등 당

그림 8 위신漁薪식품영업소 달걀매입경품권鮮蛋有奬收購券, 톈먼天門현, 1983년

첨자 20명은 보온물병 1개씩, 3등 당첨자 40명은 컬러 세숫대
야 1개씩을 받았다. 지금은 형형색색 다채로운 세숫대야가 많
지만, 이때만 해도 고급품으로 간주됐다. 4등 당첨자 2백 명은
수건 1장씩 받았다. 현대인이야 하찮게 여겨 거들떠보지 않을
생필품이지만, 가난한 농민에게는 매우 매력적인 경품이었다.
만약 당첨된다면 하늘이 내린 행운이라고 여길 정도였다.

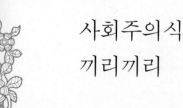

22.

사회주의식
끼리끼리

1949년 중국에서 국민당이 패퇴하고 마오쩌둥이 이끄는 공산당정권이 들어서자 가장 곤혹스러운 것은 미국이었다. 장제스의 국민당을 아시아 전략 파트너로 삼으려던 계획을 수정해 일본으로 선회해야 했고, 중국발 사회주의혁명이 아시아의 다른 지역으로 확산되지 않도록 유럽에서와 같은 봉쇄정책을 적극 고민해야 했다. 한국전쟁과 인도차이나전쟁은 모두 이런 맥락에서 일어났다.

이처럼 미국이 주도한 중국 봉쇄정책 탓에 1949년부터 1970년대까지 서구사회는 중국과 교류가 없었다. 그래서 중국의 국제 친척은 겨우 10여 개의 사회주의국가밖에 없었다. 지구촌은 일촌양제一村兩制, 한 마을에 두 가지 제도는 없다는 듯이 다른 주의主義하에 살아가는 촌민들은 늙어 죽을 때까지 서

그림 1 미얀마문화대표단 환영만찬 초대장, 1952년

로 왕래하지 않았다. 1950년대에서 1960년대 사이, 인민정부가 주최하는 국빈연회 초청장에 이름을 올린 대다수는 사회주의 국가거나 혹여 자본주의 국가더라도 좌파계열 정당이었다.

중국인은 서로 왕래할 때 예를 중시한다. 때문에 집으로 손님을 초대하거나 자신이 타인의 집을 방문하기에 앞서 정성들여 편지를 써서 주고받았다. 하물며 국가 간 외교는 얼마나 엄격한 예법에 따라 이루어졌겠는가. 고대부터 현대에 이르기까지 정부는 공식외교와 민간외교에 대해 항상 정중한 자세로 임하며 사절단을 초대할 때는 반드시 초대장을 발송했다.

그림 1은 1952년에 마오둔茅盾 국무원 문화부장이 미얀마 문화대표단 환영만찬에 초청하는 초대장이다. 미얀마는 1950 년에 인민정부와 정식으로 외교조약을 맺고 일찍부터 교류한 국가 중 하나로, 예부터 서로 형제라 칭할 정도로 상호우호적 인 이웃나라였다. 때론 국경에서 작은 마찰이 발생해도 평화적 이고 우호적인 방식으로 해결했다. 마오둔은 인민정부 초기에 중화전국문학공작자협회 주석 및 중화전국문학예술가협회 부 주석, 국무원 문화부장을 역임한 소설가로 문화인 출신이었기 에 사회주의가 아닌 국가와 문화외교를 펼치는 경우에도 부담 없이 활동할 수 있었다.

사회주의 국가는 아니지만 중국과 친한 관계를 유지했 던 경우의 대표 예가 바로 인도공산당이다. 그림 2의 초대장 이 그 예로, 베이징대학에서 열린 인도공산당 남부디리파드 Namboodiripad 총서기 보고회 초대장이다. 인도는 사회주의 국가 는 아니었지만 1920년대부터 마르크스레닌주의를 이념으로 삼아 활동하는 인도공산당이 큰 세력을 형성하고 있었다. 특히 남부디리파드는 1957년에 인도공산당을 이끌고 케랄라 주 선 거에서 승리하여 세계 최초로 민주선거에 의해 공산당이 집권 하는 데 앞장선 인물이다. 그는 케랄라 주에서 중국공산당이 내세운 화해·융합 및 각 계층이 한마음으로 협력하는 허세소 사회和諧小社會를 성공적으로 이룩했다. 케랄라 주는 소득 수준 은 전국 평균치보다 아래지만 영아사망률은 가장 낮았으며 문

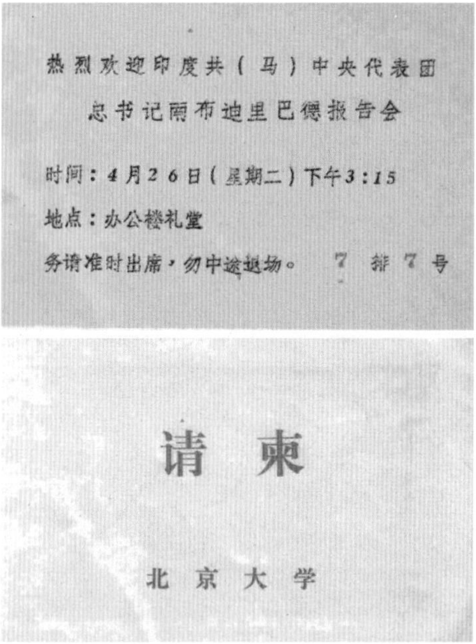

热烈欢迎印度共（马）中央代表团
总书记爾布迪里巴德报告会
时间：4月26日（星期二）下午3：15
地点：办公楼礼堂
务请准时出席，勿中途退场。　7 排 7 号

请 柬

北 京 大 学

그림 2 인도공산당 총서기 보고회 초대장, 베이징대학, 1960년대

맹자도 거의 없었다. 이는 중국공산당의 이상을 실험하는 지역
확장으로 받아들였다. 초대장에 적힌 '인도공산당 중앙대표단
총서기 남부디리파드의 보고회를 열렬히 환영합니다'라는 문
구는 이른바 공산주의 대연합을 의미했다.

  그림 3은 1957년에 류사오치 중앙위원회 부주석이 루마
니아인민공화국 국민회의 대표단 환영만찬에 초청하는 초대장
이다. '계급으로 맺어진 우정'과 '전우로 맺는 애정'이 중시되던
당시 두 정부는 같은 진영의 참호 속에서 서구사회와 전투를

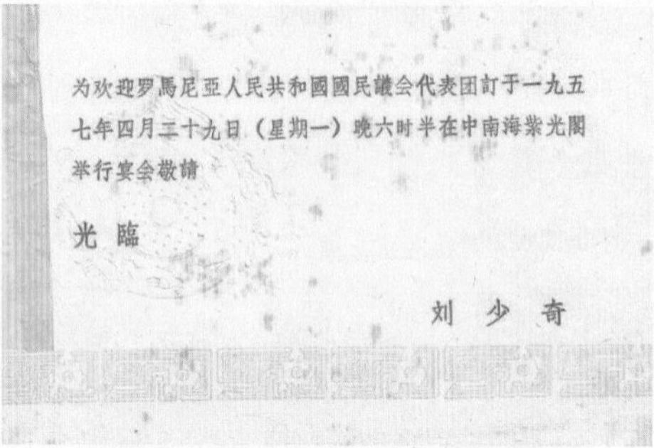

为欢迎罗马尼亚人民共和國國民議会代表团訂于一九五七年四月二十九日（星期一）晚六时半在中南海紫光閣举行宴会敬请

光 臨

刘少奇

謹訂於二月八日（星期四）中午十二時舉行宴會歡送中國人民慰問團華東暨上海分團全體團員恭諸

蒞 臨

中國人民保衛世界和平　華東總分會籌委會
反對美國侵略委員會　上海分會　謹訂

宴會地點　假座南京西路一五〇號二樓
（憑柬入席）

그림 3 루마니아인민공화국 국민회의 대표단 환영만찬 초대장, 1957년
그림 4 중국인민위문단 환송연회 초대장, 상하이시, 1950년대 초

치르며 동고동락하던 공동운명체였다.

초대장에는 외교노선뿐만 아니라 1950년대와 1960년대 사이, 국제정세와 맞물려 크게 요동쳤던 국내정세도 담겼다. **그림 4**는 한국전쟁이 한창이던 1950년대 초에 발송된 환송연회 초대장이다. 한국전쟁이 일어나자 중국은 미국에 대한 적개심에 불타올라 지원을 약속하고 인민위문단을 모집하여 보냈는데, 그들이 떠나기 전 이루어진 환송연회였다. 이때 사람들은 위문단이 각계 인민의 한마음을 가슴에 품고 전선까지 달려갔으면 하는 바람과 북한을 응원하고 미국을 비난하기 위해 환송연회에 참여했다. 그 생각은 주최기관 이름에서도 읽을 수 있다. 조금 긴 편인데, '세계평화를 지키고 미국의 침략에 반대하는 중국인민위원회 화둥총분회 준비위원회 상하이분회'다. 이때 구호로 등장한 항미원조抗美援朝는 중국인의 자랑이자 긍지 그리고 자신감의 상징이었다. 직접이든 혹은 간접이든 위문단에 참여한다는 것만으로도 영광이었다.

23.
소련은
'큰형님'

서구가 아무리 중국을 봉쇄해도 중국으로서는 믿을 구석이 하나 있었다. 바로 당시에 미국과 함께 세계를 나누어 제패하던 소련이었다. 2차 세계대전 직전까지 세계를 호령하던 영국, 프랑스, 독일 등이 몰락하고 전쟁을 승리로 이끄는 데 기여한 미국과 소련의 양강 체제로 개편되었다. 국민당정권이 패퇴해 대만으로 쫓겨가기 직전까지 미국에 의존했다면, 마오쩌둥의 공산당정권은 소련에 기댔다. 누가 뭐라고 해도 1950년대 새롭게 시작하는 사회주의 중국의 가장 가까운 친척이자 친구는 소련이었다. 서구사회가 중국을 고립시키던 시기, 중소우호는 인민정부가 국제적으로 내세우던 외교노선이었다.

그림 1은 1955년에 타이위안철로국이 소련 전문가를 환영하기 위해 초청하는 초대장이다. 인민정부는 건국 초기에 소련

그림 1 소련 전문가 환영만찬 초대장, 타이위안철로관리국, 1955년
그림 2 쑹칭링 스탈린국제평화상 초대장, 1951년

식 계획경제를 도입하여 1953년부터 5개년 경제개발 계획을
진행하는 등 소련으로부터 다양한 분야에서 기술을 전수받았
다. 소련 전문가는 비싼 대가를 치르고 초빙한 첫 번째 외국인
교수였고, 그들은 동맹관계가 깨질 때까지 산업, 교통, 교육 등
에서 활동하며 중국인을 가르쳤다.

　내가 가지고 있는 초대장 중 가장 흥미로운 것은 **그림 2**의
증서다. 바로 1951년에 궈모뤄郭沫若와 쑹칭링이 주고받은 초대
장이다. 둘 다 엄청난 거물급 인사로 궈모뤄는 중국의 대문호

이자 정무원 부총리였고, 쑹칭링은 국부 쑨원의 부인으로 국모 대접을 받았으며 중앙인민정부 부주석을 맡기도 했다. 1951년에 쑹칭링은 그녀의 정치적 가치를 알아본 스탈린에 의해 스탈린국제평화상을 받았다. 같은 해 9월에 궈모뤄의 주최로 중난하이 회인당懷仁堂에서 상장 수여식이 열렸고, 쑹칭링은 상금 10만 루블을 중국 복리회福利會에 기증했다.

쑹칭링은 생전에 국가부주석과 인민대표대회 부위원장을 역임했고 사후에는 중화인민공화국 명예주석으로 추인됐다. 그녀가 가진 많은 직함 가운데 중소우호협회총회회장이 있다. 이 단체는 전국 각지에 걸쳐 구성원이 있었는데, 어떤 노부인은 일생 어떤 조직에도 참여하지 않은 채 오로지 중소우호협회에만 가입했을 정도다. 회원 대부분은 평생 소련인을 직접 만나본 적이 없었지만 소련을 부르던 '큰형님'이란 세 글자를 입에서 떼지 않았다.

내가 어렸을 때 책을 읽고 가장 숭배하던 작가는 딩링丁玲이 있다. 그녀는 소설《태양은 쌍간하에서 빛난다太陽照在桑坨河上》로 스탈린문학상을 받았다. 중국인은 사회주의 대가정 속에 살고 있었고, 스탈린은 이 대가정의 가장이었다. 그리하여 중국인에게 스탈린국제상은 노벨상보다 훨씬 값진 상이었다.

그림 3은 저우언라이 총리가 1956년에 소련 방중訪中대표단 환영만찬에 미코얀Mikoyan 방중대표단 단장을 초대한다는 내용이다. 그런데 미코얀 단장은 소련 부장회의 제1부주석이자 제1부총리에 불과했다. 계급을 중시하는 사회주의체제에서

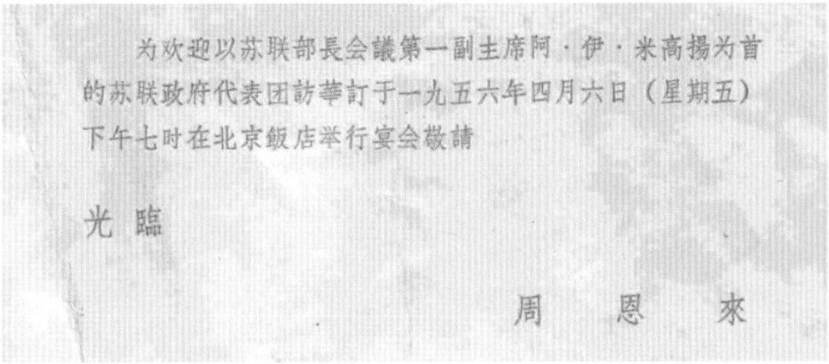

为欢迎以苏联部长会议第一副主席阿·伊·米高扬为首
的苏联政府代表团访华订于一九五六年四月六日（星期五）
下午七时在北京饭店举行宴会敬请

光 临

周 恩 来

3

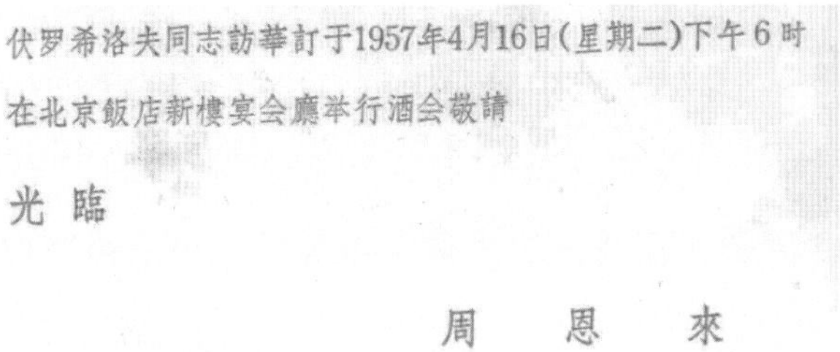

伏罗希洛夫同志访华订于1957年4月16日（星期二）下午6时
在北京饭店新楼宴会廳举行酒会敬请

光 临

周 恩 来

4

그림 3 소련 방중訪中대표단 환영만찬 초대장, 1956년
그림 4 보로실로프 환영만찬 초대장, 1957년

자신보다 한참이나 계급이 낮은 이를 직접 초청하는 행동은
격식에 맞지 않았지만, 소련을 최고의 동맹국으로 여기고 형님
나라로 생각했기에 가능했다. **그림 4**도 저우언라이 총리가 보
낸 환영만찬 초대장으로, 주빈은 스탈린 사후 소련 정권의 트
로이카 중 한 명이던 보로실로프Voroshilov 주석이다. 보로실로
프 주석은 명의상 국가원수였으니 인민대표대회위원장과 맞먹
는 고위급 인사였다. 그는 1957년에 방중하여 25일 동안 장기
간 체류하여 중국인들을 기쁘게 했다. 이때 베이징, 상하이, 텐
진, 항저우, 광저우 등을 방문했는데, '손님이 떠나지 않으면 주

인이 편치 않다'는 옛말처럼 그때마다 마오쩌둥, 저우언라이, 주더, 류사오치 등 주요 지도자들이 직접 수행하며 성심성의껏 정중하게 대우했다. 또한 많은 중국인이 거리에 나와 형형색색의 깃발을 들고 열렬히 환호했다.

물론 이때만 해도 저우언라이 총리를 비롯한 중국인은 5년 후에 중소관계가 악화하여 동맹이 좌초될 줄은 꿈에도 몰랐다. 1960년에 흐루쇼프는 일방적으로 협력계약을 파기하고 자원원조를 중단했으며 중국 내 모든 소련 전문가에게 자료를 챙겨 철수하도록 명령했다. 그로 인해 인민정부의 경제계획이 다수 유보됐고 경제는 크게 손실을 입었다. 더불어 10년간 원조와 협력을 통해 두 국가 사이에 구축한 유대감도 한꺼번에 날아갔다.

애증의 대상과
친해지는 방법

1960년대에 들어 그 이전까지 밀월관계이자 형님 대접을 하던 소련과의 동맹관계가 끝이 난 것에는 여러 까닭이 있다. 아무리 사회주의 형제국가라 해도 어쩌지 못할 영토문제가 그 하나라면 사회주의의 정통성을 두고 경쟁한 것도 분명 한 가지 이유였다. 스탈린 사망 이후의 소련에 대해 마오쩌둥은 수정주의 딱지를 붙이고 중국이야말로 정통 사회주의의 기치를 들고 있다고 여겼다. 그런 연유로 1960년대 중반부터 인민정부는 새로운 외교기치를 내세운다. 바로 제3세계 국가와의 유대강화와 미국과의 관계 개선이다.

그림 1은 인민정부가 자신에게 베풀어준 은혜에 대한 답례로 1960년에 캄보디아 시아누크Sihanouk 국왕이 발송한 연회 초대장이다. 시아누크 국왕은 중국인에게 익숙한 이름으로

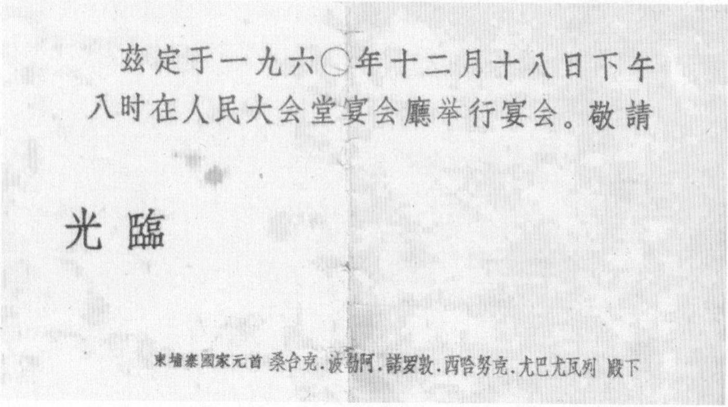

兹定于一九六〇年十二月十八日下午
八时在人民大会堂宴会廳举行宴会。敬請

光臨

柬埔寨國家元首 桑合克.波勒阿.諾罗敦.西哈努克.尤巴尤瓦列 殿下

1

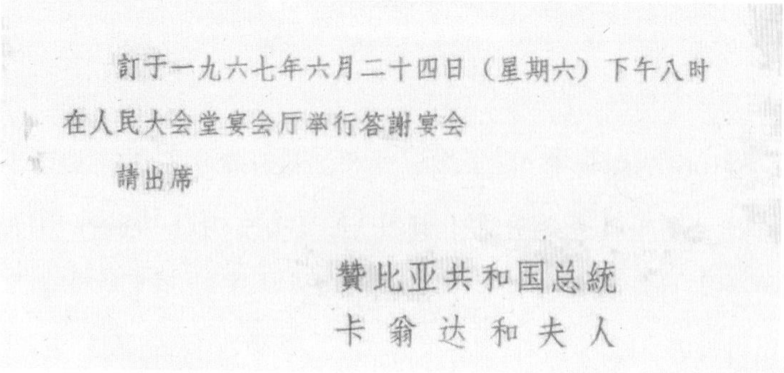

訂于一九六七年六月二十四日（星期六）下午八时
在人民大会堂宴会厅举行答謝宴会
請出席

贊比亚共和国总統
卡 翁 达 和 夫 人

2

그림 1 캄보디아 답례연회 초대장, 1960년
그림 2 잠비아공화국 답례연회 초대장, 1967년

중국 입국 빈도수가 가장 높은 외국정치인이기도 하다. 그는 1970년에 외유 중 국내에서 정변이 일어나 국가원수직을 박탈당했다. 비행기에 오를 땐 국왕이었지만 내릴 땐 일반시민이 되고 만 것이다. 하지만 인민정부는 여전히 국왕으로 대접하며 베이징에 머물게 했고, 그는 이후 베이징에 민족연합정부를

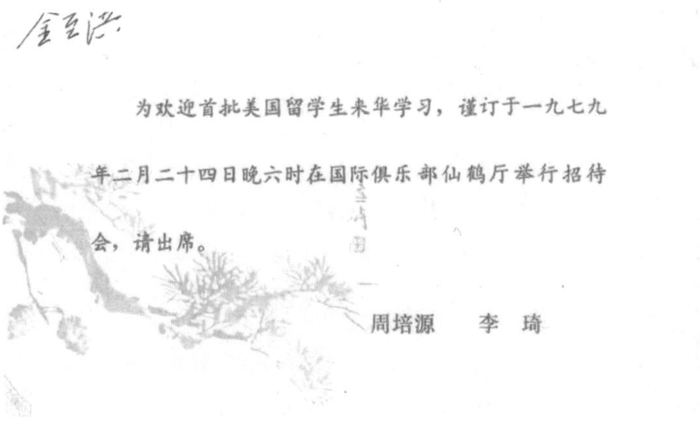
为欢迎首批美国留学生来华学习，谨订于一九七九
年二月二十四日晚六时在国际俱乐部仙鹤厅举行招待
会，请出席。
周培源　　李　琦

그림 3 미국인 유학생 연회 초대장, 1979년

세우는 등 망명정권의 수반으로서 캄보디아 정치를 원격 조정했다. 결국 시아누크는 1990년대 재기에 성공하며 잃어버렸던 왕 자리를 되찾았다.

그림 2도 답례연회 초대장으로, 1967년에 잠비아공화국 케네스 카운다Kenneth Kaunda 총통이 인민정부의 한 인사가 그를 초대하여 베푼 연회에 대한 답례로 자신이 연회를 주최하여 초청한 것이다. 아시아·아프리카·라틴 아메리카 국가들이 속한 제3세계는 중국이 국제무대에서 쟁취하고 단결시켜야 할 대상이자 세계혁명을 위해 원조해야 할 대상이었다. 중국혁명 성공 이후부터 제3세계 국가들은 인민정부에 적지 않은 지지와 성원을 보내주었다.

친척이나 친구가 자주 만나는 건 당연하다. 하지만 서로 친하지도 않고 인연도 없는 사이끼리 만나는 민간외교도 분명 있다. 1979년 제작된 **그림 3**의 주인공들이 그렇다. 초청한 자는 베이징대학 저우페이위안周培源 총장과 중국대외우호협회 리치李琦 부회장이며, 초청받은 자는 미국인 유학생들이다. 저우페이위안 총장은 미국 유학파로 미국의 문화를 잘 이해하고 있었다. 하물며 그는 대과학자 아인슈타인의 제자이지 않은가. 미국인 유학생도 대선배와의 만남을 분명 기분 좋은 기회라고 여겼을 것이다. 리치 부회장은 중국교육학회 부회장이자 미국 방문 대표단 고문으로서 미국을 방문한 적이 있었고, 이후 저우페이위안 총장과 함께 미국에 첫 유학생을 보내며 중미 양국의 상호유학생 파견에 공헌했다.

과거 미국에서 공부한 중국인 유학생이 현재 중국에서 공부하는 미국인 유학생에게 연회를 베푸는 행동은 비난받을 일이 아니었지만, 그 바탕에는 1970년대 인민정부의 변화된 외교노선이 깔려 있다. 1960년대 들어 소련과의 관계가 어긋나면서 인민정부는 제3세계 국가 외에 미국과의 대화를 시도했다. 1972년 닉슨 대통령의 중국 방문을 계기로 공동성명을 발표하고 연락사무소를 상호 개설하는 등 양국은 친밀한 관계를 유지하려 애썼다. 그리고 마침내 1978년 12월, 11기 중앙위원회 3차 전체회의를 통해 개혁·개방이 선언되며 중국은 새로운 시대를 맞는다.

옛 종이를 음미하는 즐거움

애초 내가 '수집'에 관심을 가진 이유는 '빈궁함에서 벗어나기' 위해서였다. 다른 이들이 사업에 뛰어들고, 주식 투자를 통해 돈을 버는 모습을 바라보기만 하던 나는 수집으로 한밑천 잡아볼 생각을 했다. 그러나 세상만사 많은 일이 처음 의도와 달리 변해가듯, 나는 부지불식간에 수집의 포로가 되었다. 돈을 벌어보겠다는 본래 소망은 잊어버리고, 경작에만 열중하고 수확에는 신경 쓰지 않았다.

결국 나는 돈만 생기면 골동품시장으로 달려가 수중에 얼마가 남았는지 신경 쓰지 않고 모두 탕진했다. 이러니 어떤 집이라도 빈궁해지지 않겠는가? 10년이 넘는 기간 동안 골동품시장에서 내가 탕진한 금액은 이미 20만 위안을 초과했다. 나에게 남은 것은 단지 3천여 장의 '옛 종이쪼가리들' 뿐이었다. 하지만

나는 후회하지 않았고 오히려 그 속에서 즐거움을 느꼈다.

다들 알고 있듯 작품은 작가가 심혈을 기울인 결정체로 작가 본인의 '자식'이라 할 수 있다. 작가는 작품 속에 자신의 사상과 감정 그리고 기교를 모두 쏟는다. 수집 역시 마찬가지다. 경박한 사람은 결코 수집가가 될 수 없다. 수집광임을 실천적으로 증명하려면 돈만 있어서는 안 되고 거기에 사상이 더해져야 한다. 그리고 시간만 있어서도 안 되고 지식이 더해져야 한다. 사상과 지식이야말로 수집광의 핵심이자 수집품의 영혼이다.

10여 년간 나는 돈과 정신력과 체력을 '옛 종이쪼가리'를 모으는 데 다 소비했다. 그 결과 수집한 '옛 종이쪼가리' 중에 어느 하나 나의 사상과 감정이 녹아들지 않은 것이 없다. 작가가 펜을 사용해 작품을 써내려 가듯 나는 수집품을 통해 역사를 서술할 수 있기를, 역사의 진실한 모습을 한 치 어김도 없이 써내려 갈 수 있기를 희망한다.

일이 없을 때 수집품들을 꺼내어 자세히 음미하는 것에서 나는 엄청난 즐거움을 느꼈다. 이러한 즐거움 속에서 느낀 안타까운 점이 있다면 오로지 나 한 사람만이 '옛 종이쪼가리들'을 통해 역사를 이해하고 있다는 사실이었다. 그래서 나는 나만이 느끼는 이 희열을 다른 이들과 나누기를 희망했고, 결국 이 조잡한 책이 세상에 나오게 되었다.

출판은 많은 친구의 도움이 있었기에 가능했다. 먼저 리훙샤오李洪嘯 선생과 황시黃曦 여사께 감사드린다. 리 선생의 건의는 내 영감에 불을 붙이는 성화星火였고, 황 여사의 격려는 내가 자선감을 갖고 저술할 수 있게 하는 응원이었다. 두 사람의 도움이 있었기에 이 책은 겨우 세상의 빛을 볼 수 있었다.

천더인陳德音 선생의 열정적인 도움에 감사드린다. 그는 이 책을 위해 많은 심혈을 기울였다. 그의 전폭적인 지도하에 이 책은 '환골탈태'하여 더욱 완숙함을 갖출 수 있었다. 리훙전李紅珍 씨에게 감사드린다. 그는 노고를 마다하지 않고 수많은 증서와 문서에 일일이 설명을 붙여 이 책을 더욱 빛나게 해주었다.

책임편집인 허웨이화何偉華 선생께도 감사드린다. 그는 책이 순탄하게 출판될 수 있도록 많은 작업을 하였다. 내용의 질을 높이기 위해 허 선생은 주말에도 밤 11시까지 야근하며 한 자 한 자 원고를 교정했다. 심지어 한 사람의 인명을 찾으려고 여러 종류의 관련 자료를 찾아봤다.

나는 전문적으로 또 직업적으로 역사를 연구하는 사람이 아니다. 그런 점에서 책의 서술이 조금은 허술해보일지도 모르겠다. 이 책은 단지 문서에 관한 그리고 근대 중국 역사의 변천에 관한 통속적 읽을거리일 뿐이다. 어쩌면 내용 중에 분명 치밀하지 못한 부분이 많을 수도, 누락이나 착오가 있을 수도 있다. 독자 여러분의 비평과 지도를 바란다.

2006년 청명절淸明 베이징 거처에서

쉬산빈

역사란 이렇게도 볼 수 있다

대학원에 입학하고 나서 틈날 때마다, 아니 공부가 하기 싫을 때면 중국 전문서점들을 찾았다. 당시는 인터넷이 없던 시절도 아닌데, 굳이 불편하게 버스를 타고 직접 그곳들을 방문하곤 했다. 내 눈으로 책을 뒤지고, 내 손으로 책장을 넘기는 것이 행복했다.

하루는 여느 때처럼 안암오거리에 있는 한 중국서점을 방문했다. 평소처럼 다 읽지도 못할 만큼(의욕이야 언제나 완독이지만!) 책들을 고르던 중 중국책답지 않게 화려한 표지가 돋보이는 책 한 권이 눈에 들어왔다. 제목은 《證照百年》. 부제도 있었는데 우리말로 풀면 '옛 종이 위에 그려진 중국의 생활모습'이었다. 화려한 표지만큼이나 본문에는 컬러 사진이 가득했다. 책을 집어 들고 책장을 주르륵 넘기다 붉은 봉투에 시선이 확 갔다. 하늘이 맺어준 인연이라는 말인 '天作之合'이 절반만 적힌 청나라 동치제 때 제작한 혼인증서를 담던 봉투였다. 봉투에 글자가 반만 적혀 있어, 신랑신부가 나눠 갖은 봉투 두 개를 합쳐야만 비로소 온전한 문장이 만들어지도록 디자인되어 있었다.

무엇보다 청나라 시대의 봉투임에도 그로부터 몇십 년 뒤인 중화민국 수입인지가 붙어 있다는 사실이 흥미로웠다. 나는 선 채로 서둘러 설명을 찾아 읽기 시작했다. 이 괴이하고 어색한 조합은 혼란이 극에 달했던 중화민국 시기에 예순 넘은 노인의 몇십 년 전 일까지 뒤져 혼인에 세금을 매긴 결과물이었다. 과거 중국의 혼란함이 한번에 다가들었다. 얼핏 보잘것없게 보이지만, 청나라 말 풍속부터 20세기 군벌시대에 대중이 겪은 고난까지를 모두 담은 귀중한 역사적 자료였다. 이 책에는 개설서나 연구서에서 찾아보기 어려운, 그 시대를 살아간 중국인의 삶을 입체적으로 보여주는 수많은 증거가 하나하나 숨을 쉬고 있었다.

저자인 쉬산빈 선생은 '역사의 유격대'가 되어 역사가가 만나기 어려운 자료를 수집하는 일이 자신의 본분이라고 생각했다. 그리고 수집한 자료로 역사의 진실한 모습을 한 치 어김도 없이 써내려 갈 수 있기를 희망했다. 누가 이토록 역사에 온 정열을 쏟을 수 있을까? 쉬산빈 선생은 자신을 연구자로 가는 과도기에 서 있다고 자평했지만, 이미 그는 훌륭한 연구자였다. 누구도 해내지 못한 색다른 역사 해석에 성공함으로써, 그의 표현을 빌자면 역사의 유격대에서 하나의 정규군으로 올라섰다.

그는 누구보다 역사를 순수하게 바라봤다. 정성 들여 모은

3천여 점이 넘는 방대한 자료를 자식에게 물려주기를 바라지 않았다. 그의 마지막 꿈은 지휘관이라고 표현해도 될 듯한데, 문서박물관을 세워 후대에 자신의 자료들을 넘겨주는 것이었다.

이런 순수함이 느껴지는 일화가 또 하나 있다. 베이징에서 저작권 대리인과 만났을 때, 그가 내게 물은 첫 질문은 "왜 이 책을 번역하려고 하는가?"였다. 그 대답을 듣고 해외 번역 여부를 판단해달라는 게 죽기 전 쉬산빈 선생이 남긴 부탁이었단다. 쉬산빈 선생은 돈보다 가치 있는 것이 무엇인지 알고 있었다. 그러기에 아무도 찾지 않던 '종이쪼가리'에 불과했던 문서와 증서를 경제적 곤란을 겪으면서도 수집하고 정리해서 기록으로 남겼다. 저작권 대리인도 선생의 생각에 공감하며 약속을 지켰다. 독자들도 이 책을 읽으며 저자의 생각에 동참해보기를 기대한다.

번역 과정은 쉽지 않았다. 후기에 저자 스스로 밝혔듯 실제 문서나 증서 내용과 설명이 맞지 않는 오류가 종종 있었다. 번거로움과 짜증을 불러오는 오류였지만, 나 스스로 쉬산빈 선생과 같은 마음으로 문서와 증서들을 꼼꼼히 살펴보고 해석해보는 기회이기도 했다. 문서에 인쇄된 깃발이나 행정단위 등을 근거로 책과 인터넷사이트에서 자료를 찾으면서 쉬산빈 선생이 얼마나 열심히 문서를 분석했는지, 책을 쓰기까지 얼마나 많은 공을 들였는지 충분히 느낄 수 있었다.

동시에 나 자신의 한계를 너무나 명확하게 알 수 있었다. 중국사 연구자로서 미처 모르는 역사적 사실이 여전히 많다는 점과 쉬산빈 선생에 비추어 역사를 너무 거칠게 접해왔다는 점을 반성했다. 그는 내게 사료의 지평을 넓혀주고 사료를 대하는 자세가 어떠해야 하는지를 알려준 고마운 스승이다.

예전에 어떤 선생님께서 하신 말씀이 기억난다. "옆집에 사는 팔순 할머니가 이해할 수 있도록 써야 좋은 글이다." 사실 누구나 쉽게 읽고 쉽게 이해하는 글을 쓰기란 매우 어려운 일이다. 그런 면에서 이 책은 접하기 어려운 다양한 자료를 망라하면서도 그 속에 숨은 당시의 사회상과 생활상을 마치 그림책처럼 생동감 있게 풀어냈다.

나는 작업으로 대했기에 오히려 책을 제대로 즐기지 못한 것 같다. 많은 분이 역사적 증거로 가득한 보물상자인 이 책을 두근두근한 마음으로 열기를 바란다. 그리고 역사가 우리네 삶과 동떨어진 것이 아니고 우리가 역사 속에 살고 있음을 느끼길 바란다.

감사한 분들이 너무나 많다. 출판시장이 좋지 않음에도 이 책의 출판을 맡아준 정은문고와 정치하게 글을 읽고 기꺼이 추천사를 써주신 전경목 선생님께 너무나 감사하다. 그리고 임계순 선생님이 안 계셨다면 나는 중국사를 전공하지도, 이 책을 접할 기회도 없었을 것이다. 너무나 감사한 일이다. 이외에 힘들 때마다 곁에 있어준 동학들에 고마움을 전한다. 끝으로 언제 끝날지 모르는 공부를 하겠다고 덤빈 못난 자식을 믿어주시는 부모님과 멀리서 언제나 응원해주는 누나와 매형에게 더할 수 없는 감사를 드린다.

마지막으로, 나의 작업 역시 오류가 있을 것이다. 많은 분의 조언과 지적, 충고와 비판을 즐겁게 기다린다.

이 책 첫 장에 쓰여 있는 말로 마무리하고 싶다.

"역사란 이렇게도 볼 수 있다."

그렇다. 우린 아직도 역사를 바라보는 방법을 다 알고 있지 못하다.

2014년 2월 대전 전민동에서
이영수